Aaron James

Arschlöcher

Eine Theorie

Aus dem Amerikanischen
von Elisabeth Liebl

GOLDMANN

Die amerikanische Originalausgabe
erschien 2012 unter dem Titel »Assholes – a Theory«
bei Doubleday, Inc., New York.

Dieses Buch ist auch als E-Book erhältlich.

Verlagsgruppe Random House FSC® N001967
Das FSC®-zertifizierte Papier *Holmen Book Cream* für dieses Buch
liefert Holmen Paper, Hallstavik, Schweden.

1. Auflage
Taschenbuchausgabe Juni 2015
Wilhelm Goldmann Verlag, München,
in der Verlagsgruppe Random House GmbH

Umschlaggestaltung: UNO Werbeagentur, München,
unter Verwendung von Motiven von FinePic®, München
Lektorat: Anne Nordmann
DF · Herstellung: Str.
Druck und Einband: GGP Media GmbH, Pößneck
Printed in Germany
ISBN: 978-3-442-15853-9
www.goldmann-verlag.de

Besuchen Sie den Goldmann Verlag im Netz

Wer sich das moralische Gesetz nachsichtlich vorstellt,
der kann von sich große Meinung haben und Eigendünkel
besitzen, weil der Maßstab, womit er seine
Handlungen misst, unrichtig war.

IMMANUEL KANT, *EINE VORLESUNG ÜBER ETHIK*,
FRANKFURT A. M. 1990, S. 140.

Wenn nun Emil seine Stellung unter den Menschen
gefunden hat und sich darin so glücklich sieht, wird er
sich versucht fühlen, dieses Werk … seiner Vernunft zuzu-
schreiben und sein Glück seinem eigenen Verdienst anzu-
rechnen … Dieser Irrtum ist am meisten zu befürchten,
weil er am schwersten auszurotten ist.

JEAN-JACQUES ROUSSEAU,
EMIL ODER ÜBER DIE ERZIEHUNG,
PADERBORN 1998, S. 251.

»Wissen Sie eigentlich, wer ich bin?«
Typische Arschloch-Frage

Inhalt

1

Eine Theorie

Stanley McChrystal, General der US-Streitkräfte und Kommandeur der ISAF in Afghanistan, hat, wie es heißt, im Sommer 2010 die zivile Militärführung der USA in einer Weise diskreditiert, die Präsident Barack Obama keine andere Wahl ließ, als dem General den Rücktritt nahezulegen. McChrystals Mangel an Respekt in dieser Sache war offenkundig, doch wie McChrystal andere, weniger staatstragende Angelegenheiten handhabte, sagt fast noch mehr über ihn aus. Hierzu gibt es eine ganz aufschlussreiche Geschichte. Einmal wurde McChrystal von seinem Stabschef darüber informiert, dass man ihn zu einem Dinner mit den NATO-Verbündeten in Paris erwarte – zum einen, um dort um Unterstützung für den Afghanistan-Krieg der USA zu werben, zum anderen, weil, wie der Stabschef es ausdrückte, »das eben zum Job gehört«. Daraufhin hielt McChrystal ihm seinen ausgestreckten rechten Mittelfinger unter die Nase und fragte ihn: »Und? Gehört das auch zum Job?«[1]

---

1 *Rolling Stone* vom 8. - 22. Juli 2010, auf: http://www.rollingstone.com/politics/news/17390/119236.

Doch was Unverschämtheit und Respektlosigkeit angeht, gibt es durchaus Zeitgenossen, neben denen General McChrystal aussieht wie ein Waisenknabe – zum Beispiel General Douglas MacArthur. Während des Koreakrieges war MacArthurs Wille Gesetz, im Großen wie im Kleinen. So forderte er öffentlich Präsident Truman heraus, weil er unbedingt Atomwaffen gegen Korea einsetzen wollte. MacArthur ging dabei so weit, dass er, als er und Truman sich auf Wake Island zur Beilegung ihrer Differenzen treffen sollten, als Erster auf der Insel eintraf, und dem Flugzeug des Präsidenten keine Landeerlaubnis erteilte. Der Präsident, MacArthurs Oberbefehlshaber, musste dadurch endlose Warteschleifen drehen. Als er schließlich die Landebahn betrat, wirkte er wie dessen Untergebener.

Als Truman später erklärte, weshalb er MacArthur seines Kommandos enthoben habe, sagte er: »Ich habe ihn gefeuert, weil er die Autorität des Präsidenten nicht anerkannt hat. Ich habe ihn nicht gefeuert, weil er ein dämlicher Hurensohn ist, obwohl er das ist, aber das verstößt bei Generälen nicht gegen das Gesetz.«[2] Offensichtlich hielt Truman sich im Ton zurück, denn es wäre vollkommen gerechtfertigt gewesen, MacArthur ein Arschloch zu nennen.

Und diese Episode ist keineswegs ein Einzelfall – in der Geschichte und im öffentlichen Leben wimmelt es nur so von Arschlöchern. Neben den erwähnten außer Kontrolle geratenen Generälen gibt es da auch noch solche Zeitgenossen wie den ehemaligen italienischen Ministerpräsidenten Silvio Ber-

---

2 *Time Magazine* vom 3. Dezember 1973.

lusconi oder den früheren iranischen Präsidenten Mahmud Ahmadinedschad. Auch der selbstverliebte Immobilien- und Entertainment-Tycoon Donald Trump, der frühere FIFA-Präsident Josef »Sepp« Blatter, die menschenverachtenden Pop-Musik-Juroren Dieter Bohlen und Simon Cowell oder der unverschämte TV-Moderator Oliver Pocher gehören in diese Kategorie. Das Fernsehen präsentiert uns tagtäglich solche Arschlöcher, die zum Beispiel als Moderatoren permanent ihre Gäste unterbrechen. Auch im Talk-Radio finden wir sie, wo derjenige die meiste Sendezeit abkriegt, der seine Lügen und Beleidigungen am marktschreierischsten an den Zuhörer bringt. Obwohl ein derartiges Gebaren den Stil der öffentlichen Diskussion, die für jede Demokratie lebenswichtig ist, nachweislich unterminiert, werden die durchgeknallten Moderatoren reich und berühmt – und amüsieren sich auch noch blendend bei ihrem Treiben.

All das wirft eine im Grunde philosophische Frage auf: Was macht das Arschloch zum Arschloch? Die Antwort darauf ist gar nicht so einfach, obwohl wir immer wieder mit Menschen zu tun haben, für die es einfach keine bessere Bezeichnung gibt. Schließlich begegnen uns Arschlöcher ja nicht nur in Geschichtsbüchern und hohen Staatsämtern, sondern beinahe überall – im Job, im Verein, im Sport, in der Schule, in der Kirchengemeinde, im Freundeskreis und – wenn Sie wirklich Pech haben – sogar unter Ihren Verwandten oder in Ihren eigenen vier Wänden. Auch wenn wir versuchen, jedem Zusammentreffen mit ihnen aus dem Weg zu gehen – oft kommt es dann doch zur unvermeidlichen Begegnung, und dies bedeutet für die meisten von uns Belastung und Stress.

Ein Arschloch ist nämlich nicht einfach nur ein Typ, der nervt, sondern eine zutiefst unangenehme Person, weil er in uns Gefühle wie Ohnmacht, Angst oder Wut auslöst. Und was noch schlimmer ist: Meist verstehen wir noch nicht einmal, warum sich jemand so unmöglich verhält. Wir wissen eigentlich nur, dass »Arschloch« die einzige passende Bezeichnung für diesen Menschen ist.

Tipps für den Umgang mit Arschlöchern können also wohl die meisten von uns gebrauchen. Doch im Hinblick auf unsere Ausgangsfragestellung: »Was macht das Arschloch zum Arschloch?«[3] bringt uns das noch nicht weiter. Eine gute Antwort auf diese Frage – also eine adäquate Theorie des Arschlochs – wäre auf jeden Fall eine echte intellektuelle Bereicherung. Mit einer solchen Theorie wären wir endlich imstande, präzise zu sagen, weshalb uns manche Leute so sehr auf die Palme bringen. Diese Klarheit wiederum würde uns tiefgreifende Einsichten in die Struktur unseres Moral- und Soziallebens ermöglichen. Wir könnten herausfinden, was uns das Arschloch an sich über das menschliche Zusammenleben im Allgemeinen verrät und warum es überall, in jeder Gesellschaftsform, Arschlöcher gibt.

Idealerweise hat eine gute Theorie auch praktischen Nutzwert. Begreifen wir das Arschloch, mit dem wir uns kon-

---

3 Robert Suttons *Der Arschloch-Faktor: vom geschickten Umgang mit Aufsteigern, Intriganten, Despoten im Unternehmen* (München 2008) rät Managern, gegenüber Arschlöchern am Arbeitsplatz keine Toleranz zu zeigen. Doch wir verfolgen hier ja eine philosophische Frage, deren Antwort den bereits verfügbaren praktischen Ratschlägen vielleicht eine Grundlage geben wird.

frontiert sehen, können wir vielleicht auch Wege des konstruktiven Umgangs mit ihm finden. Wir bekommen ein besseres Gefühl dafür, wann wir ihm Widerstand entgegensetzen müssen und wann wir es besser ignorieren – wofür es sich zu kämpfen lohnt und wofür nicht.

Meiner Theorie zufolge, die ich Ihnen hier kurz vorstellen möchte, stellt der Umgang mit dem Arschloch ein moralisches Problem dar, das die Philosophie schon seit den Zeiten von Jean-Jacques Rousseau zu lösen versucht.[4] Das Arschloch weigert sich, unsere berechtigten Einwände anzuhören, und stellt damit die Idee infrage, dass die Menschen in moralischer Hinsicht einander ebenbürtig sind. Zumindest erklärt dies, weshalb uns das Arschloch so überaus unangenehm ist, denn es ist für uns von zentraler Bedeutung, in allen Lebensbereichen anerkannt zu werden. In einigen der folgenden Kapitel werde ich darlegen, wie diese Einsicht uns helfen kann, mit Arschlöchern richtig umzugehen. Letztlich geht es darum zu begreifen, weshalb wir immer wieder in Versuchung geraten, uns mit dem Arschloch zu streiten: Wir kämpfen darum, in seinen Augen moralische Anerkennung zu finden. Wir werden uns aber auch noch anderen interessanten Fragestellungen des menschlichen Zusammenlebens widmen: Warum sind Arschlöcher vorwiegend Männer? Wird das Arschloch gesellschaftlich ausrei-

4 Unglücklicherweise war unser Held Rousseau seinerseits ein echtes Arschloch, wenn nicht noch Schlimmeres. Angeblich soll ihm irgendwann einmal aufgefallen sein, dass es vielleicht nicht ganz in Ordnung ist, mit seiner Geliebten Thérèse Levasseur immer wieder Kinder zu zeugen und diese dann ohne viel Federlesen ins Findelhaus zu geben. Siehe dazu: J. M. Cohen, *The Confessions of Jean-Jacques Rousseau*, London 1953.

chend angeprangert? Warum bringen bestimmte Gesellschaftsformen mehr Arschlöcher hervor als andere? Tendieren bestimmte Formen des Kapitalismus zu einem verstärkten Ausstoß an Arschlöchern und dem damit einhergehenden Verfall gesellschaftlicher Sitten und Umgangsformen? Und schließlich: Können wir uns damit abfinden, es nicht nur mit diesem einen Arschloch zu tun zu haben, das uns unser persönliches Leben schwer macht, sondern mit einer ganzen Gesellschaft, in der Arschlöcher das Sagen haben?

Was macht ein Arschloch zum Arschloch?

Unsere Theorie ist ganz einfach: Ein Mensch gehört zur Gattung Arschloch, wenn, und nur wenn, er sich in Beziehungen zu anderen Menschen systematisch Freiheiten herausnimmt, die einem tief verwurzelten Anspruchsdenken entspringen, das ihn für die Einwände anderer unempfänglich macht. (Da Arschlöcher im Allgemeinen Männer sind, benutzen wir hier bewusst das Pronomen »er«. Natürlich wissen wir, dass auch Frauen Arschlöcher sein können. Denken Sie nur an Ann Coulter. Doch mit der Geschlechterproblematik werden wir uns später noch eingehender befassen.) Unsere Theorie ruht also auf drei argumentativen Säulen. In zwischenmenschlichen Beziehungen persönlicher oder beruflicher Natur[5] verhält sich ein Arschloch wie folgt:

5 Mit »zwischenmenschlichen Beziehungen« meinen wir solche, die sich innerhalb einer sozialen Struktur ergeben, im Gegensatz zu den zwischenmenschlichen Beziehungen innerhalb einer anarchischen Gesellschaft, wie

1. Er nimmt sich Freiheiten heraus, und zwar systematisch;
2. er tut dies aus dem tief verwurzelten Glauben heraus, darauf Anspruch zu haben;
3. diese Selbstgerechtigkeit macht ihn unempfänglich für die Einwände anderer.

Ein Arschloch ist zum Beispiel jemand, der sich regelmäßig vordrängelt. Oder andere ständig unterbricht. Oder ständig die Spur wechselt. Oder andauernd auf die Fehler anderer hinweist. Jemand, der superempfindlich auf jede Kränkung reagiert, für die eigenen Grobheiten anderen gegenüber aber blind ist. Ein taktloser Mensch – ein Rüpel der einfachen Art – nimmt sich ebenfalls gewisse Freiheiten anderen Menschen gegenüber heraus. Was das Arschloch von ihm unterscheidet, sind die Gründe, *warum* er dies macht, die ihn dazu veranlassen, sich so arrogant und ausfällig zu verhalten. Das Arschloch handelt nämlich aus der festen Überzeugung heraus, dass er etwas Besonderes ist und die normalen Verhaltensnormen für ihn nicht gelten. Dabei nutzt er seine Mitmenschen vielleicht gar nicht vorsätzlich aus, sondern ignoriert nur bewusst das, was man normalerweise erwarten würde. Da das Arschloch sich als über den anderen stehend betrachtet, ist es für ihn geradezu ein Sport, sich über soziale Konventionen

sie zum Beispiel in Thomas Hobbes' berühmtem »Naturzustand« angesprochen ist. Wenn man sich in diesem Naturzustand verhielte wie ein Arschloch, würde Hobbes dies als völlig gerechtfertigte Selbstverteidigung ansehen. In einer organisierten Gesellschaft aber kommt der Typus Arschloch eher dem Hobbes'schen »Narren« gleich, der sich zwar dem Sozialvertrag unterwirft, dann aber das Gesetz bricht oder andere betrügt.

hinwegzusetzen. Und was noch wichtiger ist: Er tut dies mehr oder weniger offen. Er bleibt vollkommen ungerührt, wenn andere ihm böse Blicke zuwerfen oder protestieren. Er ist einfach »immun« gegen Menschen, die sein Verhalten kritisieren – völlig überzeugt davon, dass er auf die Frage, ob die Sonderrechte, die er sich herausnimmt, berechtigt sind, nicht mal eingehen muss. Tatsächlich ist häufig *er selbst* empört, wenn sein Verhalten infrage gestellt wird. Denn in seinen Augen heißt das, dass er nicht den Respekt entgegengebracht bekommt, der ihm eigentlich zusteht.

Obwohl in unserer Theorie eine Definition des Begriffes »Arschloch« vorgelegt wird, ist dies nicht unbedingt eine mit Lexikonwert, da der Begriff »Arschloch« je nach Sprechergruppe möglicherweise in einem anderen Sinn gebraucht wird. Das Wort wird ja recht unterschiedlich und recht verschwenderisch verwendet. Und so dürfte nicht jeder, der des Deutschen oder des Englischen mächtig ist, sich mit unserer Interpretation des Begriffes einverstanden erklären. Ich möchte nicht einmal behaupten, dass der überwiegende Teil der Sprecher unserer Definition zustimmt, zumindest nicht in einer Form, die sich durch Meinungsumfragen oder psychologische Experimente nachweisen ließe. Ich halte es hier eher mit der Position, die Sokrates in Platons *Gorgias* einnimmt. Dort spricht er über Sinn und Unsinn von Meinungsumfragen. »Hältst du dich nicht schon für widerlegt, lieber Sokrates«, fragt sein Gesprächspartner Polos, »wenn du solche Dinge vorbringst, die kein Mensch vertreten möchte? Frage doch einen von diesen!« und weist auf die Umstehenden. Sokrates aber antwortet:

»Heiße mich […] nicht, die Anwesenden abstimmen zu lassen. […] Denn ich weiß für das, was ich sage, nur einen einzigen Zeugen aufzustellen: meinen Gegner selbst, mit dem ich die Unterredung führe. Die große Masse aber lasse ich laufen, und einen verstehe ich zur Abstimmung zu bringen, mit der großen Masse aber unterrede ich mich gar nicht. Sieh also, ob du mir der Reihe nach Gelegenheit zum Beweise geben und meine Fragen beantworten willst.«[6]

Die hier vorgelegte Definition ist sozusagen eine *Arbeitshypothese*. Sie versucht herauszuarbeiten, was wir für gewöhnlich meinen, wenn wir von »Arschlöchern« sprechen. Letztlich steht und fällt sie damit, ob sie beschreiben kann, welche Bedeutung Arschlöcher für uns haben – und dieses »uns« bezieht sich zunächst einmal auf Sie und mich. Ich schlage also eine Definition des Begriffes »Arschloch« vor dem Hintergrund seiner Bedeutung für uns vor. Und Sie entscheiden, ob Sie mir zustimmen.[7]

Das Rätsel

Bevor wir auf die Einzelheiten unserer Theorie genauer eingehen, möchte ich zunächst der gängigen philosophischen Praxis folgend fragen, wie die Theorie, die wir aufstellen wollen,

6 Platon, *Gorgias*, Stuttgart 1998, S. 89.

7 Dies gilt auch für andere Arbeitshypothesen der Ethik. Die »praktische Philosophie« kann sie nicht bestätigen oder widerlegen, zumindest nicht ohne weitere kontroverse Grundannahmen darüber, was sie leisten sollen.

aussehen soll. Denn wir können Theorien – auch die soeben genannte – auf ihre Tauglichkeit »testen«, indem wir prüfen, ob sie erklären können, was wir erklären wollen. So bekommen wir bei unserem ein wenig unorthodoxen Unterfangen wenigstens einen Fingerzeig, in welche Richtung es gehen soll.

Fangen wir an mit einem Rätsel: Während manche Arschlöcher ihren Mitmenschen großen Schaden zufügen, tun sich andere in dieser Hinsicht nicht hervor. Doch auch wenn der tatsächliche Schaden, den sie anderen zufügen, eher gering ist, finden wir ihr Verhalten moralisch verwerflich. Aber warum? Aus welchem Grund kann uns das Verhalten eines anderen Menschen empören, wenn es auf unser Leben doch nur minimale reale Auswirkungen hat?

Wie können wir dieses Rätsel lösen? Eine gute Theorie des Arschlochs sollte mindestens drei Punkte klären können, auch wenn deren Relevanz nicht unmittelbar einsichtig ist.

Punkt eins liegt klar auf der Hand: Unsere Theorie hat einen Charakterzug beziehungsweise einen bestimmten Typ Mensch zum Gegenstand – einen grundsätzlichen *Charakterfehler,* also nicht einen einzelnen Akt, einen einmaligen »Ausrutscher« oder eine kurze Periode im Leben. Eine einzelne mutige oder großzügige Tat macht aus einem Individuum noch keinen mutigen oder großzügigen Menschen. Ebenso wenig wie ein einzelner Akt der Ungeduld, Selbstsucht oder Dummheit einen Menschen zu einem ungeduldigen, selbstsüchtigen oder dummen Individuum macht. Jemand kann sich also in einer bestimmten Situation, an einem bestimmten Tag oder eine ganze Woche lang wie ein Arschloch *verhalten,* ohne wirklich ein Arschloch zu *sein*.[8] Wenn das Arschloch-Verhalten nicht die Art und Weise widerspiegelt, wie jemand im Normalfall ist, fällt er wohl eher unter die Kategorien *Idiot*, *Rüpel*, *Fiesling*, *Trottel* oder einfach nur *Arsch*. Uns interessiert aber jener Typus, bei dem das Arschloch-Verhalten zum Charakter gehört und genau das widerspiegelt, was der Typ im Innersten *ist*. Uns geht es also um das *echte Arschloch*. Dabei suchen wir weder nach dem »Ober-Arschloch«, dessen ausgeprägte Merkmale alle anderen Angehörigen der Spezies »Arschloch« überragen, noch nach dem »Borderline-Arschloch«, dessen Status als Arschloch nicht klar definiert ist. Uns interessiert das Arschloch, das zwischen diesen Extremen angesiedelt ist: das ganz durchschnittliche, alltägliche Arschloch.

Das bedeutet, dass wir uns zunächst einmal nicht an Extremfällen wie Hitler, Stalin oder Mussolini abarbeiten. Für diese Sorte Mensch kann es gar nicht genug Schimpfwörter geben, insofern kann man sie ruhig auch als »Arschloch« bezeichnen. Allerdings sind sie in Wahrheit natürlich nicht einfach Arschlöcher; es gibt wesentlich genauere, moralisch zutreffendere Klassifizierungen für sie. Das *gewöhnliche* Arschloch ist definitorisch daher zunächst einmal schwer greifbar.

Es soll hier nicht unerwähnt bleiben, dass nicht immer, wenn von einem »Arschloch« gesprochen wird, ein fester

8 Möglicherweise trifft dies auf General McChrystal zu, der sich für sein Fehlverhalten nicht nur entschuldigt hat, sondern ansonsten auch ein untadeliges Leben im Dienste des Volkes führt.

Charakterzug gemeint ist.[9] Natürlich benutzen wir den Begriff auch einfach als Schimpfwort, zum Beispiel wenn wir sagen: »Du machst mich krank, Du Arschloch!« Viele andere Begriffe sind zwar eigentlich vielsagender (»Feigling« oder »Despot« zum Beispiel), aber es mangelt ihnen an Ausdrucksstärke. Der Begriff »Arschloch« hingegen ist ausdrucksstark und benennt *gleichzeitig* einen Charakterzug. So könnte man beispielsweise sagen: »Er ist mein Freund, und ich persönlich komme gut mit ihm aus, aber ich muss zugeben, dass er ein echtes Arschloch ist!« Dann kann man sich zwar fragen, wieso jemand, der so eine Aussage trifft, mit besagtem »Arschloch« befreundet bleiben möchte, doch die getroffene Aussage ist zweifellos *wahr* und allseits bekannt: Die Person, von der die Rede ist, ist ein Arschloch.[10]

---

9 Harry G. Frankfurt zeigt in *Bullshit* (Frankfurt a. M. 2006), dass das Wort »Bullshit« sehr anschaulich ist, obwohl es ein Schimpfwort ist. Das gilt natürlich auch für Schimpfwörter wie »Hühnerkacke« oder »saublöder Mist«, deren Bedeutungen klar unterschieden werden können und sich vom Begriff »bullshit« abheben. Wir wollen in unserer Untersuchung diesem Beispiel folgen. Die hier vorgestellte Theorie soll so einleuchtend sein, dass Ihnen dabei sofort jemand einfällt: »Mensch, ich kenne da auch so einen Typen.« – was also hinreichend belegt, dass es mindestens ein Arschloch gibt, vermutlich sogar mehrere. So ist die Existenz des Arschlochs klar erwiesen, auch wenn man über die Einzelheiten der Theorie noch gewisse Zweifel hegen kann.

10 Tatsächlich hat jemand diesen Satz (mehr oder weniger exakt) in einem Gespräch zu mir gesagt. Natürlich ist dies kein hinreichender Beweis für den Wahrheitsanspruch der Aussage, jemand sei ein Arschloch. Es kann immer noch sein, dass der Sprecher mit dem Begriff nur seine ablehnenden Gefühle ausdrücken wollte. (So wie man die gegnerische Mannschaft ausbuht oder jemanden als »Schwanzlutscher« oder »Vorhautparasit« bezeichnet, was ein recht anschauliches, unschönes Bild evoziert, mit dem aber keinerlei Wahrheitsanspruch verbunden ist.) Ein Beleg für die Tatsache, dass der

Die Punkte zwei und drei, die eine Theorie des Arschlochs klären sollte, hängen eng zusammen und müssen eingehender untersucht werden. Punkt zwei: Zunächst einmal sei festgehalten, dass das gewöhnliche Arschloch in moralischer Hinsicht *nicht* unter dem durchschnittlichen – sagen wir mal – Mörder, Vergewaltiger oder Diktator steht. Die meisten Arschlöcher sind nicht *so* schlecht. Eine Definition im bekannten Weblexikon *Urban Dictionary* besagt: »[Ein Arschloch ist] die schlimmste Sorte Mensch … Wenn du ein Arschloch bist, bist du abartig, widerlich, gemein, abstoßend, jähzornig, streitsüchtig, menschenfeindlich und mehr … [Arschlöcher] sind das Allerletzte. Sie verstoßen gegen jede Moralvorstel-

---

Begriff »Arschloch« stets ein Körnchen Wahrheit enthält, wäre die Aussage: »Wenn irgend so ein Arschloch dich auf der Straße schneidet, kannst du ruhig hupen!« In diesem Satz steht der Begriff »Arschloch« nicht nur für Zustimmung oder Ablehnung, sondern hat quasi definitorischen Charakter. Ein noch besseres Beispiel ist der Satz: »Ja, ich bin ein Arschloch, und das ist gut so!« Am besten wäre es, wenn dieser Satz von einem Ober-Arschloch geäußert würde, der damit seinen Untergebenen eins reinwürgen will. Siehe zum Beispiel: »Asshole Admits to being an Asshole in Supreme Asshole Move« auf: http://www.theonion.com/articles/asshole-admits-to-being-asshole-in-supreme-asshole,1172/.

Wenn wir also annehmen, dass der Begriff »Arschloch« auch Wahrheitsstatus hat, dann heißt das nicht, dass wir ihn nicht *ebenso* als Schimpfwort zum Ausdruck unserer maximalen Ablehnung einsetzen können wie in: »Himmel, was für ein Arschloch!« oder in: »Der Typ ist *so* ein Arschloch!« Wenn ein Sprecher eine Person als »Arschloch« bezeichnet, können wir davon ausgehen, dass er damit auf der *pragmatischen Ebene* seine absolute Ablehnung signalisieren will. Zu dieser Interpretation des Moralurteils siehe auch: David Copp, »Realist-Expressivism: A Neglected Option for Moral Realism«, in: *Social Philosophy and Policy*, Bd. 18, S. 1 – 43; sowie: Stephen Finlay, »Value and Implicature«, in: *Philosopher's Imprint*, Bd. 5, Nr. 4 vom Juli 2005, abrufbar auf: http://quod.lib.umich.edu/p/phimp/3521354.0005.004.

lung.«[11] Diese Definition ist übertrieben und daher wenig hilfreich. Ich stimme mit dem Gesagten so weit überein, dass die »niedrigste Sorte Mensch« *auch* Arschlöcher umfassen kann. Doch ist es wenig hilfreich, die Definition des Arschlochs aus dem Bodensatz der menschlichen Gesellschaft herausdestillieren zu wollen, aus den Hitlers, Stalins oder Mussolinis dieser Welt, deren Verworfenheit schlechterdings alles übertrifft. Wie ich bereits betont habe, ist das gemeine Arschloch ein einfach abzugrenzender Untersuchungsgegenstand und gehört häufig nicht zu den »Verworfensten der Verworfenen«. Wir tun recht daran, Mörder, Vergewaltiger oder Despoten in Handschellen und mit vorgehaltener Pistole abzuführen und einzusperren; der reale Schaden, den solche Menschen verursachen, ist immens und lässt sich gewöhnlich nicht wiedergutmachen. Was ein durchschnittliches Arschloch uns antut – wir müssen länger in der Schlange stehen, mit einer hämischen Bemerkung oder einem verdorbenen Nachmittag fertig werden – ist im Vergleich dazu kaum der Rede wert. Es wäre kaum vertretbar, das Arschloch deshalb aus der Gesellschaft auszustoßen. Was wiederum der Grund dafür ist, dass wir es immer wieder mit ihnen zu tun bekommen, dass sie allgegenwärtig zu sein scheinen.

Und doch – und damit sind wir beim dritten Punkt – sind Arschlöcher abstoßende Menschen. Auch wenn der reale Schaden, den das Arschloch verursacht, minimal ist, treibt es uns auf die Palme und verletzt die Regeln von Anstand und Moral.

---

11 Definition von Eric Melech, auf: http://www.urbandictionary.com/define.php?term=asshole.

Arschlöcher haben irgendetwas an sich, das uns wahnsinnig macht und das nichts mit physischer Schädigung zu tun hat. Etwas, das sogar bei ansonsten beherrschten Menschen Wutanfälle auslöst.[12] Etwas, das einem im Gedächtnis bleibt wie ein fauliger Geruch. Etwas, das den Namen eines Körperteils verdient, den wir gewöhnlich vor den Blicken anderer verhüllen; eines Körperteils, zu dem viele Menschen ein schwieriges Verhältnis haben und sich wünschen, es gäbe ihn nicht.[13] Genau dieses unerträgliche »Etwas« wollen wir hier herausfinden.

Zusammengefasst lauten die drei Anforderungen an eine gute Theorie des Arschloches also folgendermaßen: Wir suchen 1) einen konstanten, festen Charakterzug, der 2) Ursache dafür ist, dass der Betroffene anderen zwar nur minimalen materiellen Schaden zufügt, man ihn aber trotzdem 3) als moralisch verwerflich erlebt.

Bleibt die Frage, weshalb ein Mensch, der anderen kaum oder nur geringen Schaden zufügt, trotzdem moralisch verwerflich sein kann. Auf welches Verhalten, auf welchen Cha-

---

12 Ein Eintrag im *Urban Dictionary* besagt: »Ein Arschloch ist ein Mensch, der sogar den Papst zum Faustkampf treiben würde.« (Definition von Bwillis auf: http://www.urbandictionary.com/define.php?term=asshole&page=4) Offensichtlich ist es kulturübergreifend richtig, dass der häufigste Grund für Mord eine »heftige Auseinandersetzung aus oftmals banalen Gründen« ist. Siehe dazu: Martin Daly und Margo Wilson, *Homicide*, New Brunswick 1988.

13 Ich beziehe mich hier auf ein allgemein verbreitetes Gefühl ohne jedoch infrage stellen zu wollen, dass viele Menschen zu diesem Körperteil aus intimen oder sonstigen privaten Gründen ein anderes Verhältnis pflegen. Was die gewöhnlich eher ambivalenten oder ablehnenden Empfindungen der restlichen Bevölkerung angeht, siehe: Leo Bersani, »Is the Rectum a Grave?«, in: *Is the Rectum a Grave? And Other Essays*, Chiago 2009.

rakterzug trifft dies zu? Dies ist kein richtiges Paradox, eher ein interessantes Rätsel.

Das moralische Arschloch

Wie lautete unsere Theorie doch gleich? Ein Mensch ist ein Arschloch, wenn er sich in zwischenmenschlichen Beziehungen systematisch besondere Freiheiten herausnimmt, wenn dies aus einem tief verwurzelten Anspruchsdenken heraus geschieht und wenn jenes Denken ihn gegen die Einwände anderer immun macht. Diese Theorie passt zu unseren Vorgaben, weil sie sich auf eine bestimmte Form der moralischen Verworfenheit bezieht. Dies lässt sich nachweisen, wenn wir berücksichtigen, dass unsere Theorie durch und durch moralisch ist.

Wir müssen kurz innehalten und uns fragen, ob die Moral in unseren Überlegungen nicht eine zu große Rolle spielt. Als der Schriftsteller David Foster Wallace Ben Turnbull, den Protagonisten aus einem der Romane von John Updike, als Arschloch bezeichnete (und unmissverständlich auch Updike selbst damit meinte), tat er dies nicht aufgrund von moralischen Fehlleistungen des Dichters und seiner Figur, sondern weil Turnbull (und Updike) eine verhängnisvolle Neigung zur Selbstbezogenheit haben[14]. Wir stimmen dem zu: Der Selbstbezogenheit kommt eine ganz entscheidende Bedeutung zu. Ferner sind wir der Auffassung, dass der Begriff »Arschloch«

14 David Foster Wallace, »Certainly the End of Something or Other, One Would Sort of Have to Think« (Rezension zu John Updike's *Toward the End of Time*), in: *Consider the Lobster*, New York 2006.

auch allgemeiner aufgefasst werden kann, worüber später noch zu sprechen sein wird. Hier aber wollen wir mit der zentralen, der moralischen Bedeutung beginnen.

Unserer Theorie zufolge tut das Arschloch was es tut, weil es das Gefühl hat, einen Anspruch darauf zu haben. Der Betreffende glaubt, dass ihm das zusteht, dass es »sein gutes Recht« ist. Wie unzutreffend diese Auffassung auch immer sein mag, das Arschloch hat auf jeden Fall eine *moralische Motivation* für sein Handeln. Es unterscheidet sich grundlegend vom Psychopathen, der sich über jede Art von Moralvorstellungen hinwegsetzt und Menschen nur als Objekte betrachtet, die er nach Gutdünken manipulieren kann. Das Arschloch aber glaubt, es habe einen *Anspruch* darauf, sich in zwischenmenschlichen Beziehungen spezielle Freiheiten herauszunehmen. Angesichts dieser vermeintlichen Sonderstellung fordert er Dinge für sich, die ihm seiner Ansicht nach niemand, der noch ganz bei Trost ist, verwehren kann. Er ist *empört* und *verärgert*, wenn er den Eindruck bekommt, seine Ansprüche würden nicht respektiert – wie ein sozial bestens integrierter, auf Kooperation bedachter Mensch.

Arschlöcher und kooperative Menschen haben einfach sehr unterschiedliche Ansichten darüber, was ihnen zusteht. Um diesen Unterschied zu verdeutlichen, möchte ich Ihnen hier den Standpunkt eines »kooperativen« Menschen darlegen. *Kooperative Menschen sehen sich gegenseitig als gleichberechtigt an. Sonderrechte gibt es nur unter bestimmten Umständen und die anderen Mitglieder der Gruppe können diese Sonderrechte ebenfalls in Anspruch nehmen, wenn es nötig sein sollte*. Dazu im Folgenden ein paar Beispiele:

Am eigenen Geburtstag erwartet man, von seinen Freunden besonders bedacht zu werden – mit einer Party, einer Einladung oder zumindest einem netten Anruf. Dabei zählen hier alle letztlich gleich viel, denn jeder kann einmal im Jahr diesen »besonderen Tag« genießen. Wenn du jetzt mit mir feierst, dass ich geboren bin, dann werde ich mit dir dasselbe tun, wenn du Geburtstag hast.

Dass wir uns in einer Schlange anstellen, statt einfach alle nach vorn zu drängeln, liegt daran, dass wir den Sinn dieser Praxis für gewöhnlich einsehen. Doch wenn Sie den Wartenden erklären, dass es sich um einen Notfall handelt, wird man Sie anstandslos vorlassen. In diesem Fall erhalten Sie eine Vorzugsbehandlung, weil die anderen diesen Nachteil akzeptieren: Wenn sie nicht anstünden, gäbe es keine Schlange, die Sie überholen könnten und Sie würden vielleicht gar nicht nach vorne kommen. Doch unter den gegebenen Umständen haben die Anstehenden, wenn es dringlich ist, Verständnis. Sie würden genauso handeln, wären sie selbst in einer Notlage.

Zwei Menschen können nur dann ein gelungenes Gespräch führen, in dem beide zu Wort kommen und beide das Gefühl haben, verstanden zu werden, wenn einer dem anderen wirklich zuhört und jeder genügend Redezeit erhält. Dabei ist es auch in Ordnung, den anderen zu unterbrechen, wenn man einen Punkt unterstreichen möchte, selbst wenn dies nur aus einer lebhaften Reaktion auf dieses eine besonders wichtige Argument heraus geschieht. Dieses Privileg gestehen wir uns gegenseitig zu und kommen mit gelegentlichen Unterbrechungen gut zurecht, solange wir das Gefühl haben, dass unser Gespräch als Ganzes einen gedeihlichen Fortgang nimmt.

Mit jemandem befreundet zu sein, bedeutet, sich stets zu bemühen, den Freund in einem guten Licht zu sehen. Trotzdem ist es in Ordnung, den anderen gelegentlich auf einen Fehler hinzuweisen, beispielsweise indem man ihn neckt oder einen kleinen Witz darüber macht. Der kann sogar auf Kosten des Freundes gehen, wenn das dadurch ausgelöste Unbehagen nicht allzu hoch ist – gering genug jedenfalls, dass es durch ein herzliches Lachen seitens des Freundes aufgewogen wird.

Aus diesen Beispielen lässt sich nun Folgendes ableiten: Es gibt normale Erwartungen, und es gibt besondere Umstände, unter denen diese Erwartungen für bestimmte Individuen aufgehoben werden. Wer mit diesen besonderen Umständen konfrontiert ist, darf sich einer Vorzugsbehandlung erfreuen, nicht aber, weil er selbst als etwas Besonderes gilt. Denn alle Beteiligten werden hier als gleichberechtigt betrachtet und jeder kommt einmal in den Genuss der Sonderbehandlung, weil die besonderen Umstände sich früher oder später für jeden ergeben (Beispiel Geburtstag). Und solange wir aus guten Gründen – zum Beispiel einem echten Notfall – eine Sonderbehandlung für uns reklamieren, nimmt niemand daran Anstoß, wie Vor- und Nachteile verteilt sind. Wir sagen uns, dass »sich am Ende schon alles ausgleicht« und meinen das nicht als exakte Vorhersage der Zukunft (Denn wann ist schon »am Ende«?), sondern als Vertrauensvotum: Wenn wir tatsächlich guten Willens zusammenarbeiten und andere unterstützen, weil wir dies für richtig und gut halten, dann wird sich dadurch eine Art Beziehung entwickeln, die wir wertschätzen, was auch immer die Wechselfälle des Schicksals mit sich bringen mögen.

Das Arschloch hingegen sieht für gewöhnlich keine Veranlassung, auf besondere Umstände zu warten. Er nimmt sich systematisch und ganz nach Belieben Freiheiten heraus, egal in welcher Lage er sich gerade befindet. Er drängelt sich vor *und* unterbricht andere *und* fährt rücksichtslos *und* weist andere ständig auf ihre Fehler hin. Er überhäuft seine Umwelt permanent mit nervigen Bemerkungen – versteckter Kritik, anzüglichen Fragen oder peinlichen Anspielungen auf Themen, die man in der Öffentlichkeit normalerweise nicht anschneidet. Er ist oft unverschämt und noch öfter gehässig. Man hat stets das Gefühl, rüde oder gedankenlos behandelt worden zu sein, auch wenn man nicht immer präzise sagen kann, gegen welche Höflichkeitsregeln er jetzt wieder verstoßen hat. Und was am wichtigsten ist: Das Arschloch verschafft sich in zwischenmenschlichen Beziehungen immer wieder Vorteile, nicht weil er Glück hat, sondern weil er sich als etwas Besonderes sieht. In seinen Augen sind seine »Umstände« schon allein deshalb besonders, weil sie *ihn* betreffen. Wenn einer am Geburtstag eine Extraportion für sich reklamiert, hat das Arschloch jeden Tag Geburtstag.

Das alles heißt nun aber nicht, dass sich das Arschloch nie zurückhalten könnte. Einige Arschlöcher sind wirklich streitlustig, weil sie jeder Neigung und Laune nachgeben, doch Erfolg haben sie damit nicht immer. Ein witziges und charmantes Arschloch kommt da mit seiner Art schon deutlich weiter. Ein noch anderer Typ ist das Arschloch mit Prinzipien, das sich zurückhält, wenn ihm der Sieg zu leicht erscheint. Sich auch noch den letzten Vorteil zu verschaffen, wenn kein adäquater Gegner in Sicht ist, ist irgendwie unter seiner Würde.

Da kann er, so sagt er zumindest, mit seiner kostbaren Zeit doch wirklich Besseres anfangen. Das wohlerzogene Arschloch wird unser Missfallen über das streitsüchtige Arschloch teilen. Möglicherweise legt er sogar eine gewisse Verachtung für diesen laxen, prinzipienlosen Typus an den Tag. Doch so charakterfest, dass er auf die systematische Inanspruchnahme seiner Sonderrechte verzichten würde, ist das wohlerzogene Arschloch nun auch wieder nicht. Er ist eher besonders gut darin, diese Sonderbehandlung vor sich selbst zu rechtfertigen, indem er spontan irgendwelche vernünftig klingenden Begründungen dafür erfindet.

Ein besonders schönes Beispiel ist der Arschloch-Surfer. Surfer müssen sich normalerweise wenige Wellen teilen. Dafür hat sich eine Art Vorfahrtssystem etabliert, das auf der ganzen Welt mehr oder weniger gleich funktioniert. Wenn ein Surfer auf jenen Punkt der Welle zusteuert, der ihn »in Position« bringt, wird von den anderen erwartet, dass sie sich nicht vordrängeln. Surfer Lance nun hat beschlossen, dass jede Welle ihm gehört. Seiner Meinung nach müssen die anderen, wenn er auf eine Welle zupaddelt, einfach merken, dass er der Vollprofi ist, dass er der bessere – oder zumindest ältere – Surfer ist und dass diese Welle darum ihm gehört. Es ist seine Welle, auch wenn jemand anderer längst in Position ist oder die Welle schon nimmt. Lance richtet sich auf seinem Brett auf und fährt dazwischen, als wäre er allein auf dem Ozean. Wenn er einen anderen Surfer dabei schneidet, beschwert sich dieser normalerweise und sagt irgendetwas wie: »Hey, Mann, was zum Teufel soll das?« Solche Beschwerden lässt Lance einfach an sich abprallen nach dem Motto: »Wage es bloß nicht, dich mit mir anzulegen!« Sollte der Surfer darauf antworten, legt Lance noch einen Gang zu. »Wenn du Ärger willst, können wir's ja am Strand austragen! Sieh zu, dass du aus dem Wasser kommst, bevor ich wirklich wütend werde!« (Wenn Sie mir nicht glauben, dass diese Begegnung so und nicht anders abläuft, lassen Sie mich Ihnen versichern, dass es Surfer wie Lance auf der ganzen Welt gibt. Die Polizei mischt sich nicht ein, solange es nicht zu Gewalttaten kommt.)

Aber das klassische Arschloch gibt es auch in anderen sozialen Ökosystemen, zum Beispiel im akademischen Leben. Dominic, ein Historiker, hat einige von der Kritik gelobte Bücher geschrieben. Er hat sich an das Gefühl gewöhnt, geschätzt zu werden, und ist schnell beleidigt, wenn man ihm nicht die entsprechende Aufmerksamkeit zollt. Er findet es skandalös, wenn seine Bücher nicht zitiert werden, oder wenn er als Redner zu einer Konferenz gebeten wird, aber nicht den Eröffnungsvortrag halten soll. Nicht, dass er sich etwa die Frage stellen würde, ob sein Werk heute noch so wichtig ist wie zum Zeitpunkt des Erscheinens, Dominic schließt daraus, dass die Beteiligten keine Ahnung haben. Wenn seine Prominenz abnimmt, sorgt er sich ernsthaft um »den Verfall seiner Zunft«. Um den ehemals »hohen Standard« aufrechtzuerhalten, schreibt er beißende Kritiken zu den aktuellen Werken seiner Kollegen, an denen er so gar nichts Gutes finden kann. Er spickt seine Ausführungen mit allerlei bissigen Bosheiten, ohne seine vernichtende Kritik wirklich belegen zu können. Wenn Bücher, die er als Schund verrissen hat, berühmt und einflussreich werden, nimmt Dominic dies als weiteres Indiz dafür, dass die Messlatte in seiner Profession immer tiefer gelegt wird.

Arschlöcher kommen also in recht unterschiedlichem Gewand daher. Der Grund dafür wird wohl sein, dass es verschiedene Wege geben muss, *zum Arschloch zu werden* und dieses Gefühl für »mein gutes Recht« zu entwickeln. Entscheidend dabei ist, dass das Arschloch wirklich glaubt, dass ihm eine Sonderbehandlung zusteht. Die Gründe, *warum* dies seiner Ansicht nach der Fall ist, sind so zahlreich wie die Sterne am Himmel. Möglicherweise ist er davon überzeugt, der größte Architekt, Schauspieler, Maler, Manager oder politische Führer aller Zeiten zu sein. Vielleicht glaubt er auch, ein Recht auf Macht zu haben und auf die Kontrolle über andere Menschen, die ihm diese verleiht. Wenn Menschen seinetwegen leiden, ist dies eine unangenehme Tatsache – für die anderen. Möglicherweise ist er der Ansicht, dass sein edler Charakter oder die edle Sache, für die er streitet, ihm das Recht geben, seinen Willen durchzusetzen; vor allem, wenn diejenigen, die er als Hindernisse betrachtet, in seinen Augen schwach, unwürdig oder moralisch verwerflich sind. Seiner Ansicht nach sind die meisten Menschen nervenaufreibend dumm oder langweilig – ganz im Gegensatz zu seinem brillanten Geist und strahlenden Auftreten. Den Umgang mit diesen Menschen findet er einfach nur anstrengend und lobt sich vermutlich noch dafür, dass er dieses dümmliche Volk so zivilisiert behandelt. Dies sind die verschiedenen Modi, mit denen das Arschloch seinen Anspruch legitimiert. Würden wir also eine Systematik der verschiedenen Legitimationsstrategien erstellen, hätten wir damit gleichzeitig eine Systematik der verschiedenen Arschloch-Typen (in Kapitel 2 und 3 werden wir das versuchen).

Ich möchte hier noch unterstreichen, dass niemand ein Arschloch ist, nur weil er glaubt, bestimmte Ansprüche zu haben. Unter den entsprechenden Umständen haben wir alle das Recht, nicht belogen, getreten oder betrogen zu werden. Wir haben sogar das Recht, im Zusammenleben mit anderen bestimmte Sonderrechte zu verlangen. Ein Mensch ist auch dann noch kein Arschloch, wenn er sich täuscht, was seine Rechte angeht. Dieser Art Täuschung unterliegen wir alle von Zeit zu Zeit. Was jemanden zum Arschloch macht, ist eine ganz bestimmte Weise des Sich-Täuschens. Das tief verwurzelte Gefühl des Arschlochs für »sein gutes Recht« führt ihn quasi automatisch zu der Annahme, er könne sich Sonderrechte herausnehmen, die er – moralisch betrachtet – nicht hat. Diese spezielle Form des Irrtums kann vielerlei Gestalt annehmen. Möglicherweise beruft sich das Arschloch auf ein allgemeines »Berechtigungs-Prinzip«, das aber gerade in seinem Fall nicht zutrifft. Oder er kann sofort tausend logische Gründe anführen, weshalb das, was er gerade will, ihm jetzt zusteht. In beiden Fällen ist der entscheidende Punkt, dass das im Arschloch verwurzelte Anspruchsdenken ihn zu dieser Art moralischer Fehlleistung systematisch veranlasst. Er selbst jedenfalls hält sich stets für moralisch im Recht.

Natürlich gibt es unterschiedliche Ansichten dazu, was jemandem zusteht und was nicht, vor allem im politischen Leben. Dementsprechend unterschiedlich fallen auch die Meinungen darüber aus, wer nun ein Arschloch ist und wer nicht. So wird zum Beispiel Bill O'Reilly, der Moderator eines TV-Politmagazins, je nach Standpunkt ganz anders eingeschätzt:

Ein Linker: »O'Reilly ist ein Arschloch. Er nützt auf perfide Weise die Unzufriedenheit der Arbeiterklasse aus.«

Ein Konservativer: »O'Reilly ist kein Arschloch. Er bietet der Unzufriedenheit der Arbeiterklasse ein echtes Forum.«

Unserer Theorie zufolge entscheidet sich das Problem, ob O'Reilly zu den Arschlöchern zählt, an der Frage, ob er *tatsächlich das Recht hat,* so zu handeln, wie er es tut. Natürlich können auch in diesem Punkt die Ansichten wieder auseinandergehen, je nachdem, wie man seine gesellschaftliche Aufgabe und ihren Wert oder Unwert beurteilt. Über den Punkt jedoch, was ein Arschloch im Allgemeinen ausmacht, kann man trotzdem Einigkeit herstellen. Unsere Theorie könnten also sowohl Parteigänger der Linken als auch der Rechten akzeptieren. Ein Linker könnte dann sagen, dass O'Reilly zwar ein Arschloch ist, dass er aber keins wäre, wenn der Rechte richtig läge mit seiner Annahme, dass O'Reilly das Recht besitzt, zu tun, was er tut (und vice versa). Das trifft für viele der Beispiele aus Kapitel 2 und 3 zu. Sicher werden zahlreiche Leser nicht mit meiner moralischen Diagnose der hier genannten Personen übereinstimmen. Doch das ändert nichts daran, dass in der Frage, was ein echtes Arschloch ausmacht, Einigkeit herrschen kann.

Bestandsaufnahme

Kehren wir also zu den drei Punkten zurück, die jede gute Theorie des Arschlochs erklären können sollte, um zu überprüfen, ob unsere Theorie ihnen gerecht wird.

Der erste Punkt stellt uns vor keine besonderen Schwierigkeiten: Wir halten Ausschau nach einem festen, konstanten Charakterzug. Dieser ist ein konstituierender Bestandteil unserer Theorie, weil das Anspruchsdenken beim Arschloch ein tief verwurzelter Teil seiner Motivationsstruktur ist. Schließlich befällt ihn dieses Gefühl nicht nur gelegentlich, wie etwa der Wunsch, sich einen schlechten Film anzusehen. Und dieser Impuls wird auch nicht im Moment seines Auftretens aufgrund moralischer Erwägungen am Ausleben gehindert. Ein Mensch mit gutem Gewissen kennt vielleicht auch die Einflüsterungen seines inneren Arschlochs, doch er erinnert sich eben öfter daran, dass er nicht wichtiger ist als andere Menschen, dass seine Talente und Leistungen auch viel mit Glück zu tun haben, ja, dass es ein Glück ist, ein so gutes Leben zu führen und auf ganz normale, kooperative Art mit anderen Menschen gut auszukommen. Dem Arschloch hingegen fehlen nicht nur solche moralischen Korrektive, sein Anspruchsdenken hat sich so eingebrannt, dass es auch nach gründlichem Nachdenken immer noch von seiner Einzigartigkeit überzeugt ist. Wenn die Welt seine Sonderstellung infrage stellt, dann ist etwas an der Frage falsch, nicht an seiner Sonderstellung. Das Arschloch sieht erst gar nicht die Notwendigkeit, seine Stellung in der Welt zu verteidigen. Vielmehr findet er tausend Gründe, warum die Dinge nur so sein können, wie sie sind, und macht weiter wie gehabt. Vielleicht gratuliert er sich sogar zu seiner Widerstandsfähigkeit gegenüber solchen Anflügen von Zweifel und seiner außerordentlichen argumentativen Geschicklichkeit. Ist die Selbstreflexion für viele Menschen eine wichtige Quelle für die Weiterentwicklung ihres moralischen Bewusstseins, so dient sie dem Arschloch vorzugsweise zur Selbstbestätigung. Reformbestrebungen steht er daher vergleichsweise unempfänglich gegenüber. Selbst wenn er enorme Probleme hat und reichlich therapeutische Unterstützung bekommt, wird er vermutlich keinen Grund sehen, sich zu ändern.[15]

Wenden wir uns also dem zweiten Punkt unserer Untersuchung zu. Das Arschloch ist wie gesagt nicht deshalb kritikwürdig, weil es anderen großen materiellen Schaden zufügen würde. Nehmen wir daher die »Sonderbehandlung«, die das Arschloch sich anmaßt, einmal genauer unter die Lupe. *An sich* ist es ja nicht schlimm, wenn man es versteht, sich Vorteile zu verschaffen: damit man sich nicht anstellen muss, in ei-

---

15 Viele Arschlöcher haben das, was Psychologen als »narzisstische Persönlichkeitsstörung« bezeichnen. Diese ist für gewöhnlich schwer zu behandeln. Der Psychologe Sander Koole erklärte es so: Wenn der Narzisst ein Problem hat und sich an einen Therapeuten um Hilfe wendet, wird er die Frage: »Wie geht es Ihnen?« wie folgt beantworten: »Ich habe das Gefühl, nicht die Achtung zu bekommen, die ich verdiene.« Auch wenn das typisch für die narzisstische Persönlichkeitsstörung ist, ist nicht jeder Mensch, der unter einer solchen Störung leidet, automatisch auch ein Arschloch. Wahrscheinlich ist das Arschloch-Sein nur eine der möglichen Ausprägungen einer narzisstischen Persönlichkeitsstörung. Dass der Narzissmus in unserer Kultur geradezu epidemische Ausmaße annimmt, erklärt vielleicht, weshalb es heute mehr Arschlöcher gibt als früher. Doch mit diesem Thema werden wir uns weiter unten noch auseinandersetzen.

ner Diskussion nicht warten muss, bis einem das Wort erteilt wird, oder nicht die Verantwortung für dieses und jenes zu tragen braucht. Wer sich auf diese Weise Vorteile verschafft, handelt jedenfalls nicht in dem Sinne falsch, wie es jemand tut, der einen anderen Menschen für ein paar Dollar umbringt. Im Allgemeinen resultieren die Vorteile, die sich das Arschloch verschafft, aus einem Missbrauch generell anerkannter sozialer Verhaltensweisen. Selbstverständlich hat auch das Arschloch das Recht, zur richtigen Zeit und in angemessenem Umfang von diesen Dingen zu profitieren. Das Problem dabei ist nur, dass er meist mehr als den ihm gerechterweise zustehenden Anteil nimmt, sei es, dass er gar nicht an der Reihe ist, oder die wechselseitigen Verpflichtungen nicht erfüllt, die das Funktionieren solcher Verhaltensweisen überhaupt erst ermöglichen. Er kann sich diese Vorteile verschaffen, ohne dabei irreparablen Schaden anzurichten oder gar eindeutig Unrecht zu begehen. Man muss nichts Schlimmes anstellen, um ein echtes Arschloch zu sein.

Dies verdeutlicht, dass das Arschloch kein Verbrecher ist. Er ist auch nicht einfach ein Betrüger, der sich an den gemeinschaftlichen Anstrengungen anderer bereichert. Das eigentliche Problem ist nicht der bewusste Missbrauch, sondern eine Art absichtlicher Dickfelligkeit: Das Arschloch sieht einfach keinen Grund, sich mit all den Zweideutigkeiten und Unsicherheiten herumzuplagen, die sich im menschlichen Miteinander unvermeidlich einstellen. Selbst wenn das Zusammenwirken von Menschen von noch so klaren Regeln geordnet ist, gibt es Ausnahmesituationen, die von diesen Regeln nicht abgedeckt werden. Daher ergibt sich immer wieder Klärungsbedarf, wie das von der Regel Gemeinte auf den konkreten Einzelfall anzuwenden ist. Man bemüht sich um Klärung, überprüft seine Annahmen, fragt um Erlaubnis oder versucht zumindest, die Rechte anderer zu berücksichtigen. Das Arschloch hingegen sieht keine Notwendigkeit für diese Art der gegenseitigen Selbstkontrolle zum Vorteile aller. Seine Selbstgerechtigkeit lässt es ihm nur recht und billig erscheinen, dass das Leben in der Gesellschaft für ihn ausschließlich Vorteile bereithält.

Punkt drei schließlich besteht darin, dass das Arschloch alle auf die Palme bringt. Wir haben schon gefragt, wie es sein kann, dass ein Mensch, der anderen keinen nennenswerten materiellen Schaden zufügt, trotzdem moralisch verwerflich handelt. Die Antwort auf diese Frage finden wir in einem zentralen Aspekt der arschlochtypischen Selbstgerechtigkeit: sie macht ihn immun gegenüber den Einwänden anderer Menschen. Das Arschloch verschafft sich also nicht nur ungerechtfertigt Vorteile, es weigert sich auch, den Beschwerden seiner Umwelt Gehör zu schenken. Wenn jemand etwas sagt oder auf andere Weise vermittelt (zum Beispiel durch einen Blick), zum Beispiel: »Die Schlange geht hier los.« Oder: »Sie sind noch nicht dran.« Oder: »Was wollen Sie damit sagen?« Oder: »Würden Sie mich bitte ausreden lassen?«, dann hört das Arschloch nicht nur nicht zu, es lässt womöglich auch noch einen unverschämten Kommentar wie: »Verpiss dich!« ab. Er nimmt Menschen, die etwas gegen ihn einzuwenden haben, *gar nicht wahr*, weil es ihm gar nicht in den Sinn kommt, dass sie vielleicht Recht haben könnten. Sein Gegenüber hat zwar nur einen geringen greifbaren Schaden erlitten – er wurde unterbrochen, zurückgedrängt, übertönt –, doch der eigentliche Punkt ist: Er wurde als Person nicht anerkannt. Immanuel Kant sagte den denkwürdigen Satz, dass unsere Achtung für das moralische Gesetz den »Eigendünkel« niederschlage.[16] Für das Arschloch gilt das nicht.

Die Bedeutung von Anerkennung

Wir gehen also davon aus, dass das Arschloch moralisch verwerflich handelt, weil es, obwohl die von ihm materiell verursachten Schäden gering sind, anderen eine grundlegende Anerkennung, die für sie moralisch wichtig ist, versagt. Das ist das Herzstück unserer Antwort auf die Frage, warum einem das Arschloch so unangenehm ist. Bevor wir uns wieder in seichtere Gewässer begeben, sollten wir daher noch einmal tiefer in die Moralfrage eintauchen.

Wie wir eben gesehen haben, würde Kant ein Arschloch als eine Person definieren, die unter »Eigendünkel« oder »arro-

---

16 Immanuel Kant, »Kritik der praktischen Vernunft«, in: *Kants Werke*, Akademie Textausgabe, Bd. V, Berlin 1968, S. 75. Wie einer seiner berühmt gewordenen Sätze lautet: »Vor einem niedrigen, bürgerlich-gemeinen Mann, an dem ich eine Rechtschaffenheit des Charakters in einem gewissen Maße, als ich mir von mir selbst nicht bewusst bin, wahrnehme, bückt sich mein Geist, ich mag wollen oder nicht, und den Kopf noch so hoch tragen, um ihn meinen Vorrang nicht übersehen zu lassen.« (Ebda., S. 77) Mit dieser Aussage antwortete Kant auf einen anderen berühmten Ausspruch, den der französische Frühaufklärer Bernard Le Bovier de Fontenelle tat: »Vor einem Vornehmen bücke ich mich, aber mein Geist bückt sich nicht.« Siehe dazu auch: Immanuel Kant, *Vorlesung über Ethik*, Frankfurt a. M. 1990, S. 140ff.

gantia« leidet. Das ist übrigens etwas anderes als schlichte »Eigenliebe«, die zwar zu Selbstsucht führt, jedoch keineswegs die eigene Fähigkeit mindert, moralisch zu urteilen. Jemand kann durchaus selbstsüchtig handeln oder – trotz besserer moralischer Einsicht – ein selbstsüchtiger Charakter sein, zum Beispiel, indem er einen bestimmten moralischen Sachverhalt ignoriert, wie dies auch ein »Idiot« oder ein »Mistkerl« tun würde. Das Arschloch hingegen gründet sein Urteil vollständig auf seine eigenen Ansprüche und nicht auf ein allgemein verbindliches Verständnis des Moralgesetzes, in dem – wie Kant sagt – alle gleichermaßen als »Zwecke an sich« betrachtet werden, als gleichberechtigte Wesen in einem »Reich der Zwecke«.[17]

Hier entwickelt Kant vermutlich Rousseaus Unterscheidung zwischen einem natürlichen positiven Selbstwertgefühl (*amour de soi-même*) und einer potenziell schädlichen Sorge um den eigenen Wert oder Status im Vergleich zu anderen (*amour propre*) weiter. Gesunde Selbstliebe sucht den Vergleich mit anderen erst gar nicht. Denn ein gesundes Selbstwertgefühl zu haben bedeutet nicht notwendigerweise, sich anderen gegenüber überlegen zu fühlen. Dennoch machen wir

---

17 Immanuel Kant, *Grundlegung einer Metaphysik der Sitten*, Hamburg 1994, S. 56. Siehe dazu auch Kants Vorstellung von der Selbstliebe, die zum Eigendünkel wird, wenn sie »zur obersten praktischen Bedingung« gemacht wird, *Kritik der praktischen Vernunft*, a.a.O., S. 74. Dies passt auch zu einer Passage aus seiner *Vorlesung über Ethik*, wo es heißt, dass ein solchermaßen getäuschter Mensch »sich das moralische Gesetz nachsichtlich vorstellt […], weil der Maßstab, womit er seine Handlungen misst, unrichtig war«. (*Vorlesung über Ethik*, Frankfurt a. M. 1990, S. 140). Wir werden diesen Gedankengang in unserem »Brief an ein Arschloch« noch näher ausführen.

uns unweigerlich und zu Recht Gedanken darüber, wie wir in unseren sozialen Beziehungen von anderen wahrgenommen werden. Oft geht es in der Welt schlicht darum, um Ansehen und Status zu wetteifern; wir versuchen stets, besser zu sein als der andere. Rousseau aber erklärt sehr anschaulich, wie dies zu unsäglichem persönlichen Leid und massiven sozialen Problemen führt.[18] Dabei ist solch ein Wettbewerb gar nicht in der sozialen Natur des Menschen verankert. Wir können den anderen in seinem Streben nach gesellschaftlicher Anerkennung akzeptieren, ohne uns als besser oder schlechter einstufen zu müssen: Wir können einander einfach als grundsätzlich gleichwertig betrachten. Jeder könnte sich mit dieser Lösung anfreunden – bis auf einen natürlich: das Arschloch. Sein *amour propre* ist ein unauslöschliches Feuer. Mit schlichter Gleichwertigkeit kann er sich nicht abfinden.[19]

Andere Philosophen haben Konzepte wie den »moralischen Status« oder die »wechselseitige Akzeptanz« entwickelt. Die bekanntesten unter ihnen sind wohl Fichte (der die Idee vertrat, dass ein Mensch durch die »Aufforderung« eines anderen zur Freiheit und wechselseitiger Anerkennung gelangen könne), Hegel (der sich über die grundlegend ungleiche Beziehung zwischen Herr und Knecht Gedanken machte), Sartre (über Scham und sexuelles Verlangen) und Buber (über die Beziehung zwischen Ich und Du, in der wir zu allen anderen stehen, im Gegensatz zwischen der Ich-Es-Beziehung, die

18 Siehe Jean-Jacques Rousseau, *Emil oder über die Erziehung*, Paderborn 1998.

19 Siehe Jean-Jacques Rousseau, *Abhandlung über den Ursprung und die Grundlagen der Ungleichheit unter den Menschen*, Zürich 2009.

wir zu Objekten haben). Zeitgenössische Moralphilosophen haben Konzepte erarbeitet, die vielleicht einen weniger hehren Klang haben, dafür aber gut verständlich sind. Sie begreifen Moral aus einer Zweite-Person-Perspektive[20]. Das funktioniert so:

Ein Mensch mit einem grundlegenden moralischen Status zu sein bedeutet zumindest, dass wir ein Recht auf Respekt und Achtung haben, da wir die Fähigkeit zur Vernunft besitzen. Unsere Fähigkeiten versetzen uns nämlich in die Lage, einzuschätzen und zu bewerten, wie jemand handelt. Ein Berg, Wal oder Baum verdient zwar an sich ebenfalls unsere Achtung, doch ist er nicht in der Lage zu bewerten, ob die Handlungen anderer gerechtfertigt sind. In dieser Hinsicht ist die Gemeinschaft der Menschen etwas Besonderes.[21] Ich als gewöhnlicher Mensch besitze die Gabe des Selbstbewusstseins, des logischen Denkens und des Urteilsvermögens. Ich kann jemandes Handeln beobachten und es als Geschehnis innerhalb der Ereigniskette registrieren oder ich kann (und sei es nur im Stillen) überlegen, ob dieses Handeln gerechtfertigt ist. Warum, so könnte ich fragen, sollte man dieses Tun akzeptieren? Und insbesondere: Ist der Akt, den der andere handelnd vollzieht, für mich zu rechtfertigen? Würde der andere

20 Siehe dazu: T. M. Scanlon, *What We Owe to Each Other*, Cambridge 1998; und Stephen Darwall, *The Second-Person Standpoint*, Cambridge 1996.

21 Aber kann jemand nicht auch ein Arschloch sein, weil er einen Hund getreten hat? Es scheint so, obwohl ich mir nicht sicher bin, ob jemand als Arschloch betrachtet werden kann (und nicht nur einfach als grausamer Mensch), wenn er nur Hunde tritt, Menschen hingegen gut behandelt. Wir können diese Frage ja mal offenlassen.

sich mir gegenüber so verhalten, welche Folgen hätte dies für mich? Könnte ich sie akzeptieren?

So kann jeder von uns, der diese Fähigkeiten besitzt, sich die Frage stellen, was für einen *anderen* aus dessen Perspektive gerechtfertigt wäre. Kann der andere dies in Anbetracht der Konsequenzen, die das Handeln für ihn hätte, akzeptieren? Oder hätte er Grund, sich über die Konsequenzen zu beschweren? Das, was wir für einen anderen noch für vertretbar oder eben nicht mehr vertretbar halten, sollte auf uns und unser Tun besonderen Einfluss haben. Denn es wird unsere Entscheidungen prägen, zumindest, wenn wir moralisch handeln wollen. Jeder sollte in seinem Handeln nicht nur berücksichtigen, was die Welt besser oder schlechter macht (aus einer unpersönlichen Perspektive, die auch den Berg, den Wal und den Baum miteinbezieht), sondern auch, was für jeden einzelnen von uns akzeptabel wäre – und zwar, weil jeder Mensch in dieser Welt seinen eigenen Standpunkt hat.

Das soll nun nicht heißen, dass jeder in einem Austausch geäußerte Einwand Berücksichtigung finden muss, wie wenn man bei allem, was man tut, stets die Erlaubnis eines jeden Menschen einholen müsse, der von diesem Handeln betroffen sein könnte, unabhängig davon, wie vernünftig dieser Mensch vielleicht ist. Die Einwände oder Beschwerden, die wir manchmal vorbringen, gehen nicht selten auf Unkenntnis entscheidender Fakten zurück oder spiegeln mangelndes Interesse an dem wider, was für jeden akzeptabel ist. Wir können unwissend sein oder selbstsüchtig oder beides.

Und doch rühren unsere Einwände nicht immer aus solchen »niederen« Trieben oder haltlosen Beweggründen. Wenn also jemand einen Einwand äußert (sei es sprachlich oder durch einen fragenden Blick), können wir davon ausgehen, dass die Person *möglicherweise* Recht hat. Selbst wenn der Einwand unvernünftig ist, kann ein Körnchen Wahrheit darin stecken. Dementsprechend liegt es in unserer moralischen Verantwortung, andere Menschen ausreden zu lassen und ihre Gründe anzuhören, wenn sie anders behandelt werden möchten; selbst wenn wir ihnen letztlich widersprechen. Anders gesagt: Von uns wird erwartet, dass wir den »Einwanderheber« an sich anerkennen, so wie in einer Versammlung jeder der Anwesenden das Recht hat, gehört zu werden. Das ist, so könnte man festhalten, ein wesentlicher Bestandteil der grundlegenden *moralischen Achtung*, die wir anderen entgegenbringen sollten, einer Achtung, die sich nicht auf den Einwand selbst, sondern auf die *Person* des anderen bezieht.

Das Arschloch hingegen ist vollkommen *immun* gegen die Einwände anderer. Sie verhallen einfach ungehört. Ob der Einwand nun gerechtfertigt ist oder nicht, die Person, die ihn vorbringt, wird als solche gar nicht wahrgenommen. Denn aus Sicht des Arschlochs ist der Einwand eines anderen der Beachtung einfach nicht wert. Der Mensch, der ihn äußert, ist nicht etwa *Gewährsmann* einer möglicherweise berechtigten Klage, sondern wird einfach ausgeblendet. Ein Mensch, der »für sich selbst eintritt«, um Achtung zu finden, mag zwar körperlich existieren, moralisch aber ist er in der Welt des Arschlochs nicht vorhanden.

Das ist auch der Grund, warum ansonsten beherrschte Menschen Wutanfälle bekommen, wenn sie es mit einem Arschloch zu tun haben: Sie kämpfen darum, beachtet zu werden. Sie kämpfen *nicht* um den vergleichsweise geringen Vorteil, der ihnen daraus erwächst, wenn das Arschloch die Reihenfolge in der Warteschlange einhält oder wenn – allgemein gesprochen – die Vorteile und Lasten des menschlichen Miteinanders wieder gleich verteilt werden. (Auch hier gilt: Wenn kooperative Menschen im guten Glauben an die Fairness aller handeln, lassen sie viel eher mal fünf gerade sein.) Der Mensch, der sich mit dem Arschloch anlegt, kämpft darum, im moralischen Universum des Arschlochs als real existierend anerkannt zu werden. Es geht ihm nicht nur darum, gehört zu werden, sondern vor allem darum, dass man ihn – wie es in Thomas Nagels bekanntem Satz heißt – als »einen unter vielen gleichermaßen realen Menschen« betrachtet.[22]

Der Kampf mit dem Arschloch kann recht frustrierend sein, weil das Arschloch in der Regel gewinnt: Das Anspruchsdenken ist so tief in ihm verwurzelt, dass normalerweise niemand zu ihm durchdringt. (Daher drängt sich einem mitunter der innige Wunsch auf, ihm eine gehörige Tracht Prügel zu verpassen, sozusagen als letzte Hoffnung.[23]) Ein kooperativer

22 In *Die Möglichkeit des Altruismus* verwendet Nagel dieses Bild, um zu erklären, wie der ethische Egoist, der nur tut, was seinen eigenen Interessen dient, sich selbst nicht als einen unter genauso realen Gleichen ansieht und sich deshalb solipsistisch verhält. (Bodenheim 1998, S. 146 und 194f.) Das Arschloch ist kein reiner Egoist, ansonsten aber unterscheidet sich unser Ansatz nur in der Blickrichtung: Der Einwanderheber versucht, die solipsistische Weltsicht des Arschlochs zu sprengen.

23 Eine Definition für den Begriff »Arschloch« im Urban Dictionary besagt zum Beispiel: »Ein Arschloch ist jemand, der ernsthaft ein paar Arschtritte braucht.« Siehe: Thomas Huang auf: http://urbandictionary.com/define.php?term=asshole&page=17. Interessanterweise heißt es fast immer, das Arschloch »brauche« eine solche Behandlung. Dahinter steckt die Annah-

Mensch hingegen ist daran gewöhnt, die Einwände anderer anzuhören. Umgekehrt geht er davon aus, dass man auch ihm zuhört, wenn er solche vorzubringen hat. Auf diese Weise stellen kooperative Menschen normalerweise fest, was für alle akzeptabel und was für die moralische Gleichwertigkeit aller nötig ist. Am Ende steht etwas, was dann alle als natürlich, selbstverständlich und dem Lauf der Dinge angemessen betrachten. Das Arschloch hingegen ist daran gewöhnt, andere auszublenden. Er tut dies permanent. Für ihn ist das bequem, außerdem ist er bemerkenswert gut darin: Wenn andere Einwände erheben, fegt er sie vom Tisch oder findet schnell überzeugende Argumente, die diese Einwände ungerechtfertigt erscheinen lassen. Und schon geht er weiter zum nächsten Punkt. Er beglückwünscht sich zu seinen Erfolgen, denn in dieser Hinsicht fährt er tatsächlich einige ein.

Zu viel Moral?

Wir haben gezeigt, warum das Arschloch für uns aus moralischen Gründen relevant ist. Sein Anspruchsdenken ist unserem Wunsch, dass er uns moralisch als gleichgestellt anerkennen soll, entgegengesetzt. Daher haben wir dieses Anspruchsdenken zum wesentlichen Bestandteil unserer De-

---

me, er sei vielleicht besser dran mit ein paar Blessuren, auf welche eine Einsicht in sein Fehlverhalten erfolgt. Wir gehen hier davon aus, dass dies falsch ist. Nicht weil es falsch wäre, das Arschloch so zu behandeln, sondern weil es wenig bringen würde. Auch ein paar Tritte in den Hintern bringen das Arschloch nicht zur Einsicht.

finition dessen gemacht, was ein Arschloch tatsächlich ausmacht. Hier könnte man uns allerdings entgegenhalten, dass wir ein wenig zu viel Moral in unsere Überlegungen packen. Kann nicht jemand ein Arschloch sein, ohne dieses Gefühl der moralischen Bevorrechtigung zu haben? Kann er nicht einfach wie Turnbull oder Updike oder das Gros der Teenager ein durch und durch selbstbezogener Mensch sein? Kann er nicht einfach sehr schwierig oder unbedarft sein?

Das ist ein wichtiger Einwand, denn bei unserer Theorie geht es ja um das, was allen Arschlöchern gemein ist. Es wäre daher ein Problem, wenn unsere Definition auf manche Menschen zuträfe, ohne dass diese Arschlöcher sind, beziehungsweise ein echtes Arschloch aus unserer Definition herausfiele. Auf den ersten Blick scheinen die oben angeführten Beispiele unsere Theorie zu widerlegen. Wenn dies zutrifft, müssten wir uns vielleicht von der Vorstellung verabschieden, dass das Arschloch ein Gefühl der moralischen Berechtigung hat und die moralische Komponente aus unserem Konzept herausstreichen. Wie aber sind diese Gegenbeispiele theoretisch zu fassen?

Natürlich ist es okay, wenn Sie jemanden als Arschloch titulieren, der einfach nur egoistisch oder schwierig ist. Wenn jemand Ihnen die Vorfahrt nimmt, können Sie ihn ein Arschloch schimpfen, auch ohne vorher zu überprüfen, ob er dies aus einem Gefühl der moralischen Bevorrechtigung heraus getan hat. (Vielleicht fragen Sie ihn an der nächsten Kreuzung danach und er entschuldigt sich für seinen Fehler.) Praktisch ist es nicht von Belang, ob der Fahrer, der Sie geschnitten hat, ein Arschloch im Sinne unserer Definition ist. Dasselbe gilt für den schwierigen Charakter. Wenn zum Beispiel einer Ihrer Freunde nicht mehr weiter weiß, weil er mit einem extrem schwierigen Kollegen gestraft ist, sagen Sie ihm vielleicht: »Ach, mach dir nicht so viele Gedanken. Er ist einfach ein Arschloch.« Damit bestätigen Sie zum einen, dass Ihr Freund Anspruch auf eine bessere Behandlung hat und zum anderen raten Sie ihm, von dem Arschloch keine wesentliche Veränderung seines Charakters zu erwarten. Jemanden ein Arschloch zu nennen erfüllt also ganz bestimmte, nützliche Funktionen, auch wenn man nicht weiter untersucht, weshalb dieser Jemand sich wie ein Arschloch verhält.

Doch auch in solchen Fällen bleibt die Frage offen, ob der Handelnde wirklich ein Arschloch *ist*, also ob er zu dieser Sorte Mensch gehört. Vielleicht ist er ja eher ein Depp oder ein Schmock oder ein Windbeutel. Oder jemand, der einfach keinerlei soziale Intelligenz besitzt. Es handelt sich also letztlich um ein Problem der Klassifizierung, und dafür bietet unsere Theorie eine Lösung: Sie unterscheidet das Arschloch klar und deutlich von der breiten Phalanx anderer Persönlichkeitstypen. Wir haben unsere Arschlochdefinition in dieser Form ausgearbeitet, um besser erklären zu können, welche *Bedeutung* das Arschloch – besser gesagt die moralische Anerkennung, die er uns verweigert – für uns hat. Um diese Bedeutung herum haben wir das Charakterbild des Arschlochs aufgebaut. Das tief verwurzelte Anspruchsdenken des Arschlochs ist daher auch so ein wichtiger Bestandteil unserer Definition. Natürlich mag es das ein oder andere Beispiel geben, bei dem unsere Definition nicht oder nur teilweise passt. Was man bei einem richtigen Arschloch allerdings immer finden kann, ist das Gefühl der Überlegenheit. Möglicherweise ist es ganz tief in seiner Seele verborgen, doch da steckt es auf jeden Fall.

Turnbulls Selbstbezogenheit ist ein gutes Beispiel dafür. Wallace verweist ausdrücklich darauf, um zu erklären, warum die literarische Figur des Turnbull so unglücklich ist, vor allem vor dem Hintergrund seiner »bizarren und kindischen Überzeugung, dass Sex mit allen möglichen Frauen zu jeder Zeit und Gelegenheit das einzige Heilmittel für menschliche Verzweiflung ist.«[24] Wallace erwähnt außerdem natürlich Turnbulls (und Updikes) Frauenfeindlichkeit, denn tatsächlich kann die Vorstellung, »Sex mit allen möglichen Frauen zu jeder Zeit und Gelegenheit« zu haben, als frauenverachtende Forderung gedeutet werden: ein unbegründeter Anspruch auf etwas, das – vom moralischen Standpunkt aus betrachtet – freiwillig gegeben werden muss und daher vielleicht nicht unbedingt dann zur Verfügung steht, wenn man es gerade haben will. Platon oder Aristoteles hätten ein moralisches Charakterdefizit ohnehin als Hindernis für das eigene Glücksempfinden, ja für die persönliche Entwicklung, angesehen, die ja unter anderem im tugendhaften Leben besteht. Doch das gilt vielleicht auch, wenn wir uns modernen Auffassungen zuwenden, die Tugend und Glück grundsätzlich trennen. Turnbulls unglückliche Selbstbezogenheit kann ja auch als Unmöglichkeit einer wirklichen und tiefen, von gegenseitigem Respekt getragenen Beziehung zu anderen betrachtet werden, einer

24 David Foster Wallace, »Certainly the End of Something or Other«, in: *Consider the Lobster*, New York 2006 S. 59.

Beziehung, die nicht notwendig mit den Freuden einvernehmlichen Körperkontaktes verbunden ist.

Wir könnten auch noch anfügen, dass Selbstbezogenheit in jedem Fall ein moralisches Defizit darstellt, das eine Anspruchshaltung wie die von uns beschriebene signalisiert: Der selbstbezogene Mensch hat das Gefühl, dass er auf andere keine Rücksicht zu nehmen braucht. Danach gefragt, weiß er stets »gute Gründe« vorzubringen, weshalb dieses Verhalten in seinem Fall gerechtfertigt ist. (»Ich kann das jetzt nicht!«, »Das ist mir alles zu viel!«, »Siehst du nicht, dass ich wirklich andere Probleme habe?«) Solche Gründe sollen erklären, weshalb man von dieser Person nicht erwarten kann, anderen zu geben, was ihnen zusteht. Ob wir jemanden als Arschloch einordnen oder nicht, hängt letztlich davon ab, wie wir seine Begründung bewerten. Ist es wirklich ein »guter« Grund (zum Beispiel eine schwere Depression), dann ist die Person kein Arschloch. Selbst wenn der Grund nicht so gut ist, der Betreffende sich aber später für sein Verhalten entschuldigt, ist er kein Arschloch. Er ist jedenfalls nicht immun gegen die Einwände anderer, wie es ein echtes Arschloch wäre. Viele Idioten, Mistkerle, vergessliche oder komplett ahnungslose Menschen sind einfach unverbesserlich, doch sie würden ihren Lebensstil nicht noch offensiv verteidigen. Manchmal entschuldigen sie sich sogar, auch wenn sie wenige Stunden oder Tage später wieder in ihr altes Muster zurückfallen. Das Arschloch hingegen ist unverbesserlich auf eine besondere, bewusste oder vorausschauende Weise.

Was aber, wenn jemand glaubt, dass *jeder* Anspruch darauf hat, die Nummer Eins zu sein? Dann lebt er womöglich in einer vorwegnehmenden Haltung des eigennützigen Opportunismus und verhält sich ziemlich häufig wie ein Arschloch, doch er würde sich nicht für etwas grundlegend Besonderes halten. Er würde vielmehr behaupten, dass doch jeder diesem enormen Konkurrenzdruck entsprechend handelt, und vielleicht sogar bedauern, dass die Welt »nun einmal so ist«. Im gleichen Atemzug würde er aber darauf hinweisen, dass wenn er versuche, vorwärts zu kommen, er ja nur tue, was sein gutes Recht sei.

Wenn jemand tatsächlich diese zynische Sicht auf die Welt hat, obwohl er den ehrlichen, aber nicht realisierbaren Wunsch hat, mit seinen moralisch gleichgestellten Mitmenschen zu kooperieren, dann ist er nach unserer Definition kein Arschloch, sogar wenn er sich wie ein solches verhält. Wenn er davon wirklich überzeugt ist, wird er sich vermutlich auf eine Diskussion einlassen und bereit sein, darüber nachzudenken, ob seine Weltanschauung auf vernünftigen Argumenten beruht. Er würde sich dann nicht im Sinne des Arschlochs »im Recht fühlen« und gegen andere Ansichten immun sein. Viele echte Arschlöcher *erzählen sich selbst* solche Geschichten über den Zustand der Welt, ohne wirklich dahinterzustehen. Manchmal schaffen sie es allerdings auch, *tatsächlich daran zu glauben*, nur um weiter ruhig schlafen zu können. Dieser Typ Arschloch gibt sich einen moralischen Anstrich. Er hängt sich ein Mäntelchen universeller Unfehlbarkeit um, ganz im Gegensatz zum arroganten Arschloch, das zu seiner Rechtfertigung nur einen Spruch braucht: »So bin ich nun mal. Natürlich bin ich [dabei zeigt er auf sich] etwas Besonderes!« Ein Arschloch kann sich nämlich nicht einfach *selbst* als Begründung für sein arschlochmäßiges Verhalten nehmen, ohne sich damit außerhalb der geltenden moralischen Regeln zu stellen (was ihn, wie wir in Kapitel 2 und 4 näher ausführen werden, zum Psychopathen machen würde).[25] Doch wie wir gleich sehen werden, unterscheiden Arschlöcher sich beträchtlich darin, zu welchem Grad sie auf die scheinbare Gültigkeit ihrer Rechtfertigung angewiesen sind.

25 Nietzsches Übermensch reklamiert für sich, über der konventionellen Moral zu stehen. Für ihn geht sein Selbst über alles. Doch soweit ich Nietzsche verstehe, lässt sich dies auf verschiedene Weise interpretieren: Entweder weist Nietzsches Übermensch die Moral als solche zurück, um stattdessen als wahre universelle Moral die der individuellen Authentizität einzuführen. Oder der Philosoph hält spezielle Privilegien für alle jene für gerechtfertigt, die den Mut haben, sich ganz und gar zum Ausdruck zu bringen, was prinzipiell aber jedem offensteht. Wenn man Nietzsche so versteht, wäre sein Übermensch ein klassisches Arschloch.

2

Und wer ist damit nun gemeint?

Nachdem wir die Kriterien herausgearbeitet haben, welche das Arschloch zum Arschloch machen, sollten wir als Nächstes überlegen, wer eigentlich in diese Kategorie fällt. Mit unserer Theorie verfolgen wir ja nicht die Absicht, Menschen an den Pranger zu stellen. Die Klärung der heiklen Frage, ob jemand im konkreten Fall ein Arschloch ist oder nicht, bleibt nach wie vor uns selbst überlassen. Theorien werden schließlich nicht zu Diffamierungszwecken aufgestellt, sondern dienen der Klassifizierung. In unserem Falle streben wir eine moralische Typologie an in dem Sinne, wie Aristoteles seine Beschreibung der Tierwelt aufstellte und damit letztlich die Wissenschaft der Biologie begründete. Da das Habitat der Arschlöcher in der Geschichte und im öffentlichen Leben so dicht besiedelt ist, ist es unsere Aufgabe, die besten Exemplare herauszugreifen und sie ihrer Art entsprechend zu klassifizieren.

Nicht ver-urteilen?

Jedes Klassifizieren bedeutet zu urteilen. Personen des öffentlichen Lebens unterwerfen sich ja freiwillig auch dem öffentlichen Verdikt über ihren Arschlochstatus. Doch natürlich sind Bedenken berechtigt, ob wir überhaupt befugt sind, ein derartiges Urteil zu fällen. Sollte uns die Achtung vor einem moralisch gleichgestellten Mitmenschen, auch wenn dieser ein Arschloch ist, nicht vielleicht an einem Urteil hindern? Qualifizieren wir uns nicht selbst für den Obersten Gerichtshof der Arschlöcher, wenn wir jemanden als »Arschloch« einstufen, was ja eigentlich ein typischer Arschloch-Schachzug wäre?[26]

Nicht unbedingt. Ist unsere Theorie richtig, so weist das Arschloch eine bestimmte Art von moralischer Persönlichkeitsstruktur auf und seine Zugehörigkeit beziehungsweise Nicht-Zugehörigkeit zu dieser Gruppe ist eine überprüfbare Tatsache. Jemanden als Arschloch zu klassifizieren, heißt ja nicht, dass man diesen Menschen beschimpft. Vielmehr geht es darum, ihn als das Arschloch zu beschreiben, das er ist, um besser zu *begreifen*, was ihn von anderen Arschloch-Typen unterscheidet. Wir müssen diese Person noch nicht einmal verabscheuen. So können wir zum Beispiel General MacArthur als Arschloch einstufen, ohne in Abrede zu stellen, dass die Welt um seinetwillen insgesamt besser dran ist. Japan zum Beispiel hätte sich nach dem 2. Weltkrieg womöglich nicht so

26 Der Oberste Gerichtshof der Arschlöcher wurde bereits eingeführt, siehe dazu: http://www.rollingstone.com/politics/blogs/taibblog/the-supreme-court-named-20110131.

erfolgreich entwickelt, hätte MacArthur den Wiederaufbau nicht mit sicherer, wenn auch strenger Hand geleitet. Vielleicht lag es auch an der allgemein ehrerbietigen Haltung der Japaner, dass MacArthurs Arschloch-Persönlichkeit sich so besonders gut entfalten konnte. Wer weiß, vielleicht war MacArthur alles in allem auch eine Kraft, die das Böse will und das Gute schafft.

Ohnehin kann unsere Klassifizierung nur eine vorläufige sein. Mir ist völlig klar, dass einige der Beispiele nicht ganz unstrittig sind. Jemanden als Arschloch zu bezeichnen heißt, ein moralisches Urteil darüber zu fällen, ob der Anspruch des Betreffenden auf eine Sonderbehandlung moralisch gerechtfertigt ist. Vermutlich werden wir, Sie und ich, in dieser Frage häufig nicht übereinstimmen, vor allem, wenn es um Personen des öffentlichen Lebens geht. Daher lässt sich ein Urteil über den Arschloch-Charakter eines Menschen nicht aus dem Kontext einer umfassenderen moralisch-politischen Diskussion darüber lösen, welche Ansprüche Menschen haben. Da sich derlei Fragen hier allerdings nicht mit der Ernsthaftigkeit abhandeln lassen, die das Thema erfordert, präsentiere ich Ihnen zunächst einmal – hauptsächlich zu Illustrationszwecken – meine persönliche moralische Einschätzung der Dinge. Wo Ihre moralischen Grundsätze nicht mit meinen übereinstimmen, können Sie für die entsprechende Gattung gerne ein besseres Exemplar suchen.

Von Personen des öffentlichen Lebens wird häufig ein falsches Bild gezeichnet. Richten wir unseren Blick nur auf ihre öffentliche Repräsentation, tun wir der dahinterstehenden Privatperson daher möglicherweise Unrecht. Ich möchte mich deshalb bei jedem, den ich hier falsch einschätze, schon im Vorfeld dafür entschuldigen. Wie bei jedem Klassifizierungsversuch bin ich bereit, meine Informationen upzudaten und zu revidieren, um das System ständig zu verbessern. Hat es nicht trotz allem etwas Arschlochmäßiges, Menschen mit Namen zu nennen und *öffentlich* auf ihr Arschloch-Sein hin zu untersuchen, indem man ein Buch über Arschlöcher schreibt? Ich hoffe nicht. Zunächst einmal kann man konstatieren, dass die Menschen, von denen hier die Rede ist, durch ihr öffentliches Fehlverhalten ja freiwillig das Risiko eingegangen sind, sich unerfreuliche Titulierungen einzuhandeln. Die allermeisten von ihnen sind schon mal als Arschloch oder mit noch drastischeren Begriffen bezeichnet worden. Daher ist es wohl keine weitere Beleidigung, wenn man auf der Grundlage bereits bekannter Fakten die Möglichkeit erwägt, ob diese Person vielleicht tatsächlich ein Arschloch ist. Und doch: Sollte ich hier von einem unschuldigen Menschen ein falsches Bild zeichnen, obwohl ich bei meinem Klassifizierungsvorhaben allergrößte Sorgfalt habe walten lassen, so möchte ich mich abermals und in aller Form im Voraus dafür entschuldigen.

Um nicht der sprichwörtliche Erste zu sein, der den Stein wirft, sollten wir unsere Untersuchung bei uns selbst beginnen und uns fragen: Bin ich ein Arschloch? Dazu habe ich einen kleinen Selbsttest entwickelt: Wenn Sie überhaupt in Erwägung ziehen, Sie könnten selbst ein Arschloch sein, dann sind Sie mit absoluter Sicherheit keines. Doch dieser Test weist Schwachstellen auf. Wie wir gesehen haben, ist das Arschloch ja mitunter sogar stolz darauf, dass er ein solches ist. Besser (aber immer noch mängelbehaftet) ist der Scham-Test: Haben

Sie sich je *Sorgen* gemacht, dass Sie vielleicht ein Arschloch sein könnten? Im dem Maße, wie diese Frage (»Ein Arschloch? Ich? Tatsächlich?«) in Ihnen ein gewisses Schamgefühl hervorruft, vielleicht gar verbunden mit dem Bedürfnis nach einer gründlichen Bestandsaufnahme, in eben diesem Maße sind Sie kein Arschloch. (Ein kurzfristiger Kick bei dem Gedanken, tun zu können, was man will, ist ganz in Ordnung. Vielleicht kommen Sie sich für einen kleinen Moment so vor, als trügen Sie den platonischen Ring des Gyges, der seinen Träger unsichtbar macht und ihn daher aller Verantwortung enthebt.[27] Wenn Sie jedoch Scham empfinden bei dem Gedanken, mit Ihren Regelverstößen fortzufahren, dann sind Sie vermutlich auf der sicheren Seite.) Erschreckt es Sie wiederum nicht im Geringsten, dass Sie vielleicht ein Arschloch sein könnten, und ist Ihre Reaktion eher: »Und wenn schon!« oder verspüren Sie bei dem Gedanken gar ein leichtes Hochgefühl, dann belegt dies, wenn auch noch nicht hinreichend, dass Sie ein Arschloch sind. Wenn der Gedanke ein zwiespältiges Gefühl in Ihnen auslöst, sodass Sie sich fragen, ob die Möglichkeit bestünde, vielleicht auch kein Arschloch zu sein, dann sind Sie unter Umständen ein Borderline-Arschloch oder ein Halbarsch-Arschloch – kein echter, voll ausgebildeter Vertreter der Spezies, doch immer noch ein Arschloch.[28]

---

27 Platon, *Der Staat*, 359c, Stuttgart 1982, S. 127.

28 Was aber tut der Mensch, der sich diesbezüglich Sorgen macht? Dieses Buch bietet hierzu kein spezifisches Programm an, doch einen kleinen Ratschlag hätte ich schon parat. Ob Sie ihn befolgen, bleibt Ihnen überlassen: Lesen Sie sich unsere Typologie durch und behalten Sie die Typen als warnendes Beispiel im Hinterkopf. Vergessen Sie nicht, dass wir alle moralisch gesehen gleich sind. Und kultivieren Sie anderen Menschen gegenüber eine

Leider gibt es keinen so klaren Test, wenn es um die Einstufung anderer geht.[29] Allerdings ist dieser auch nicht unbedingt erforderlich. Denn Arschlöcher sind nicht allzu schwer auszumachen. Ein Arschloch selbst erkennt mühelos ein anderes Arschloch (und konkurriert manchmal sogar mit ihm um die Pole Position). Aber muss man unbedingt ein Arschloch sein, um ein anderes zu erkennen? Nein, natürlich nicht. Es ist eine unabdingbare Voraussetzung für die Existenz von Arschlöchern, dass es genügend kooperative Menschen gibt, die keine sind, denn sonst könnte das Arschloch ja nicht seine speziellen Vorteile durchboxen. Und die meisten Menschen haben kein Problem damit, ein Arschloch zu erkennen, wenn sie auf ein solches stoßen.

Um hingegen die einzelnen Arschloch-Typen sicher erkennen und einordnen zu können, braucht es einen scharfen Blick. Daher sehe ich hier keinen anderen Weg, als mögliche Beispiele vorzustellen und sie ausführlich und mit der gebotenen Detailtreue zu beschreiben. Unsere Theorie verlangt nur, *dass*

Haltung der Dankbarkeit und der Verantwortlichkeit. Siehe auch meinen *Brief an ein Arschloch* am Ende des Buches.

29 Der komplexe Kriterienkatalog für die »Narzisstische Persönlichkeitsstörung«, der sich im DSM (Diagnostisches und Statistisches Handbuch Psychischer Störungen) findet, ist schon mal ein guter Anhaltspunkt, liefert aber natürlich keine vollständige Definition des Arschlochs. Dort werden Narzissten beschrieben, die nicht notwendigerweise auch Arschlöcher sind, zum Beispiel der Narzisst, der sich fühlt wie ein »Stück Scheiße« (auch wenn er nicht unter dieser Bezeichnung im DSM aufgeführt ist) und unter enormen Minderwertigkeitsgefühlen leidet. Der Begriff »Arschloch«, wie wir ihn hier verstehen, beschreibt im Grunde eine Art Narzisst, der sich fühlt wie »Stück-Gold«-Narzissten, weil er sich anderen stets überlegen fühlt, obwohl dieses Merkmal auch auf andere Störungen zutrifft.

sich das Arschloch fälschlicherweise für bevorrechtigt hält und von seinen eigenen Fehlern nicht tangiert wird. *Wie* er zu diesem falschen Anspruchsdenken kommt, ist jedoch ganz unterschiedlich. Daher ist die Frage zu klären, welche Typen von Arschlöchern es gibt. Darüber hinaus halten wir uns an Aristoteles' weise Maxime, dass wir von einer Theorie nicht mehr Genauigkeit verlangen können, als der Forschungsgegenstand hergibt. Dichtung ist nicht Mathematik. Dasselbe gilt für den weiten Bereich von Laster und Tugend – und für die unendliche Vielfalt von Arschloch-Typen. Wir müssen daher induktiv vorgehen, wie es wohl auch Aristoteles getan hätte. So werden wir also eine Reihe von Exemplaren im Detail beschreiben, in der Hoffnung, daraus eine Typologie des Arschlochs herausdestillieren zu können.

Das rüpelhafte Arschloch

Fangen wir mit einem bekannten Typus an: dem Rüpel-Arschloch. Ein Mensch kann rüpelhaft, unsensibel oder grob sein, ohne deshalb zur Kategorie »Arschloch« zu zählen. Möglicherweise hegt er ja gute Absichten oder hat nicht das Gefühl, eine Sonderbehandlung verdient zu haben, ist aber trotzdem unfähig zu akzeptablem Sozialverhalten. Das rüpelhafte Arschloch hingegen zeigt sich bewusst unbeeindruckt von den Grenzen der Höflichkeit und des Respekts. Für gewöhnlich tut er das ganz offen, ja er ist noch stolz darauf.

Noel Gallagher zum Beispiel, der Gitarrist von *Oasis* – zweifellos die selbstbewussteste Arschloch-Rockband aller

Zeiten –, zieht über andere Musiker offensichtlich nur aus Spaß am Schlechtmachen her.[30] Der deutsche »Komiker« Oliver Pocher bezeichnete Mariah Carey in der Talkshow *Gottschalk & Friends* in ihrem Beisein als »Presswurst« und bespuckte sie dazu noch mit Wasser. Auch der amerikanische Radiomoderator Rush Limbaugh ist auffällig rüde, was ihm allerdings zum persönlichen Vorteil gereicht, sowohl finanziell wie im Hinblick auf seinen politischen Einfluss. Der Filmemacher Michael Moore ist da schon ein bisschen verschämter. Wenn er seine Mitarbeiter herablassend behandelt, dann tut er dies um der öffentlichen Moral willen. In all diesen Fällen rührt die erwiesene Grobheit nicht aus mangelnder Sensibilität, sondern aus dem Anspruch, die Regeln der Höflichkeit und des Respekts einfach außer Kraft setzen zu können. Gallagher und Pocher[31] gehen offensichtlich davon aus, dass ihre Popularität ihnen die Freiheit gibt, alles zu tun oder

---

30 Ein Blogger rechnet Noel Gallagher zu seinen vier Top-Arschlöchern in der Rockszene. Als Beleg zitiert er dessen Äußerungen über seine Rock-Rivalen: über *Blur* (»Hoffentlich kriegen sie alle AIDS und sterben«), Phil Collins (»der Anti-Christ«), *Green Day* (die angeblich den Oasis-Song »Wonderwall« geklaut hätten, auf ähnliche Weise übrigens wie *Oasis* sich bei anderen Künstlern bedient) oder *Radiohead* (»Am Schluss wollen die Leute ja doch immer nur *Creep* hören. Damit muss man fertig werden. Ich bin nie auf die Scheiß-Universität gegangen. Ich weiß nicht mal, was ein Pinsel ist. Ich bin auch nie auf einer Kunstschule gewesen.«). Auf: http://brettwatts.blogspot.com/2008/05/top-4-assholes-in-rock_19.html.

31 Oliver Pocher kann sich übrigens damit brüsten, in gleich zwei Arschloch-Kategorien auf einmal zu gehören. In einem Interview im Spiegel begründet er sein Verhalten mit dem schönen Satz: »Ich bin so, wie ich bin«, womit er sich ganz klar auch für den Typus des arrogantes Arschlochs qualifiziert. Auf: http://www.spiegel.de/deinspiegel/a-701011.html;

sagen, was ihnen gerade in den Sinn kommt.[32] Limbaugh und Michael Moore verweisen auf die höhere Sache, der sie dienen: der liberalen Bedrohung endlich Einhalt zu gebieten (Limbaugh) oder die Verteidigung der Arbeiterklasse gegen die Konzern-Bonzen (Moore).[33]

Der Fall des amerikanischen Journalisten und Kritikers H. L. Mencken, der zu Beginn des 20. Jahrhunderts lebte und schrieb, ist da schon ein bisschen subtiler. Hier ein paar seiner Äußerungen über verschiedene Präsidenten der USA:

> Woodrow Wilson: »ein meschugge gewordener Pädagoge«

> Calvin Coolidge: »von der Intelligenz eines Hilfsarbeiters«, mit einer Karriere »so erschreckend und faszinierend wie ein Kind mit zwei Köpfen«

---

32 Gallagher erklärt dies auch in einem Interview ganz schön: http://www.youtube.com/watch?v=YNe4qkfkLws. Er meint, er sei kein Arschloch, auch wenn er in diesem Interview so einige Bemerkungen macht, die ihn für diesen Status definitiv qualifizieren.

33 Um noch ein paar fiktionale Beispiele zu nennen: Die Figur des Ari Gold in der TV-Sendung *Entourage* beleidigt hemmungslos andere Menschen, auf eine ähnliche Weise wie Gallagher. Dr. House, der Arzt aus der gleichnamigen Fernsehserie, ist ein ungehobelter Charakter, der seine Unverschämtheit damit rechtfertigt, dass er ein unglaublich guter Arzt ist und als solcher ständig Leben rettet. Diese moralische Begründung für sein Verhalten ist jedenfalls besser als die Moores oder Limbaughs, doch Dr. House ist trotzdem ein Arschloch.

Herbert Hoover: »nur mit sich selbst beschäftigt … Seine Prinzipien sind so schwach ausgeprägt, dass selbst seine engsten Vertrauten unfähig sind, sie in Worte zu fassen … Er weiß, wer seine Herrn ist und wird ihnen dienen.«

Warren G. Harding: »Meister einer Sprache, in der der innere Zusammenhang zwischen Wort und Bedeutung längst verloren gegangen ist … [Hardings Stil] erinnert mich an nasse Schwämme auf einer Schnur, an bröckelnden Putz, an abgestandene Bohnensuppe, an die Weckrufe im College, an Hunde, die im Sommer nächtelang bellen. Er ist so schlecht, dass darin schon ein Hauch von Erhabenheit liegt.«[34]

Es ist vielleicht kein Zufall, dass Mencken über den Philosophen Friedrich Nietzsche lobend schreibt: »Kein schmückendes Beiwort war für ihn zu unerhört, keine Beschuldigung zu weit hergeholt, keine Manipulation oder Interpretation der Fakten zu gewagt, um seine wilde Anklage zu stützen.«[35]

---

34 Gesammelt von Robert Edwards, auf: http://www.findagrave.com/cgi-bin/fg.cgi?page=gr&GRid=706.

35 »The Mailed Fist and its Prophet«, in: *The Atlantic* vom November 1914, auf: http://www.theatlantic.com/magazine/archive/1914/11/the-mailed-fist-and-its-prophet/6393.

Das arrogante Arschloch

Während das rüpelhafte Arschloch zwar glaubt, im Recht zu sein, wenn er andere unhöflich behandelt, bildet er sich nicht unbedingt etwas darauf ein. Möglicherweise nagt an ihm der Zweifel ob seiner eigenen Unzulänglichkeit, und er hat beschlossen, dass Angriff die beste Verteidigung ist. Das arrogante Arschloch hingegen ist sich völlig sicher, dass die anderen ihm unterlegen sind und dass es ihnen daher recht sein muss, wenn er sie herablassend behandelt.

Menckens rüpelhafte Äußerungen zum Beispiel lassen ein wohlgefestigtes Vertrauen in die eigene intellektuelle Überlegenheit erkennen. Auch der Oxford-Biologe Richard Dawkins war sich bei der Breitseite, die er in *Der Gotteswahn*[36] gegen gottgläubige Menschen und überhaupt gegen jede Form des Glaubens abfeuerte, seiner selbst doch recht sicher. Zumindest zeigt er sich fest überzeugt davon, dass die Glaubensvorstellungen von Millionen vernünftiger und intelligenter Menschen (ob nun richtig oder falsch) völlig unsinnig sind. Argumente für die Existenz Gottes weist er als unbegründet von sich, obwohl es sich dabei um eine Frage handelt, welche die Philosophen seit Jahrtausenden beschäftigt.[37] Larry Summers, der sowohl unter Bill Clinton als auch unter Barack Obama administrative Aufgaben übernahm und Präsident der

36 Richard Dawkins, *Der Gotteswahn*, Berlin 2008.

37 Schon der Buchtitel signalisiert den Arschloch-Charakter: Eine ernstzunehmende philosophische Abhandlung zur Frage der Existenz Gottes wird gar nicht erst versucht, was kein Wunder ist, denn Dawkins ist als Biologe dafür einfach nicht qualifiziert.

Universität Harvard war, legt ein sogar für Harvard-Professoren ausgeprägtes Selbstbewusstsein[38] an den Tag, insbesondere, wenn es um politische Debatten geht. Der Ökonom Andrew Metrick erinnert sich diesbezüglich an ein aufschlussreiches Gespräch mit Summers:

> *Larry beschwerte sich über die Position, die das Finanzministerium zu einem bestimmten Thema einnahm. Er könne sie einfach nicht davon abbringen, sie wollten nicht nachgeben. Daraufhin sagte ich: »Nun, Larry, vielleicht haben sie ja Recht.« Er sah mich nur an und antwortete: »Darum geht es doch gar nicht. Ich kann jede Auseinandersetzung gewinnen, egal auf welcher Seite ich argumentiere. Dann aber lehne ich mich zurück und überlege: ›Auf welcher Seite klingen die Argumente fairer und solider?‹ Das ist gewöhnlich die richtige Antwort.«*

Doch was Arroganz angeht, geht nichts über Frankreich. Frankreich hat uns das große Schriftsteller-Arschloch Gustave Flaubert geschenkt.[39] (Ausgefeilt prätentiös wie immer schreibt Flaubert zum Beispiel: »Die Frau ist ein vulgäres Tier, von

---

38 So erklärt einer von Summers Freunden seinen Standpunkt zu Professoren-Gehältern: »Larry fand das einfach unsinnig. Er wurde zwar gut bezahlt, doch andere Professoren erhielten im vertretbaren Rahmen auch gutes Geld. Dabei war er schließlich Larry Summers, und wer waren schon die anderen?«, Ron Suskind, *Confidence Men*, New York 2011, S. 199.

39 Der unter dem Namen »Gustave Flaubert Asshole« heute noch gesund und wohlauf ist, ja sogar einen Ph.D. von Harvard verliehen bekam und zum Professor in der Fakultät für Deduktive Logik ernannt wurde.

dem sich der Mann ein über die Maßen schönes Idealbild geschaffen hat.«[40] Oder: »Lies viel, aber keine Bücher.« Und: »In Gedanken ist mehr Wirklichkeit als in den Dingen.« Oder: »Dummköpfe – denken anders als man selbst«.[41]) Die Tradition des arroganten Arschlochs ist bis heute ungebrochen. Selbstgefällig, herablassend gegenüber den weniger Glücklichen, humorlos und völlig unfähig, einen Fehler einzugestehen. Et voilà: Bernard-Henri Lévy (oder »BHL«)!

Levy ist der moderne, selbsternannte Tocqueville. Der Gott-ist-tot-aber-meine-Frisur-sitzt-perfekt-Promi-Philosoph[42] verurteilte erst kürzlich leidenschaftlich die demütigende Tötung Muammar al-Gaddafis:

> *Der Mann mag ein Ungeheuer gewesen sein. Man kann sich immer wieder die Szenen vor Augen führen, in denen die Parteigänger eines freien Libyens acht Monate lang verfolgt wurden – Massenhinrichtungen, Folter, die Gehenkten vom 7. April, die Gefangenen, die man quasi lebendig begraben hatte, bis die Revolutionäre sie aus ihren Gefängnissen befreien konnten. Sie alle waren Op-*

40 »La femme est un animal vulgaire dont l'homme s'est fait un trop bel idéal …« Brief an Ernest Chevalier vom 28. März 1841, zitiert nach: Gustave Flaubert, *Correspondance*, éd. Jean Bruneau, Paris 1973-2007, Bd. I, S. 78.

41 Gustave Flaubert, *Wörterbuch der Gemeinplätze*, Zürich 1998.

42 Diese Beschreibung Lévys geht zurück auf Michael O'Donnell: »Another Frenchman Assesses Our Democracy«, eine Rezension von Lévys Bericht über seine Amerikareise: *American Vertigo: Travelling America in the Footsteps of Tocqueville*. Siehe: *SFGate* vom 29. Januar 2006, auf: http://www.sfgate.com/books/article/Another-Frenchman-assesses-our-democracy-2542455.php.

fer der Diktatur. Und man kann einwenden, dass Gaddaffi Hunderte von Gelegenheiten hatte zu verhandeln, aufzuhören, sich selbst zu retten. Und wenn er beschlossen hatte, dies nicht zu tun, wenn er lieber sein Volk bis zum letzten Augenblick bluten lassen wollte, dann hat er sein Schicksal höchstselbst gewählt …
Aber ich falle darauf nicht herein. Ich mag ja unheilbar romantisch sein oder – was aufs selbe rauskommt – ein Gegner des absolut Bösen, das sich meiner Ansicht nach in der Todesstrafe ausdrückt. Doch die Bilder von Gaddafis Hinrichtung sind einfach abstoßend.[43]

Nun hatte BHL nur wenige Monate zuvor den Westen unmissverständlich dazu aufgefordert, die Gaddafi-Gegner mit Militärgewalt zu unterstützen. Ja, er hat sich sogar selbst zu der Rolle gratuliert, die er dabei spielte. (Er war der Diplomat im feinen Zwirn, der in einem Gemüselastwagen über die lybische Grenze gebracht wurde, wo er sich heimlich mit lybischen Rebellen traf. Ein mitternächtlicher Anruf mit dem Satellitentelephon bei Präsident Sarkozy hatte Frankreich offenkundig zum Handeln veranlasst.[44]) Zwar hat BHL schon des Öfteren militärisches Eingreifen gefordert, aber dieses Mal scheint etwas schiefgegangen zu sein: Wie konnte man

43 »A Moral Tipping Point: Bernard-Henri Lévy on the unsettling implications of Gaddafi's gory end«, in: *The Daily Beast* vom 23. Oktober 2011, auf: http://www.thedailybeast.com/newsweek/2011/10/23/a-moral-tipping-point-on-gaddafi-s-gory-end.html.

44 »Philosophes sans frontières as Plato battles Nato«, von James Crabtree, in: *London Financial Times* vom 1. April 2011, auf: http://ft.com/intl/cms/s/0/986a997e-5c8d/11e0-ab7c-00144feab49a.html#axzzlctUSKWJD.

denn auch annehmen, dass der Typ – na, Sie wissen schon – einfach abgemurkst würde? Offensichtlich ist BHL nicht so arrogant, dass er seine Meinung nicht ändern könnte, doch er scheint immer noch sehr zufrieden mit seiner dynamischen, kritischen, meta-kritischen, dialogischen, hartnäckigen, erbarmungslosen, selbsternannt mutigen Pose des erhobenen moralischen Zeigefingers. Natürlich kann man seine humanitären Bedenken diesbezüglich anerkennen. Man könnte sogar bewundern, dass er sich moralisch entrüstete, wo dies keiner tat, hätte er denn irgendwie eine Wende in seiner Haltung signalisiert. Doch ohne dieses Signal sind seine Ausführungen nur ein Beispiel für seine unglaubliche moralische Überheblichkeit: Als wären wir alle weniger besonnen gewesen und hätten uns damit – anders als er – zum Komplizen des »absolut Bösen« gemacht.

Das Arschloch als Chef

Bisher haben wir uns nur mit Typen beschäftigt, deren arschlochhaftes Verhalten tief in ihrem Charakter verankert zu sein scheint, unabhängig von ihrer gesellschaftlichen Stellung oder Funktion. Noch geläufiger sind uns aber sicher die Fälle, in denen das Arschlochtum sozusagen sozial bedingt oder zumindest vorkonstelliert ist, da der Betreffende eine Machtposition innehat.

Die Aussage: »Mein Chef ist ein Arschloch!« ist fast schon ein Klischee – in dem nur allzu oft mehr als ein Körnchen Wahrheit steckt. Für viele Menschen nämlich wird die Machtposition zum Freibrief für bestimmte Privilegien, die letztlich mit der beruflichen Stellung nichts zu tun haben – beispielsweise, wenn Befehle gebrüllt werden, wo auch eine ruhige Bitte ihren Zweck erfüllt hätte. Oder wenn man regelmäßig zu Teambesprechungen zu spät kommt, wie um zu signalisieren: »Ich habe schließlich Wichtigeres zu tun.« Denn der Boss muss sich nun mal nicht entschuldigen und erinnert dadurch alle anderen daran, dass er die Macht hat und niemand sonst. Sobald Fragen aufkommen, hat der Arschloch-Chef unweigerlich eine Antwort parat, die seine Rolle unterstreicht: »Pech gehabt, aber ich bin nun mal der Boss.« Der Arschloch-Chef muss nicht rüpelhaft oder arrogant sein – obwohl es natürlich zahllose Beispiele gibt, in denen dies der Fall ist. Eines ist zum Beispiel das Supermodel Naomi Campbell, die ihrer Hausangestellten ein Handy an den Kopf warf. Oder General Patton, der einen verwundeten Mann im Lazarett ohrfeigte, während er eine Inspektion durchführte (anscheinend, um ihn zu mehr Haltung zu motivieren). Jüngere Beispiele finden sich in Film und Fernsehen, die den sich irrtümlicherweise überlegen fühlenden Boss und seine Fehlentscheidungen zu einem eigenen Format entwickelt haben: Bill Lumbergh mit seiner herablassenden Haltung in *Office Space* oder David Brent mit seiner unerträglichen Unsensibilität gegenüber den Empfindungen seiner Angestellten in der britischen Fernsehserie *The Office*. Auch die unglaubliche Selbstbezogenheit von Bernd Stromberg im deutschen Pedant, der TV-Serie *Stromberg,* wäre hier ein gutes Beispiel. In den USA gibt es das Format mit Michael Scott.

Das königliche Arschloch

Wenn gesellschaftliche Positionen zu schlechtem Benehmen verleiten, lässt sich unschwer vorstellen, dass die Tyrannen am Arbeitsplatz harmlos wirken im Vergleich mit den Königen früherer Zeiten. Echte Tyrannen sind so viel schlimmer als das Arschloch, dass unsere Definition hier vielfach nicht mehr anwendbar ist. Zum einen hat der König natürlich das gute Recht zu tun, was er will: Er ist schließlich König. Und die manipulative Niedertracht von Shakespeares Richard III. etwa lässt wohl eher auf psychopathische Züge schließen denn auf ein echtes Arschloch.

Heinrich VIII. allerdings, seines Zeichens König von England, scheint für unsere Kategorie durchaus qualifiziert zu sein. Er brach mit dem Papst in Rom und ernannte sich selbst zum Oberhaupt der Kirche Englands, nur weil er sich von seiner unfruchtbaren Frau Catherine scheiden lassen wollte (oder, wie britische Nationalisten dies gelegentlich ausdrücken, um »die Interessen Englands an oberste Stelle zu setzen«). Obwohl Scheidung und Wiederheirat gesellschaftlich strengen Regelungen unterlagen, schaffte Heinrich es, hintereinander sechs verschiedene Frauen zu heiraten: Von zweien ließ er sich scheiden, zwei schickte er aufs Schafott (eine dritte starb im Wochenbett). Und doch war Heinrich kein Tyrann im eigentlichen Sinne. Er vermied es stets, von der absoluten Macht des Königs Gebrauch zu machen und hielt selbst bei Todesurteilen den Anschein von Legalität aufrecht. Tatsächlich lag ihm das traditionelle Prozedere sehr am Herzen, weshalb er sich darum bemühte, dass der Lordkanzler von

England, Sir Thomas More, seine Scheidung von Catherine öffentlich billigte. Doch More, der ein aufrechter Katholik war, ließ sich dazu bekanntermaßen nicht bewegen. Und obwohl Heinrich seinen Lordkanzler unter der falschen Anklage des Hochverrats am Ende hinrichten ließ, nahm er zu dieser Maßnahme erst Zuflucht, nachdem er wochenlang versucht hatte, More für seine Pläne zu gewinnen. Robert Bolts Film *Ein Mann zu jeder Jahreszeit* zeigt Heinrich als Bittsteller vor Thomas More, wobei er als verrücktes Arschloch agiert und zwischen respektvollen Appellen an ihre alte Freundschaft und geiferndem Zorn hin- und herschwankt. Im einen Moment brüllt er aus Leibeskräften: »Wer sagt, sie sei meine Frau, ist nicht nur ein Lügner, sondern ein Verräter! Ja, ein Verräter! Und das werde ich nicht dulden. Verrat macht mich wahnsinnig! Er ist ein tödliches Geschwür in der Politik, das ich ausbrennen werde!« Und einen Augenblick später sagt er dann ganz ruhig: »Siehst du, wie rasend du mich machst! Ich kenne mich selbst nicht mehr!« Heinrich spürt die Souveränität im Geist und Gewissen des anderen Mannes, und so respektiert er bis zu einem gewissen Maß die Grenzen der Höflichkeit. Dann aber reißt er sie nieder, nur um ihre Kraft noch stärker zu fühlen – als etwas, das seine Macht definitiv übersteigt. Heinrich war gewöhnt zu bekommen, was er wollte, und hielt es für sein gutes Recht, More zu einem Sinneswandel zu drängen. Gleichzeitig achtete er More aber auch, weshalb er einen tatsächlichen Sinneswandel von ihm verlangte – etwas, was nicht einmal ein König gebieten kann. Heinrich scheint also weniger ein Tyrann gewesen zu sein als ein Arschloch. Zumindest in dem Maße, indem er einerseits eine höhere

Moral anerkennt, doch nur um deren Grenzen im selben Atemzug zu überschreiten.[45]

Das Präsidenten-Arschloch

Während das königliche Arschloch aufgrund seiner realen Machtfülle in gewisser Weise ein Grenzfall ist, steht das Chef-Arschloch am andere Ende des Spektrums, denn seine Befugnisse sind meist klar begrenzt. Staatsmänner befinden sich in der Mehrzahl irgendwo dazwischen. Wir übertragen unseren politischen Führern heute zwar keine uneingeschränkte Macht mehr, doch trotzdem gibt es bei der Beantwortung der Frage, was zu den Befugnissen eines Staatsführers gehört, viel Spielraum. Ist der Präsident ein Arschloch in unserem Sinne, dann überschreitet er diese Grenzen seiner Machtfülle, ob er nun Baschar al-Assad, Wladimir Putin, Charles Taylor heißt oder Jörg Haider, der einstige Kärntner Landeshauptmann.

Um dies genauer herauszuarbeiten, wollen wir uns die »Predigten« einmal genauer ansehen, die der einstige venezolanische Präsident Hugo Chavez oder der frühere Präsident Mahmud Ahmadinedschad regelmäßig vor der UNO-Vollversammlung als Rede präsentieren beziehungsweise präsentiert

45 Hier fällt einem natürlich auch König Edward VII. von England ein, der ein Jahr nach Thronbesteigung wieder abdankte, um eine geschiedene Amerikanerin zu heiraten. Obwohl er zweifellos verwöhnt und selbstgefällig war und ihm wirklich jeder Sinn für seine Pflichten gegenüber seinem Land fehlte, kann man ihn doch nicht als Arschloch in unserem Sinne einstufen, weil er ja nicht versuchte, seine Ansprüche durchzusetzen, obwohl er König war.

haben. Sehr zum Leidwesen der Diplomaten, die die Vollversammlung regelmäßig aus Protest verlassen, und der Bürger des Landes, in deren Namen der jeweilige Präsident angeblich spricht, lässt sich nach den Regeln der UNO nichts dagegen machen: Sie garantieren den Herren eine bestimmte Redezeit. Dieses Recht zu sprechen kann auf ganz unterschiedliche Weise ausgeübt werden – aber es ist nicht gleichbedeutend mit dem Recht auf Übertretung des diplomatischen Protokolls und der Regeln der Höflichkeit. Chavez und Ahmadinedschad gehen als Präsidenten-Arschlöcher in die Geschichte ein, weil sie für diese Übertretungen falsche moralische Begründungen liefern. (In beiden Fällen ist dies meist die Unterdrückung ihres Landes durch die Westmächte.)

Das bedeutet aber nicht, dass ein Staatenlenker nicht gelegentlich auch mal gegen Regeln verstoßen muss. Winston Churchill hatte das gewaltige Ego eines Mannes, der große Dinge tut – zum Beispiel, als er England mit einer Inkompetenz ohnegleichen bei Gallipoli in eine verheerende Niederlage führte. Später allerdings führte er Großbritannien entschlossen in einen durchaus riskanten Widerstand gegen das Dritte Reich und verhielt sich dabei auch nicht immer gentlemanlike. Er ist für seine unverschämten Witze bekannt. (So warf ihm Bessie Braddock einmal vor, dass er betrunken sei, worauf Churchill antwortete: »Ich bin vielleicht betrunken, Madam, aber Sie sind hässlich. Und ich bin am Morgen wieder nüchtern.«) Manchmal schien es ihm an Prinzipien zu fehlen. (So wechselte er beispielsweise aus opportunistischen Gründen die Partei.) Und er war seinen Mitarbeitern gegenüber außerordentlich fordernd, wobei er seine persönlichen

Bedürfnisse stets über die der anderen stellte. Doch er besaß auch viel Humor, ja ein nachgerade »weiches Herz«. Als er während des Krieges die zerbombten Städte besuchte, weinte er vor Erschütterung. Und fast jeder, der für ihn arbeitete, war ihm treu ergeben. Churchill war ein Rüpel, aber ein richtiges Arschloch war er nicht.

Auch der französische Präsident Nicolas Sarkozy war mutig, wenn es darum ging, Regeln zu brechen. Und sein amerikanischer Amtskollege George W. Bush war sogar noch mutiger. Bush zum Beispiel brach bei seiner Behandlung von Kriegsgefangenen alle Vorschriften des internationalen Rechts und verschob während seiner Präsidentschaft das heikle Gleichgewicht zwischen den drei Gewalten im Staat immer stärker in Richtung Exekutive. Rangiert Bush etwa mit Churchill auf einer Ebene? Nun, bislang urteilt die Geschichtsschreibung nicht so gnädig über ihn. Bush persönlich ist aber möglicherweise wirklich kein Arschloch.[46]

Das Klischee, dass er ein ganz normaler Typ sei, jemand, mit dem man gerne ein Bier trinken würde, scheint zumindest nicht ganz aus der Luft gegriffen. Er ist vielleicht nicht beson-

---

46 Hugo Chavez nannte Bush ein Arschloch und gab dafür eine wenig plausible Begründung: Der Präsident hätte 2002 auf seine »imperialistischen« Berater gehört und den Putsch gegen ihn unterstützt. »Er war ein Arschloch, weil er ihnen geglaubt hat«, sagte Chavez auf einer Versammlung in Caracas. Siehe: http://www.washingtonpost.com/wp-dyn/articles/A17578-2004Feb29.html. Jemandem zu glauben oder fremden Rat anzunehmen macht einen Menschen aber noch nicht zu einem Arschloch. Möglicherweise liegt es in der Verantwortung des Präsidenten, nicht allzu leichtgläubig zu sein, doch die Tatsache, dass man seinen Beratern vertraut, ist kein hinreichendes Kriterium für »Arschlochtum«.

ders sensibel, manche nennen ihn sogar dumm (meiner Ansicht nach zu Unrecht), doch er ist nicht immun gegen die Einwände anderer. Er würde ihnen bei einem Bier zuhören. Der Vorwurf der Arschlochschaft ist wohl gerechtfertigt, was die Bush-Regierung angeht, doch liegt dies mehr an echten Arschlöchern wie seinem Vizepräsidenten Dick Cheney, der Bush nicht selten einfach ignorierte und tat, was er für richtig hielt. Das ist zwar nicht ganz normal, aber auch nicht völlig ungewöhnlich: Auch Gerhard Schröder versuchte ja lange Zeit, Angela Merkel zu ignorieren. Cheney ist sich vermutlich besonders sicher, dass seine Sicht der Dinge die einzig richtige ist. (Wir werden später auf Cheney zurückkommen.)

Bush ist enorme Risiken eingegangen und hat ganz klar auch Regeln übertreten. Präsident Barack Obama ist da völlig anders. Im Vergleich zu Bush wirkt er übervorsichtig, ja geradezu zahm. Der Mann ist mit Sicherheit kein Arschloch, vielleicht sogar ein echtes Anti-Arschloch – was für viele Progressive seiner Partei offensichtlich ein echtes Problem darstellt, wie wir ihren kritischen Äußerungen entnehmen können. Laut seinen Kritikern nutzt er die Macht nicht, die er zweifelsohne hat[47]. Er gibt der Opposition nicht ordentlich Kontra und lässt sie so die Richtung der öffentlichen Diskus-

47 Wobei regierungsnahe Kreise offenkundig unterscheiden zwischen einer aggressiven Kampagne, bei der es darum geht, dem Gegner Wählerstimmen abzunehmen, und einem echten »dick move«, einem unfairen Tiefschlag. Derartige Tiefschläge, wie sie jeder mal austeilen kann, führen uns schon eher in Arschloch-Regionen. *Systematisch* unfaire Tiefschläge auszuteilen lässt hingegen klar das Arschloch erkennen.

sion vorgeben. Er versucht immer zuzuhören und zu verstehen, um andere nicht zu übergehen. Das geht so weit, dass Menschen, die stur auf ihrem Standpunkt beharren, ihn von dem seinen gelegentlich abbringen können. Wenn es um Verhandlungen geht, ist er in vorauseilendem Gehorsam zu Zugeständnissen bereit und muss dann im Zuge der Verhandlungen noch weitere Abstriche machen. Er schätzt politische Kompromisse, die die Wünsche aller berücksichtigen, aber leider nicht so viel Gutes bewirken, wie möglich gewesen wäre. Kurz gesagt: Die progressiven Mitglieder seiner Partei wünschten, Obama wäre mehr Arschloch. Bislang ist nicht klar – vom Wahlkampf einmal abgesehen –, ob Obama bereit oder fähig ist, sich zu ändern. Möglicherweise ist er einfach nicht der Typ.[48]

Vielleicht könnte man sagen, die politisch progressiven Kräfte würden sich wünschen, Obama wäre ein bisschen wie der maulige frühere FDP-Parteichef Guido Westerwelle. Oder wie sein amerikanischer Gegenpart, der Präsidentschaftskandidat Newt Gingrich. Gingrich hat hauptverantwortlich zum Klima der politischen Spaltung in den USA beigetragen. Als Sprecher des Repräsentantenhauses legte er beispielsweise den Abgeordneten seiner Partei nahe, bei bestimmten Abstimmungen wegzubleiben, damit sich kein überparteilicher Kon-

48 Bislang hat noch niemand Obamas früheren Stabschef, Rahm Emmanuel, beschuldigt, ein Anti-Arschloch zu sein. Eine eingehende Diskussion dieser Frage findet sich auf: http://www.rollingstone.com/politics/blogs/taibblog/supreme-court-rulings-daniel-snyder-rahm-emanuel-elton-john-et-al-20110304.

sens aus dem Gefühl der gemeinsamen Sache heraus formieren konnte. Er perfektionierte seine Strategie zur Gängelung der regierenden Demokraten, selbst wenn es um Dinge ging, für die eigentlich beide Parteien, Demokraten und Republikaner, eintraten. Das sind eindeutige Winkelzüge eines Arschlochs – Dinge, die nur Arschlöcher tun, vor allem, da wir von den Mitgliedern der gesetzgebenden Versammlung eigentlich erwarten, dass sie sich um die Sache des Volkes kümmern und über Gesetzesvorlagen nach ihrem Gewissen und nicht nach Parteiproporz abstimmen. Möglicherweise teilen nicht alle Menschen diese moralische Einschätzung des politischen Lebens und finden Gingrichs Aktivitäten durchaus vertretbar. Zugegebenermaßen macht die Anwendung bestimmter Taktiken Gingrich noch nicht *per se* zum Arschloch. Auch die Tatsache, dass er eine Affäre begann, während seine Frau mit Krebs im Krankenhaus lag (oder dass er zahlreiche andere Affären während seiner verschiedenen Ehen hatte), würde noch nicht *notwendigerweise* bedeuten, dass er zu den Arschlöchern gehört. Hier könnte man eher von einem Mangel an Selbstbeherrschung sprechen. Dasselbe gilt für die wenig charmante Bemerkung über seine damalige Frau: »Sie ist weder jung noch hübsch genug, um Präsidentengattin zu werden. Außerdem hat sie Krebs!« Möglicherweise ist Gingrich einfach nur engherzig, taktlos und grob. Ein Arschloch in unserem Sinne aber ist er erst dann, wenn er solche Dinge aus einem tief verwurzelten Anspruchsdenken heraus tut. Oder wie er selbst sagt: »Wenn Sie von mir ein psychologisches Profil erstellen wollen, dann schreiben Sie doch, dass ich einen Weg gefunden habe, all meine Unsicherheiten in eine Sache einzubringen, die groß genug ist, um alles zu rechtfertigen, was mir einfällt.«[49]

Doch im Allgemeinen hängt unsere Einschätzung eines Staatsoberhauptes weniger von dessen Charakterzügen ab als von Sinn und Unsinn dessen, was es anstrebt. Tatsächlich gestehen wir politischen Führern meist viele Freiheiten zu, wenn – und nur wenn – wir finden, dass sie glaubhaft zum Wohl des großen Ganzen agieren. Wo sich jedoch in dieser Frage die Geister scheiden – ob die Vision glaubwürdig ist und wie weit man in ihrem Namen gehen darf –, dort verläuft auch die Trennlinie zwischen der Spezies Arschloch und dem Rest der Menschheit.

Außer natürlich, es ist sowieso klar, dass es keine Mission im Namen des großen Ganzen gibt. Daher sind Staatsmänner wie der frühere österreichische Finanzminister Karl-Heinz Grasser oder Silvio Berlusconi Paradebeispiele für die Gattung des öffentlichen Arschlochs, und zwar aus gutem Grund: Das Wohl des Volkes stand bei ihnen nie an erster Stelle. Ganz im Gegenteil. Für Berlusconi steht an erster Stelle das Bemühen zu zeigen, dass die Staatsräson bei ihm eben nicht vor allem anderen kommt (nannte er sich selbst doch einen »Teilzeit-Ministerpräsidenten«). Jahrelang hörten wir immer wieder reißerische Geschichten über wilde Partys, minderjäh-

---

49 Gail Sheehy, »The Inner Quest of Newt Gingrich«, in: Vanity Fair vom September 1995, siehe: http://www.pbs.org/wgbh/pages/frontline/newt/vanityfair1.html. Nicht, dass er besonders unsicher wirken würde, wenn er beispielsweise behauptet: »Ich hege grandiose Gedanken.« Oder wenn er sich mit amerikanischen Führern wie Abraham Lincoln und Henry Clay vergleicht. Siehe: http://www.commentarymagazine.com/2012/01/20/gingrich-grandiose-thoughts.

rige Prostituierte, Veruntreuung, Betrug, Bestechung von Staatsbeamten und von Gesetzen, die nur deshalb durchs Parlament gepeitscht wurden, um Berlusconi vor der Strafverfolgung durch die italienische Justiz zu schützen und seine Geschäfte zu fördern. Berlusconi kennt keine Scham. Es ist ganz offensichtlich, dass er all dies für sein gutes Recht hielt, auch wenn sich viele Italiener für ihn schämten und sich entsprechend distanzierten. Es ging auch nicht darum, dass die Rechtfertigung, die er für sein Verhalten lieferte, auf tönernen Füßen stand – es wurde schlicht und einfach gar keine versucht. Dies scheint Berlusconis Spezialität zu sein: Er plündert Italien zur privaten Bereicherung, ganz offen, nicht weil dies aus irgendwelchen Gründen gerechtfertigt wäre, sondern einfach, weil er es kann.

Berlusconis einzige Verteidigungsstrategie besteht darin, mit dem Finger auf andere zu zeigen. Wie hat er sich nur so lange halten können? Natürlich konnte er sich auf die Loyalität seiner Abgeordneten verlassen, doch die eigentliche Antwort auf diese Frage lautet: Ein Großteil der italienischen Öffentlichkeit unterstützte ihn. Sie ließen ihn regelmäßig davonkommen und ermutigten ihn sogar zum Weitermachen. Alles, was Berlusconi tat und tut, ist nur die logische Fortsetzung einer langen Linie der Regierungsausübung sozusagen *all'italiana*, ererbt vom bombastischen Mussolini-Faschismus, geprägt von den mafiös-machiavellistischen Machenschaften des siebenmaligen Ministerpräsidenten Giulio Andreotti (auch bekannt als »Beelzebub«) und vom Proporzsystem eines Massimo Cencelli. Berlusconi könnte also für sich beanspruchen, der rechtmäßige Nachfolger faschistischer

Diktatoren zu sein, und dann mit breitem Lächeln hinzufügen: »Es ist doch gut, wenn man König ist, oder?« Das Problem ist nur, dass Italien mittlerweile zur Demokratie mutiert ist und Berlusconi kein König, sondern schlichtweg nur korrupt ist.[50] Sein Königtum ist hauptsächlich das einer ganz bestimmten Sorte königlicher Arschlöcher.[51]

Das Management-Arschloch

Obwohl dieses Argument in Berlusconis Fall wohl nicht greift, vermittelt es uns doch eine tiefere Einsicht: Das Arschloch an der Macht wird genauso von seiner Position und der Kultur, in der es lebt, *geprägt*, wie es seinerseits diese formt. So finden sich wie beim ganz gewöhnlichen Chef-Arschloch in Spitzenpositionen zunehmend mehr Arschlöcher, und zwar nicht nur, weil diese eben nach Macht streben, sondern auch, weil bestimmte Positionen bei jenen, die sie ausfüllen, auto-

---

50 Aber kontrollierte Berlusconi die Medien tatsächlich ausreichend, um die demokratische Kontrolle, die deren Aufgabe ist, gänzlich auszuhebeln? Dann könnte man ja davon ausgehen, dass er keineswegs eine Demokratie korrumpierte, sondern dass er einfach nur die alte faschistische Ordnung prolongierte (wie Mussolini, der die Öffentlichkeit mithilfe der neuen Massenkommunikationsmittel manipulierte). Ich bezweifle das, aber dies wäre für unsere Frage eventuell noch zu klären.

51 Dabei hatte Italien durchaus eine Menge ehrbarer politischer Denker und Führer. Tony Barber zitiert einige davon in seinem Artikel »Why Italy is Short of Statesmen but Long on Scoundrels« in der London-Ausgabe der *Financial Times* vom 23. September 2011, zum Beispiel Antonio Gramsci, Benedetto Croce, Piero Gobetti, Alcide De Gasperi, Carlo Azeglio Ciampi und Giorgio Napolitano.

matisch ein gewisses Anspruchsdenken erzeugen. Es heißt, dass Macht den Charakter verdirbt. Ich würde noch anfügen, dass Macht das innere Arschloch zum Vorschein bringt, da sie soziale Fähigkeiten wie Verständnis und Mitgefühl verkümmern lässt. Sie flüstert uns ein, dass es unnötig sei, anderen zuzuhören, verleitet uns zu egozentrischem Verhalten und lässt uns scheinbar logische Begründungen für unsere immer weiter ausufernden Privilegien finden. Das Arschloch als Chef entwickelt immer mehr das Gefühl: »Ich bin der Boss.« Dies dehnt sich dann langsam auf andere Lebensbereiche aus, beispielsweise auf sein Verhalten im Verkehr, auf dem Postamt oder beim Fußballspiel seiner Kinder.[52]

Die Behauptung des britischen Journalisten Jon Ronson, Psychopathen seien im realen Leben eher selten, auf der Vorstandsetage von Unternehmen jedoch häufig zu finden, halte ich daher für zweifelhaft.[53] Wahrscheinlicher ist, dass es auf der Vorstandsetage von Arschlöchern wimmelt. Die klassische Managementkultur bietet ihnen einen fruchtbaren Nährboden.

Ein Management-Arschloch darf nicht mit der üblichen Meeting-Nervensäge verwechselt werden, die fast jede Sitzung zum Albtraum werden lässt, weil sie immer etwas einzuwenden hat, ihre Meinung unbedingt zu Gehör bringen muss und sich dabei wenig darum schert, ob sie anderer Menschen

52 Siehe dazu auch: »Asshole Even Shoots Pool Like an Asshole«, *The Onion*, auf: http://www.theonion.com/articles/asshole-even-shoots-pool-like-an-asshole,2938.

53 Siehe: *The Psychopath Test: A Journey Through the Madness Industry*, Riverhead 2011.

Gefühle verletzt. Denn alles in allem erfüllt auch dieser Typus eine sinnvolle Funktion und hilft der Gruppe, ihre Ziele zu erreichen.[54] Und ja, natürlich gibt es auch einige Psychopathen auf der Vorstandsetage, denken wir etwa an Typen wie »Kettensägen-Al« Dunlop, der Massenentlassungen geradezu genoss und dafür von seinen Investoren belohnt wurde. Offensichtlich scherte er sich nicht um die menschliche Seite solcher Aktionen, sondern erfreute sich daran, seine Macht ausüben zu können. Kennzeichnend für den Psychopathen, wie wir ihn verstehen, ist, dass er moralische Konzepte ablehnt oder sie (vielleicht aufgrund von Missbrauchserfahrungen in der Kindheit) erst gar nicht erworben hat.[55] Der Psychopath *täuscht* moralisches Verhalten *vor*, gewöhnlich in der Absicht, das nötige Vertrauen aufzubauen, um andere gut manipulieren zu können. Das Arschloch hingegen geht mit moralischen Rechtfertigungen hausieren – die ihm jedoch nur dazu dienen, seine Ansprüche zu begründen. Rupert Murdochs dreistes und fragwürdiges Geschäftsgebaren erwächst vermutlich aus seinem Gefühl, dass für den Dienst an der konservativen Sache jedes Mittel erlaubt sei. Steve Jobs wiederum hatte offenkun-

54 Lucy Kellaway, »Everyone Benefits from a Beast in the Boardroom«, in: *London Financial Times* vom 9. Oktober 2011, auf: http://www.ft.com/cms/s/0/3bdb9b68-f0cb-11e0-aec8-00144feab49a.html.

55 Siehe dazu die Ausführungen des Moralphilosophen Gary Watson in: »The Trouble with Psychopaths«, in: *Reasons and Recognition: Essays for T. M. Scanlon*, New York 2011. Man kann denn Geisteszustand eines Psychopathen als Folge einer »Empathie-Erosion« beschreiben, wie dies der Psychologe Simon Baron-Cohen in *The Science of Evil: On Empathy and the Origins of Cruelty* (New York 2011) tut, solange er als spezifische Form einer solchen »Empathie-Erosion« betrachtet wird.

dig aus dem Glauben heraus, er tue seinen Kunden so unendlich viel Gutes, das Gefühl, Anrecht auf eine Sonderbehandlung zu haben. Zu wissen, wie sehr die Menschen seine Produkte lieben, rechtfertigte in seinen Augen vermutlich, dass er auf Behindertenparkplätzen parkte, jede Art von Spende ablehnte und seine Mitarbeiter manchmal mit Absicht verletzte. Wie Jobs' bester Freund, Jony Ive, erklärte: »Wenn er sehr frustriert ist, reagiert er sich ab, indem er jemanden runtermacht. Ich glaube, er hat das Gefühl, dass ihm das zusteht. Jedenfalls ist er davon überzeugt, dass die normalen Regeln sozialen Zusammenlebens für ihn nicht gelten.«[56]

Diese moralische Ader erklärt, wieso Arschlöcher sich vor allem in den Vorstandsetagen ausgebreitet und über die Jahre hinweg vermehrt haben. Der Psychopath lässt sich nicht von gesellschaftlichen Erwartungen leiten. Er sieht Erwartungen nicht als moralischen Anspruch anderer an seine Person, sondern als reine Verhaltensmuster, die für ihn Hindernisse oder Möglichkeiten schaffen – wie Billardkugeln, die sich auf dem Tuch bewegen. Für ihn sind Menschen Dinge. Da der Psychopath für Erwartungen unempfänglich ist, wird eine mit der

56 Selbst nach einem versehentlich zu früh publizierten Nachruf, in dem es hieß, Jobs sei in philanthropischen Dingen immer ausgesprochen geizig gewesen, setzte er, nachdem er die Kontrolle über Apple wieder übernommen hatte, allen humanistischen Abenteuern des Konzerns sofort ein Ende. Er ging offenkundig davon aus, dass sein Unternehmen großartige Produkte schuf und damit seine Pflicht und Schuldigkeit der Gesellschaft gegenüber erfüllt habe. Doch das Eintreten für Techno-Spielzeug-Orgasmen und Computer für alle heißt ja nicht, dass man mit relativ geringen Summen vielen Menschen, denen es deutlich schlechter geht, nicht Gutes tun kann (wie es zum Beispiel die Bill-Gates-Stiftung tut).

Zeit gewachsene Kultur der Erwartungen die Psychopathen-Population schwerlich beeindrucken. Wie wir in Kapitel 6 sehen werden, ist das Denken des Arschlochs hingegen geprägt von den moralischen Rechtfertigungen, die ihm seine Kultur zur Verfügung stellt. Daher beeinflusst eine bestimmte Unternehmenskultur sowohl die Arschloch-Nettoproduktion als auch den vorherrschenden Arschloch-Typus.

Abhängig von dieser Kultur kann ein gewöhnliches Arschloch sich daher besser oder schlechter verhalten als der Psychopath. Eine Unternehmenskultur, die durch unternehmerische Verantwortung geprägt ist – gegenüber Angestellten, Konsumenten und Investoren gleichermaßen – setzt dem Arschloch Grenzen, zum Beispiel bei der Frage, ob er Mitarbeiter entlässt, um das Quartalsergebnis und damit seinen Bonus zu verbessern. Ist die Unternehmenskultur entsprechend geartet, wird auch ein Arschloch keine Massenentlassungen befürworten oder die blanke Machtausübung genießen. Eine andere Kultur, die stattdessen deutlich wettbewerbsorientiert ist, würde bei denselben Menschen vermutlich das innere Arschloch zutage fördern. Dies kann vielleicht die Ergebnisse einer Untersuchung erklären, die von Schweizer Wissenschaftlern durchgeführt wurde. Sie analysierten egoistische beziehungsweise kooperative Verhaltensformen bei einer Gruppe Börsenspekulanten im Vergleich mit einer Gruppe von Psychopathen. In den Computersimulationen und Intelligenztests verhielten sich die Spekulanten weitaus manipulativer als die Psychopathen. Sie legten ein durch und durch rücksichtsloses Wettbewerbsverhalten an den Tag. Wie der leitende Wissenschaftler Thomas Noll erklärte, »ging es den Händlern vor allem darum, mehr zu gewinnen als ihr Gegenspieler … und sie brachten viel Energie auf, diesen zu schädigen.« Noll meint, das sei in etwa so, als habe der Nachbar denselben Wagen wie man selbst und man würde den Wagen des Nachbarn mit einem Baseballschläger bearbeiten, nur um selbst besser dazustehen.[57] Offensichtlich brachten sie die extrem wettbewerbsorientierte Haltung ihres Berufsstandes auch ins Laborspiel ein. Kann es da noch überraschen, wenn dies auch in anderen Bereichen durchschlägt?

Sobald sich also die richtige (beziehungsweise falsche) Unternehmenskultur ausbreitet, kann sich die Arschlochpopulation vermehren. Betrachten wir zum Beispiel die Erwartung, dass der Aktienkurs von Unternehmen (Shareholder-Value) steigen soll, weil das Unternehmen schließlich »eine Verantwortung gegenüber seinen Aktionären« hat. Wenn diese *Verantwortung* tatsächlich nur den Anteilseignern gegenüber besteht, dann folgt daraus jedoch, dass die Vorteile und Gewinne für Kunden und Arbeitnehmer dementsprechend beschnitten werden müssen. Anders ausgedrückt: Das Unternehmen hat die *Pflicht*, den Anreiz für Kunden, seine Produkte zu kaufen, und für Arbeitnehmer, zur Arbeit zu erscheinen, so niedrig wie möglich zu halten. Diesen Satz würden viele Unternehmensführer vermutlich nicht unterschreiben, weil sie spüren, dass etwas daran verkehrt ist. (Ich höre schon ihren Einwand: »Der Kapitalismus ist doch letztlich wie eine große Welle, die alle Boote trägt, nicht nur die Yachten der Investoren.«) Der

57 »Going Rogue«, *Spiegel Online* vom 26. September 2011, auf: http://www.spiegel.de/international/zeitgeist/0,1518,788462,00.html. Deutsch: http://www.spiegel.de/spiegel/print/d-80652385.html.

Arschloch-CEO aber würde sich dieser Pflicht mit moralischem Gusto unterwerfen, erlaubt sie ihm doch, dem ansonsten unzulässigen Macht- und Profitrausch nachzugeben. (Insofern ist vielleicht auch »Kettensägen-Al« kein Psychopath, sondern nur ein wildgewordenes Arschloch.) Andere, die noch keine Arschlöcher sind, werden versuchen, sich dieses Verhalten anzutrainieren, um mit der Meute Schritt zu halten oder sie sogar zu überholen. Dieser Prozess wiederholt sich dann in den Vorstandsetagen landauf, landab und wird noch verstärkt, je öfter einem vorgesagt wird, dass all das ja nur zum »Wohle aller« sei. Und so wächst und gedeiht die Arschloch-Kultur, und das Arschloch-Verhalten wird zunehmend zum Standard.

Hat dies nun zur Folge, dass unsere Arschloch-Definition vielleicht nicht mehr greift? Sobald genügend Menschen dasselbe tun, wird ja sozusagen der Normalzustand daraus und es gibt keinen Bruch mehr mit den Erwartungen an kooperatives Verhalten. Bedeutet das also, dass beispielsweise Banker keine Arschlöcher sind, sondern einfach nur gute Geschäftsleute? Nicht unbedingt. Warum dies so ist, werden wir in Kapitel 3 erklären, wenn wir das wahnhafte Arschloch genauer untersuchen.

Das rücksichtslose Arschloch

Während viele Arschlöcher, geprägt von der Kultur, in der sie leben, in Sachen Anspruchshaltung einen bestimmten Punkt nicht überschreiten, wildern andere mitunter fröhlich im Revier des Psychopathen, vor allem was die Frage des von ihnen verursachten Schadens an Leib und Leben angeht. Und doch haben auch diese Arschlöcher einen gewissen moralischen Anspruch. Anders als politische und militärische Führer wie Augusto Pinochet, Charles Taylor, Slobodan Milosevic und Radovan Karadzic, die wohl zumindest Borderline-Psychopathen sind, nimmt ein Arschloch, das an der Macht ist, nur deshalb keinerlei Rücksicht auf die Risiken, denen er andere aussetzt, weil er sich im Sinne seiner höheren Sache im Recht fühlt. Dies lässt ihn ein geradezu schuldhaftes Vertrauen in sein eigenes Urteilsvermögen entwickeln, sodass er gar nicht auf die Idee kommt, die Risiken, die er anderen aufbürdet, kritisch zu prüfen. Die amerikanischen neokonservativen Krieger wie Dick Cheney, Donald Rumsfeld, Paul Wolfowitz und Richard Perle passen vermutlich gut in diese Kategorie. Sie sind in den Irak einmarschiert, weil sie der Welt die Freiheit bringen wollten. Wie das funktionieren soll, hat sie dann schon weniger interessiert. Und einen Plan für den Wiederaufbau des Iraks hatten sie offensichtlich auch nicht im Marschgepäck.

Insbesondere Dick Cheney wirkt sogar aus konservativer Perspektive wie ein Vertreter des hier beschriebenen Typs. Viele konservative Politiker sind nämlich der Auffassung, Cheneys Strategie habe sich gegen zeitlose politische Institutionen gerichtet. Seine Doktrin der unbeschränkten Macht des Präsidenten bedrohte das seit jeher heikle Gleichgewicht zwischen den verschiedenen Regierungsorganen, und seine Doktrin des Präventionskrieges und der Aufhebung des Rechts auf ein ordentliches Gerichtsverfahren für mutmaßliche Terroristen hebelte bestehende internationale Vereinbarungen ebenso wie gewohnheitsrechtliche Prinzipien aus. Doch er warf die »Weisheit der Väter« bedenkenlos über Bord, ohne Rücksicht auf den vom Vater der Konservativen, Edmund Burke, gelehrten Grundsatz, wonach eine abrupte politische Umwälzung unerwartete Konsequenzen haben kann, die die Kur schlimmer machen als die Krankheit – Konsequenzen wie den Zustand der Anarchie, der sich im Gefolge der Blitzinvasion im Irak einstellte.[58]

Für diese Art unverantwortlicher Nichtachtung finden wir im Sommer 2002 ein noch besseres Beispiel. Präsident Bush überlegte damals noch, ob er tatsächlich dem Irak den Krieg erklären sollte. In einer Rede vor den Veteranen der Auslandskriege der USA trat Vizepräsident Cheney unumwunden für einen Krieg gegen Saddam Hussein ein. Die Alliierten der USA nahmen dies als klares Zeichen dafür, dass Bush den Krieg bereits beschlossen hatte, ohne sie zu konsultieren. Tatsächlich schadete dieses Vorgehen dem amerikanischen Bemühen um ein UN-Mandat einige Monate später ganz erheblich; man meinte, die USA würden dies nur der Form halber

58 Natürlich soll es hier in erster Linie um Cheneys politisches Verhalten gehen, doch der Jagdunfall, bei dem er seinen Freund anschoss, lässt vermuten, dass bei ihm politisches und privates Verhalten nicht ganz unähnlich sind. Ein weiteres Beispiel für Cheneys tief verwurzelten Anspruch auf Sonderbehandlung (nicht für seine Rücksichtslosigkeit) ist seine Erklärung, weshalb er nicht im Vietnamkrieg Dienst tat: »In den Sechzigerjahren hatte ich andere Prioritäten als den Militärdienst.« Natürlich ist es verständlich, wenn jemand nicht in den Krieg will, außerdem könnte der Satz ja durchaus ironisch gemeint sein. Doch so oder so lässt sich daran schon klar erkennen, dass er sich für etwas Besonderes hält – denn welcher der zum Militärdienst eingezogenen jungen Männer hätte damals nicht etwas Besseres zu tun gehabt?

beantragen. Am bemerkenswertesten ist wohl, dass Cheney seine Rede hielt, ohne sie zuvor mit dem Präsidenten, der CIA oder anderen Regierungsorganen abgestimmt zu haben. Cheney war ganz offensichtlich der Ansicht, dass derlei grundlegende institutionelle Verpflichtungen für ihn nicht gelten. Für seinen Präsidenten, sein Land und die Welt hatte dies schwerwiegende Folgen.

Das selbstherrliche Arschloch

Eine derartige Verletzung der Sorgfaltspflicht qualifiziert den Betreffenden zweifellos für die Kategorie des rücksichtslosen Arschlochs. Wie das letzte Beispiel zeigt, gehört Cheney jedoch auch zum selbstherrlichen Typus, da es ihm vor allem um die Ausweitung seines eigenen Machtbereichs geht, und wenn er sich dafür quasi die Rechte des Präsidenten anmaßen muss. Das selbstherrliche Arschloch behauptet zwar auch, im Dienste einer höheren Sache zu stehen, doch ist diese Sache letztlich er selbst.

Zu Cheneys Verteidigung könnte man anführen, dass er ein Politiker mit langer Erfahrung in der Administration ist, der zumindest eine solide moralische Begründung für seine politischen Ansichten liefern kann. Seine moralischen Argumente scheinen immerhin akzeptabel – ganz im Gegensatz zu seinen politischen Taktiken. Die Argumente wild dreinblickender Politstrategen wie Ahmadinedschad sind hingegen schwer ernst zu nehmen, ja meist noch nicht einmal verständlich. Hier tritt uns das selbstherrliche Arschloch in wesentlich reinerer

Form entgegen. Gewisse Ähnlichkeiten sind dennoch vorhanden (auch wenn wir diese Fälle recht unterschiedlich bewerten). Ahmadinedschad hat in gewisser Weise durchaus Grund zur Klage, auch wenn er dies meist nur für seine eigenen Zwecke ausschlachtet (schließlich haben die Großmächte im Nahen Osten einigen Dreck am Stecken). Im Allgemeinen kommt das selbstherrliche Arschloch in mehr oder weniger reiner Form vor, abhängig davon, wie es um das Verhältnis von Kampf um den eigenen Machterhalt und Eintreten für eine größere Sache bestellt ist.

Beispiele für moralische Selbstverherrlichung bieten der Schweizer SVP-Politiker Christoph Blocher sowie der frühere amerikanische Präsidentschaftskandidat Ralph Nader. Kritiker aus dem progressiven Spektrum sind ja der Ansicht, Naders Kandidatur im Jahr 2000 habe das, was sie als die »Katastrophenjahre unter George W. Bush« bezeichnen, überhaupt erst möglich gemacht.[59] Auch Senator John Edwards wäre ein passender Kandidat für unsere Kategorie. Er stellte sich 2004 den Demokraten als geeigneter Präsidentschaftskandidat vor, offensichtlich in dem Glauben, allein sein Kampf gegen die Armut mache ihn schon zum geeigneten Präsidenten. Auf die Idee, dass seine Untreue gegenüber seiner krebskranken Ehefrau, die, sollte sie während des Wahlkampfs auffliegen, jede Chance auf die Präsidentschaft zunichtemachen und damit den Demokraten schaden würde, kam er wohl gar nicht. Oder

59 Nader konnte sich trotz ähnlicher Positionen nicht mit dem demokratischen Präsidentschaftskandidaten Al Gore anfreunden und kostete diesen daher gerade den Anteil der Stimmen, der ihn unter Umständen zum Präsidenten gemacht hätte (A.d.Ü.).

ging es ihm nur um die Macht? Ein ähnlicher Fall ist der Wikileaks-Gründer Julian Assange. Er beruft sich auf das Prinzip der Transparenz, wenn er mit seiner Plattform die Pläne von Regierungen publik macht. Die rücksichtslose Art, in der er vertrauliche diplomatische Unterlagen ins Netz stellt, zeigt klar und deutlich, dass er sich nicht um den Schaden schert, den er anrichtet. Natürlich führt er für sein Tun alle möglichen moralischen Begründungen an, doch sein arrogantes Verhalten deutet eher darauf hin, dass er glaubt, nicht dafür verantwortlich zu sein. Dies wiederum lässt erkennen, dass ihm seine Selbstverherrlichung offensichtlich wichtiger ist als die Moral.

Auch die Geschichte liefert uns hier ein paar eindeutige Beispiele wie Napoleon oder Kaiser Wilhelm II., die sich beide aus ganz persönlichen Gründen auf imperialistischer Mission wähnten. Britische Imperialisten wie Cecil Rhodes, Lord Kitchener und Gordon von Khartum hingegen gelangten in einer politischen Kultur an die Macht, die ihnen allerlei wohlfeile Begründungen bot, um Englands Macht weltweit auszudehnen. Sogar John Stuart Mill, einer der großen progressiven Vordenker seiner Zeit, billigte die koloniale Unterwerfung der »Barbaren«[60]. Man müsse diese erst ordentlich zivilisieren, möglichst auf gut englische Weise, bevor sie sich selbst regieren könnten. Mill glaubte tatsächlich, dies sei das Beste für das Wohl der Barbaren (und er war kein Arschloch). Doch die Kultur seiner Zeit, in der ein paternalistischer Kolonialismus allgemein akzeptiert wurde, ermöglichte es anderen, die Gele-

60 Siehe: John Stuart Mill, *On Liberty*, London 1859, S. 23.

genheit zur Machtausübung aus weit niedrigeren Beweggründen heraus zu ergreifen. Später übernahmen die Amerikaner dieses Denken und schufen daraus zwei Doktrinen, die das amerikanische Selbstbewusstsein lange prägten, obwohl ihre rationale Begründbarkeit auf immer wackligeren Füßen stand: Die Doktrin vom *Manifest Destiny* sah Amerika als Macht, der Gott höchstselbst den Auftrag zur Expansion gegeben hatte. Und der *American Exceptionalism* betrachtet das Land als unter ganz eigenen Bedingungen lebend und gedeihend, sodass es sich stets seine eigenen Vorgaben erarbeiten müsse. Diese angeblich rationalen Begründungen für jegliche Form des Imperialismus sind noch weniger nachvollziehbar als die britischen. Gemein haben sie eines: die universelle Bevorrechtigung, die ihnen erlaubt, ohne Zögern moralisch höchst anfechtbare Dinge zu tun – Arschlochtum auf weltgeschichtlicher Ebene.

3

Zeitgenössische Arschloch-Typen

Die Arschlöcher, die wir bisher so betrachtet haben, teilen das Gefühl der moralischen Bevorrechtigung. So wie Heuchelei der Tribut ist, den das Laster an die Tugend zahlt, so empfanden alle Imperialisten stets die Notwendigkeit, ihr Tun durch Verweis auf universelle Rechte zu legitimieren. Offensichtlich hatten sie das Gefühl, dass irgendetwas nicht ganz in Ordnung war. Anders als das größenwahnsinnige Räsonnement, mit dem die Ära des Kolonialismus ihr Tun umgab, empfindet das Arschloch in jüngerer Zeit kaum das Bedürfnis, seine allfälligen Privilegien durch Verweis auf eine größere Sache zu rechtfertigen. Er hat zwar stets ein paar Rationalisierungsstrategien parat – schließlich ist er kein Psychopath, der moralische Konzepte ablehnt –, doch die Gründe, die er liefert, werden immer dünner und sind immer schwerer auseinanderzuhalten. Dieser neuere, reinere Arschloch-Typ geht einfach davon aus, dass das Leben eine Sonderrolle für ihn vorgesehen hat. Daher hat er auch keinerlei Schwierigkeiten, die Gelegenheit beim Schopf zu packen, wenn sie sich ihm bietet.

Arschlöcher älteren Stils sind vergleichsweise leicht zu typisieren, je nachdem, welche Begründung sie für ihre Sonderrolle angeben. Wenn wir eine moralische Perspektive vorgesetzt bekommen, die wir mit Sicherheit als falsch identifizieren können, sehen wir ganz klar, wo das Arschloch fehlgeht. Das gibt uns sogar eine gewisse Sicherheit bei der Identifikation. Das zeitgenössische Arschloch hingegen ist beunruhigender, weil es weniger leicht auszumachen ist. Seine fadenscheinigen, ständig wechselnden Begründungen für seine Sonderrolle lassen womöglich nicht einmal einen klaren moralischen Standpunkt erkennen, den wir dann als falsch zurückweisen könnten. Sein Anspruchsdenken ist eher funktional. Man könnte es als Bereitschaft definieren, jederzeit, wenn es die Situation erfordert, eine angeblich logische Begründung für die eigene Sonderrolle vorzubringen. Dieses Kapitel wird gleichwohl versuchen, ein paar Musterbeispiele aufzuzeigen, um diesen Typ intellektuell dingfest zu machen. Da diese neue Sorte Arschlöcher so schwer festzunageln ist, werden wir unsere Beispiele noch ausführlicher darstellen – einzig zum Zweck der Veranschaulichung dieses neueren, reineren, aber auch schwächer legitimierten Arschloch-Typs.

Selbstherrliches Arschloch mit fadenscheiniger moralischer Rechtfertigung

In Kapitel 2 haben wir einige Beispiele für selbstherrliche Arschlöcher im Dienste einer höheren Moral aufgeführt. Doch diese Art von »moralischer Glasur« hat das moderne Arschloch nicht mehr nötig. Da fällt einem doch gleich der Kölner Kardinal Joachim Meisner ein, der sich ohne Not herablassend über die moderne Kunst äußert, vor allem Konzeptkunst, die von Schwulen stammt. (»Diese Konzeptkunst ist Arsch-Kunst. Und wie wir wissen, kommt aus dem menschlichen Arsch nichts Edles.« Darüber hinaus verwendete er in einer Rede über Kunst, die sich vom Kultus abkoppelt, den Nazi-Begriff »entartete Kunst«.) Auf ähnliche Weise lässt der amerikanische Prediger Jerry Falwell kaum eine Gelegenheit aus, sich mit abfälligen Kommentaren über Juden (»die nebenher mehr Geld machen als du hauptberuflich«), über Martin Luther King (dem wegen seiner »Linkslastigkeit« nicht zu trauen sei), über Muslime (»Mohammed war ein Terrorist«) oder Homosexuelle (»AIDS ist nicht nur Gottes Strafe für die Homosexuellen, sondern Gottes Strafe für eine Gesellschaft, die Homosexuelle akzeptiert«) ins Rampenlicht zu schieben. Da er ein prominenter Evangelikaler ist, glaubt er wohl, im Namen des demütigen Jesus von Nazareth zu sprechen. Aus diesem Grund fühlt er sich vermutlich bemüßigt, Dinge zu sagen, die ein denkender Mensch wohl kaum äußern würde. Wie seine Rechtfertigung genau aussieht, lässt sich allerdings nicht sagen. Falwell hat sich nie die Mühe gemacht, der Öffentlichkeit zu erklären, wie sich seine Mission mit den christlichen Geboten der Nächstenliebe und der Barmherzigkeit verträgt, die keinen Stolz kennt. Falls ihm überhaupt aufgefallen sein sollte, dass es da einen gewissen Widerspruch gibt. Es ging ihm wohl hauptsächlich darum, dass er irgendwo gesendet wird.[61]

---

61 In seinen letzten Jahren sprach sich Jerry Falwell öffentlich für »Bürgerrechte für Homosexuelle« aus (weil sie den »uramerikanischen Werten« entsprächen und keine »liberalen oder konservativen Werte« seien). Hat er

Auch Donald Trump ist am allerliebsten auf Sendung. Dass er zu den Arschlöchern zählt, wurde deutlich in einem Dokumentarfilm über die US-amerikanische Football-Profiliga (UFSL): *Small Potatoes: Who Killed the USFL?* (Die Antwort: Natürlich Trump. Die Gier und der Egoismus eines Mannes haben eine ganze Liga erledigt.) In letzter Zeit betätigt sich Trump mehr als Medien-Clown – allerdings wohl eher unabsichtlich. Wie Jerry Falwell oder der deutsche Prinz Frédéric von Anhalt scheint auch Donald Trump zu glauben, dass es wichtig sei, dass er im Fernsehen auftritt – diese Herren scheinen sich nie zu fragen, warum der Rest der Welt dies nicht genauso sieht.[62] Zu Trumps Verteidigung ließe sich anführen, dass er nur ein »Arsch-Clown«[63] ist oder – ein bisschen barmherziger – einer der älteren Champions in dem harten Kampf um Aufmerksamkeit, den die Jugend heutzutage auf Facebook ausficht. So gesehen wäre er sogar ein Rollenmodell, ein vollendeter Medien-Unternehmer. Dies ist vielleicht kein Dienst an der Öffentlichkeit, aber immerhin etwas, das die moderne Gesellschaft sehr schätzt. In einer grundlegend narzisstischen

---

sich etwa gewandelt? Viele Arschlöcher werden milder, wenn der Tod an die Tür klopft. Wir können dies für Jerry Falwell nur hoffen, auch wenn er nie öffentlich Abbitte geleistet hat.

62 Dass Trump Präsident Obama dazu brachte, seine Geburtsurkunde im Internet zu veröffentlichen, mag manchen Leuten – wie Trump selbst – als Kampf für Gerechtigkeit erscheinen. Könnte also diese eine, von moralischen Bedenken motivierte Aktion belegen, dass er doch ein Moralist ist? Ich denke, dieses eine Mal ist eher die Ausnahme, die belegt, dass Trump *normalerweise* eben nicht aus moralischen Gründen handelt.

63 Was eine Mischung aus »Clown« und »Arschloch« ist. Als solcher aber hat er nicht dieselben tief verwurzelten Ansprüche auf eine Sonderrolle, die das Arschloch unserer Definition gemäß ausmacht.

Kultur braucht man keinen besonderen Grund, um die Aufmerksamkeit anderer zu beanspruchen. Jeder rafft einfach so viel Aufmerksamkeit zusammen, wie er kriegen kann (»Was du nicht zur Schau stellst, hast du nicht wirklich!«). Das Medien-Arschloch ist zwar durchaus selbstherrlich, kann dabei aber noch so tun, als würde es der Öffentlichkeit dienen. Hugh Hefner, der Gründer des *Playboy*, zum Beispiel behauptete, er setze sich für die Befreiung der Frau ein, um seinem Magazin einen gesellschaftspolitischen Anstrich zu geben. Und Leute wie Oliver Pocher, Roger Köppel, Chefredakteur der Weltwoche oder Kai Diekmann, Chefredakteur der BILD-Zeitung, berufen sich vermutlich darauf, dass sie den Menschen nur geben, was diese wirklich wollen. Andererseits: Wenn wir den Einflüsterungen des Zeitgeists nicht erliegen und der Ansicht sind, dass jeder, der die Aufmerksamkeit anderer Menschen in Anspruch nimmt, dafür einen *guten* Grund haben sollte – und sei es nur der, nicht zum Rädchen in der ohrenbetäubenden Medienmaschinerie zu werden –, dann könnte man das narzisstische Streben nach Aufmerksamkeit als Kennzeichen des Arschlochs betrachten. Dann würde der gegenwärtig grassierende Narzissmus auch erklären, wieso man in jüngster Zeit ständig über Arschlöcher stolpert.

Das wahnhafte Arschloch

Typisch für Medien-Arschlöcher ist, dass sie sehr wohl wissen, wie sie von anderen wahrgenommen werden, sich aber absichtlich nicht darum kümmern, was andere von ihnen halten. Sie sind voll »Bullshit« im Sinne H. G. Frankfurters. Bullshit reden heißt, dass man etwas sagt, ohne die Wahrheit zu berücksichtigen. In diesem Fall allerdings sind sich Sprecher und Publikum einig, dass nicht die Wahrheit gesagt wird.[64] Eine ganz andere Gruppe von Arschlöchern zeichnet sich allerdings gerade dadurch aus, dass sie eben nicht erkennt, wie sie gesehen wird.

So geschehen beispielsweise in Paris, als Kanye West sich recht plötzlich vom Musiker zum Modedesigner wandelte. Ein Rezensent schreibt dazu:

> *Auf einer Dinnerparty in Azzedine Alaïas Küche am Sonntag beschwerte Mr. West sich bitterlich bei den Anwesenden, dass diese Wurstpellen-Kleider, die herunterhängenden Hosenböden und die übermäßig weiten Jacken mit allerlei bunten Streifen und Sternen tatsächlich so sitzen sollten und keineswegs, wie man offenbar angenommen hatte, verschnitten seien. Auf der Modenschau von Céline verwickelte er Joe Zee, den Creative Director der Zeitschrift Elle, in ein ewig langes Gespräch, das laut genug war, dass alle Umstehenden mithören konnten. Darin meinte Kanye unter anderem, er schätze es gar nicht, dass man seiner Entscheidung, für die Sommerkollektion auf Pelz zu setzen, mit Kritik begegnet sei …*
>
> *Nach langen Jahren in der Modebranche möchte ich sagen: Was mir an Mr. West am meisten auffiel, war, dass*

64 H. G. Frankfurt, *Bullshit*, Frankfurt a. M. 2006.

er so gar kein Gefühl dafür hatte, dass Einzelhändler und Zeitungsleute, die über enorm viel Erfahrung verfügen, ausgesprochenen Mist auf den ersten Blick erkennen. Dabei hatte er allen so viel versprochen. Dem Modechef eines bekannten Magazins hatte er beispielsweise erzählt, Mode sei ihm wichtiger als Musik und er würde mit seiner ersten Schau »den Lauf der Mode« verändern.

West ist nicht im eigentlichen Sinne schamlos, denn das würde ein Gespür dafür voraussetzen, wie andere ihn sehen. Er ist für uns eher deshalb interessant, weil er offensichtlich unfähig ist, sich aus den durchaus verfügbaren Informations-Puzzlestücken dieses Bild zusammenzusetzen. Dabei leidet er auch nicht unter einer grundlegenden Fehlfunktion der Selbstwahrnehmung, zum Beispiel durch den Ausfall bestimmter kognitiver Fähigkeiten. Sein Album *Graduations* beginnt mit: »Mr. Fresh, Mr. … by his self he's so impressed« und der Song »Barry Bonds« zeigt, dass er zumindest ansatzweise versteht, wie andere ihn sehen: »Ich sitz ganz vorne in der Reihe, du kommst hinter mir – doch mein Kopf ist so groß, dass du nicht drüber siehst.« (»I'am high up on the line you can get behind me / But my head so big you can't sit behind me.«) In »Can't tell me nothing« führt er vor, wie seine Mutter ihn sieht: »Ich spür den Druck, aller Augen auf mir. Und was tue ich? Ich benehme mich noch blöder. Kaufe mehr Juwelen, noch mehr Louis V. Meine eigene Mutter dringt zu mir nicht mehr durch.« (I feel the pressure, under more scrutiny. And what I do? Act more stupidly. Bought more jewelry, more

Louis V. My momma couldn't get through to me.«[65] Aber von allgemeinen Eindrücken einmal abgesehen und von offensichtlichem Hohn (Er beklagte sich in Paris darüber, dass die Fashionistas ihn ansähen »als wäre ich ein Nazi«) scheint West unfähig zu erkennen, was in den Augen anderer offensichtlich ist. Ist Pelz im Sommer wirklich Auferstehung und Himmelfahrt der Modewelt? War es wirklich *unvorstellbar*, dass diese Design-Idee die Menschen vielleicht nicht begeistern würde?

Außerdem ist West ein außergewöhnlich grober Kerl. So vermieste er Taylor Swifts Dankesrede für den MTV Award, indem er sie ständig störte und obendrein noch beleidigte. Aber natürlich gibt es viele arrogante, selbsternannte »Genies«, die sich der Illusion ihrer Größe hingeben. Das Besondere an West ist, dass er so gut wie unfähig scheint, seine grenzenlose Selbstverliebtheit zugunsten einer zumindest ansatzweise realistischen Wahrnehmung der Außenwelt zu korrigieren.[66] Möglicherweise *ist* er in Wahrheit doch dazu fähig.

---

65 John Pareles nimmt in »The Ego Sessions« in *The New York Times* vom 5. September 2007 Kanye Wests Texte als Ausweis seines überdimensionierten Selbstbewusstseins. Dabei prägt er den sich an West orientierenden Begriff des »Starzissmus« für »diese Popstars eigene Mischung aus Eigenliebe, Eigenwerbung, Selbstverliebtheit und Selbstbewusstsein«. Allerdings schrieb Pareles die Rezension zu dem Album noch vor dem Fashion-Debakel in Paris, als eine positive Sicht Wests noch ein wenig plausibler war. Siehe dazu: http://www.nytimes.com/2007/09/05/arts/music/05west.html?ref=kanyewest.

66 Es muss schon schwer sein, mit solch einem tiefverwurzelten Gefühl für die eigene göttliche Mission zu leben. Wie West erklärt: »Gott hat mich auserwählt. Er hat den Weg für mich geschaffen … Ich bin Gottes Gefäß.« Und natürlich gilt all sein Streben der großen Sorge, Gott nur ja nicht zu enttäu-

Wir aber lernen aus seiner zur Schau gestellten Unfähigkeit und sind nett zu anderen. Dieser völlige Mangel an Einsicht lässt in unsere Ablehnung sogar ein wenig Sympathie einfließen. Denn soweit wir wissen, könnten auch wir ein Gehirn in einer Nährlösung sein, während ein Computer uns Erfahrungen eingibt. Auch wir könnten Teil der *Matrix* sein. (Wie sollen wir das schon herausfinden?) Es ist nicht einfach, jemandem zuzusehen, der eine solche Situation konkret erlebt, der ganz offensichtlich in einer allumfassenden Illusion gefangen *ist*.

Es ist durchaus aufschlussreich, West mit Arschloch-Künstlern wie Pablo Picasso, Ernest Hemingway oder Miles Davis zu vergleichen. Zumindest unterlagen sie keiner Illusion, was ihre künstlerische Bedeutung angeht; sie irrten nur, was die Sonderbehandlung angeht, auf die sie Anspruch erhoben.[67] Hier fällt uns eine verständnisvolle Haltung schon schwerer. Natürlich ist es wünschenswert, dass eine Gesellschaft ihren Künstlern zum Wohle aller besondere Arbeitsbedingungen ermöglicht. Doch auch dafür gibt es Grenzen, und viele wahre Genies akzeptieren sie auch, zum Beispiel indem sie für ihre Privilegien dankbar sind. Wer dies nicht tut, ist für gewöhnlich ein echtes Arschloch. Er fordert im Gegenzug für seine Leis-

---

schen: »… Der größte Schmerz, den ich in diesem Leben habe, ist, dass ich mich selbst nie auf der Bühne sehen werde.« Siehe: http://www.metro.co.uk/metrolife/565894-kanye-i-am-gods-vessel-503111.

67 Ein besonders beeindruckendes Beispiel in dieser Hinsicht ist Buddy Rich, der ein begnadeter Drummer und ein ebenso begnadetes Arschloch war, was er wiederum mit seiner künstlerischen Leistung rechtfertigte. Seine arroganten Einlassungen zu all jenen, die er als nicht auf Augenhöhe empfand, finden sich in: http://www.youtube.com/watch?v=q-ssZeOZkWU.

tungen immer mehr Sonderrechte, obwohl er ohne die Chancen, die die Gesellschaft ihm eröffnet, nie zu solchem Erfolg gekommen wäre. (Künstler, die ihren Lebensunterhalt verdienen oder ihren Militärdienst leisten müssen, können normalerweise deutlich weniger künstlerisch tätig sein.) Es hätte schließlich alles auch ganz anders laufen können, und der Künstler hätte keinen Erfolg gehabt. Gauguin beispielsweise wäre nie nach Tahiti gekommen, wenn das Schiff, das ihn von Frankreich aus dorthin brachte, in einen Sturm geraten wäre oder technische Probleme gehabt hätte. Viele große Talente haben keinen Erfolg, weil sie ihrer Zeit voraus sind. Wir finden uns mit der Illusion des Künstlers ab, dass sein Werk allein *sein* Verdienst ist und *wir* ihm dankbar sein müssten, weil wir finden, dass unser Leben mit seinen Werken schöner wird. Wenn dem nicht so ist, geht uns der Arschloch-Künstler schnell auf die Nerven. Stellen Sie sich einen *gescheiterten* Künstler vor, einen, der kein Genie ist, aber trotzdem dauernd kreative Privilegien einfordert, Privilegien, die die Gesellschaft möglicherweise viel kosten. Wenn ihn kein noch so gut gemeinter Rat dazu bringt, sich einen Job bei Starbucks zu suchen, wo er sich vielleicht wirklich nützlich machen kann, haben wir es dann nicht mit einem echten Ober-Arschloch zu tun[68]?

---

68 Der entscheidende Punkt hier ist tatsächlich, dass wir über den erfolgreichen Künstler anders denken. In seiner Aufsatzsammlung *Moralischer Zufall* zeigt der Philosoph Bernard Williams, wie Gauguins Erfolg in Tahiti unsere kritische Einstellung gegenüber der Tatsache dämpft, dass der Künstler für sein Unterfangen seine Familie in Frankreich verließ. Siehe dazu: Bernard Williams, *Moralischer Zufall*, Königstein 1984. Hätte er es nie nach Tahiti geschafft oder dort keine Inspiration gefunden, würde uns Gauguin

Der wahnhafte Arschloch-Banker

Künstler neigen normalerweise natürlich eher zur Selbstbeweihräucherung als zum Größenwahn – ganz im Gegensatz zu den Bankern der Gegenwart. Bankmanager wie Dirk Nonnenmacher von der HSH Nordbank haben eine völlig überzogene Vorstellung von der eigenen Bedeutung und leiten daraus auch komplett abwegige Ideen im Hinblick auf die ihnen zustehende Bezahlung ab. Beides schaukelt sich zu einer völlig bizarren Wirklichkeitswahrnehmung auf, die gerade in den letzten Jahren jeder – bis auf die Banker selbst – klar durchschaut hat. Die Gruppenkultur der Banker ist irgendwo zwischen Kanye West und Picasso angesiedelt: Sie haben nicht ganz unrecht, was die eigene Bedeutung angeht, die Bedeutung der Bedeutung allerdings interpretieren sie total falsch.

Um diese Behauptung zu untermauern, müssen wir einige unstrittige Tatsachen einer genaueren Prüfung unterziehen. Den Finanzmärkten kommt in jeder kapitalistischen Gesell-

---

sicher viel mehr als Arschloch verkommen, selbst wenn der Grund dafür einfach nur Pech gewesen wäre und nicht in Verbindung mit seinem Charakter stünde. Aber selbstverständlich können wir auch die Auffassung vertreten, dass er so und so ein Arschloch ist, ob mit Erfolg oder ohne. Wie Thomas Nagel erläutert, könnten sich unsere *moralischen* Einwände gegen Gauguin auch ausschließlich auf seine Entscheidung gründen, die er ja traf, als sein Erfolg noch keineswegs gesichert war. (Siehe: Thomas Nagel, »Glück gehabt! Zufall als moralisches Problem«, in: *Über das Leben, die Seele und den Tod*, Hain 1984, S. 39ff.). Ist diese *Ex-ante*-Perspektive die richtige, wenn wir prüfen wollen, ob jemand ein Arschloch ist? Oder sollten wir auch berücksichtigen, wie sich der Mensch unter Einwirkung des Zufalls über die Jahre entwickelt? Diese tiefgründige Frage müssen wir hier leider unbeantwortet lassen.

schaft eine zentrale Funktion zu. Einer der Leitgedanken des Kapitalismus ist schließlich, dass die Gesellschaft ihre Ersparnisse den produktivsten Zwecken zuführt, wodurch sich der Lebensstandard aller verbessert. Die Ressourcen werden eher über die Kapitalmärkte zugeteilt als über zentralistische Entscheidungen. Das Ziel ist dabei keineswegs die vollständige Freiheit der Märkte. Es geht nicht darum, dass die Händler uneingeschränkte Transaktionsfreiheit haben (und damit Information ansammeln, Risiken verteilen und so weiter). Wenn die eigentliche Funktion der Finanzmärkte erfüllt werden soll, muss das praktizierte System bewirken, dass *der Lebensstandard aller sich verbessert, indem die Produktion der Realwirtschaft gefördert wird*. Das aber passiert nicht automatisch. Die Geschichte ist voll von Finanzkrisen, die ganze Volkswirtschaften dauerhaft und schwer beschädigen (zum Beispiel die Weltwirtschaftskrise der Dreißigerjahre oder die »verlorenen Jahrzehnte« in Argentinien und Japan) und dabei das Leben des Einzelnen massiv negativ beeinflussen. (Menschen verlieren ihr Heim, Rentner ihre Ersparnisse, Arbeitswillige stehen auf der Straße, Universitätsabsolventen sehen über Jahre hinweg keinerlei Perspektive und so weiter.)[69] In den letzten Jahrzehnten wurde immer wieder behauptet, dass die Zeiten nun andere seien, weil die Risiken für Krisen sich reduziert hätten. Die Finanzkrise, die 2008 begann und in einer weltweiten Rezession mündete, zeigt, dass schwere Krisen immer noch ausbrechen können und werden. Daher gibt es nur wenige Fra-

69 Carmen Reinhardt, Kenneth Rogoff, *Dieses Mal ist alles anders: acht Jahrhunderte Finanzkrisen*, München 2010.

gen, die drängender sind als die folgende: Funktionieren die Finanzmärkte so, so dass sie ihre grundlegende Rolle in einer kapitalistischen Gesellschaft erfüllen können?

Lassen Sie uns nun in unseren Betrachtungen mit ein paar grundlegenden Wahrheiten fortfahren. Nehmen wir die USA als Beispiel, weil in diesem Land die Krise ihren Anfang nahm. Die US-Wirtschaft konnte die stärksten Wachstumsraten in den »langweiligen« Nachkriegsjahren verbuchen, als die klügsten Köpfe des Landes sich noch nicht mit »Finanzinnovationen« befassten, sondern sich eher dem wissenschaftlichen und technischen Fortschritt verschrieben hatten. Einer der Hauptgründe für die jüngste Krise ist (unter anderen), dass mathematisch ausgeklügelte »Innovationen« es den Akteuren des Finanzmarkts ermöglichten, viel zu hohe Risiken einzugehen. Als dann deutlich wurde, dass der Preis der enorm komplexen Finanzinstrumente sich vollständig von den dahinterstehenden realen Werten (in diesem Fall den Eigenheimen in den USA) abgekoppelt hatte, fiel das ganze System auseinander. Dass die Finanzmärkte nicht vollständig kollabiert sind, lag nur daran, dass die Regierungen eingriffen und die taumelnden Riesen stützten – wofür letztlich die Steuerzahler geradestehen müssen. Im Moment der Krise gab es dazu keine wirkliche Alternative. Das wiederum bedeutet, dass die Gesellschaft die Risiken auf sich nimmt, damit die Finanzmarktakteure weiterhin hohe Gewinne beziehungsweise Boni einstreichen können.

In Kapitel 7 werden wir uns mit der Frage beschäftigen, inwiefern sich daraus eine Kultur der Sonderrechte entwickeln kann. Für den Moment möchte ich mich nur auf einzelne Protagonisten konzentrieren, genauer gesagt, auf eine ungewöhnlich offene Unterhaltung zwischen zwei Bankern und zwei Journalisten in einer Bar in der Wall Street.[70]

Adam Davidson (Journalist): »Sie sind also ein institutioneller Anleger? Sie arbeiten in der Ratingabteilung? Was genau tun Sie da?«

Banker 2: »Ich arbeite in einer Bank in der Wall Street.«

Adam Davidson: »Ihre Bank wäre mit Sicherheit untergegangen. Ihr Aktienkurs wäre total eingebrochen. Ihre Ratingabteilung hätte nichts mehr zu tun gehabt. Sie haben also von der Regierungshilfe direkt profitiert …«

Banker 1: »Sie sind ja verrückt!«

Adam Davidson: »Wieso bin ich verrückt?«

Banker 1: »Sie sind total verrückt, mein Junge! Was wollen Sie denn tun? Die Banken nicht retten? Das ist doch die Frage. Wollen Sie wirklich die Banken pleitegehen lassen?«

Janes Feltes (Journalistin): »Ich möchte die Banken retten und dann hätte ich gerne, dass ich in eine Bar in Lo-

70 »Crybabies – Act One. Wall Street: Money Never Weeps« in: »This American Life«, Broadcast 415, Transskript von: http://www.thisamericanlife.org/radio-archives/episode/415/transcript.

wer Manhattan gehen kann und einer von euch steht auf und bedankt sich bei mir: ›Danke dafür, dass ich meinen Job noch habe. Das weiß ich wirklich zu schätzen.‹«

Banker 1: »Wieso sollten Sie das wollen?«

Janes Feltes: »Na, Sie haben doch Ihre Jobs noch!«

Banker 2: »Ja, weil ich ein kluger Kopf bin.«

Janes Feltes: »Und Sie glauben tatsächlich, Sie haben Ihren Job behalten, weil Sie klug sind? Sie haben Ihren Job noch, weil wir die Banken gerettet haben. Man hat Ihnen aus der Patsche geholfen.«

Banker 2: »Nein, nein, nein, nein, nein. Mit meinem Job war das nicht so. Sehen Sie mal, am Ende überlebt immer der Stärkere.«

Banker 1: »Ich bin nun mal klüger als der Durchschnitt.«

Adam Davidson: »Obwohl die Regierung den ganzen Bankensektor gerettet hat, der vollkommen versagt hat, sagen Sie immer noch, Sie hätten Ihren Job behalten, weil Sie klüger sind?«

Banker 1: »Nein. Dass die Regierung den ganzen Bankensektor retten musste, war eine Notwendigkeit. Die Situation war nun mal so, wie sie war. Aber dass ich davon profitieren konnte, liegt daran, dass ich klug bin. Ich habe mir die Situation zunutze gemacht. Fünfundneunzig Prozent der Bevölkerung haben nicht so viel Grips. Der einzige Grund dafür, dass ich schon so lange dabei bin, ist, dass ich klüger bin als Otto Normalverbraucher.«

Banker 1 glaubt, er habe seinen Job *allein aufgrund seines Talents* behalten, insbesondere aufgrund seiner überdurchschnittlichen Klugheit. Man bemerke, dass er die Tatsache nicht leugnet, dass die Gesellschaft soeben den ganzen Sektor retten musste, damit all die »klugen« Köpfe nicht das gesamte System kaputtmachen. Er behauptet, dass diese Tatsache vollkommen *irrelevant* für die Beurteilung dessen ist, was die Pflichten und Aufgaben eines Bankers sind. Dieses Gefühl scheint in der Branche weit verbreitet zu sein. Banker sind sich immer völlig sicher, dass sie berechtigt sind, enormen Gewinn aus ihrer Situation zu ziehen und halten die Überlegung, ob sie überbezahlt sein könnten, für einen Irrtum, ja für unverschämte Unterstellung. In Gesprächen mit einigen Investmentbankern über die Aktivisten von Occupy Wall Street waren diese der Ansicht, den Besetzern fehle es an der nötigen Dankbarkeit[71].

Wenn man diese Sicht der Dinge als »wahnhaft« bezeichnet, müssen gute, für jeden nachvollziehbare Gründe vorhan-

71 »In Private Conversation, Wall Street Bankers Dismiss Protesters as Unsophisticated«, in: New York Times vom 14. Oktober 2011, auf: http://www.nytimes.com/2011/10/15/business/in-private-conversation-wall-street-is-more-critical-of-protesters.html.

den sein, die belegen, dass dem so ist. Natürlich wurden gerade in der jetzigen Situation zahllose Argumente diesbezüglich vorgebracht, doch keines davon scheint das strahlende Selbstbild der Banker irgendwie getrübt zu haben. Da sind zum einen die enormen Kosten, die die aktuelle Krise verursacht hat. Manche halten sie für so hoch, dass der Bankensektor für immer bankrott wäre, wenn er dafür hätte aufkommen müssen.[72] Dann sind da die Kosten, die entstehen, wenn Regierungen für »systemrelevante« Banken den Kopf hinhalten und ihnen damit erlauben, immer größere Risiken einzugehen, weil sie ja wissen, dass sie sozusagen »freigekauft« werden, wenn die Gewinne in den Keller gehen. Dieses System sorgt dafür, dass die Banker enorme Gewinne einstreichen, während der Steuerzahler für die Risiken bürgt.[73] Und schließlich bleibt noch die Tatsache, dass die jüngste Krise nicht zuletzt durch Betrug und Fälschung in bislang ungekanntem Ausmaß verursacht wurde und die Gewinne – ohne dass die Verantwortlichen bislang bestraft worden wären –, nun schon wieder fleißig sprudeln. Mit einigen Ausnahmen haben nur wenige Akteure dafür bezahlt, dass sie das Gesetz gebrochen haben.

Warum aber dringt keiner der Gründe zu den Bankern durch? Banker 1 aus unserem Beispiel denkt vermutlich einfach wie ein typischer Psychopath: Er benutzt keine morali-

---

72 Siehe dazu den Vortrag von Andrew G. Haldane von der Bank of England: »The $100 Billion Question«, auf: http://www.bis.org/review/r100406d.pdf.

73 Der frühere Chefökonom des IWF, Simon Johnson, und James Kwak über die Möglichkeit, die großen, »systemrelevanten« Banken in kleinere Einheiten aufzusplitten: *13 Bankers: The Wallstreet Takeover and the Next Financial Meltdown*, New York 2010.

schen Konzepte wie zum Beispiel *Dankbarkeit* oder *Verdienst*, sondern wiederholt einfach nur, was passiert ist – die Regierung hat die Banken gerettet –, um dann anzuführen, dass er in diesem »Wettkampf der Stärkeren« gewonnen habe, weil er eben so klug sei. Dabei lehnt Banker 1 die Vorstellung, er müsse dafür aus moralischen Gründen *dankbar* sein, einfach ab. Er argumentiert also letztlich so: Er verdient diese Belohnung, weil unser System verlässlich und gerecht dafür sorgt, dass Talent belohnt wird, und er nun einmal überdurchschnittlich intelligent ist. Er *muss* ja intelligent sein, weil er reich ist und weil unser System tatsächlichen *Verdienst belohnt*.

Diese These ist natürlich ganz schön verdreht, wenn man sich vor Augen führt, dass unser derzeitiges System der Realwirtschaft unendlichen Schaden zugefügt hat (außer man geht davon aus, dass das System verlässlich das Talent belohnt, unendlichen Schaden anzurichten). Aber nehmen wir einmal an, die These von Banker 1 gründet auf diesem eher philosophischen Gedankengang statt auf der Faktenlage. Die Sicht der kapitalistischen Gesellschaft, für die Banker 1 steht, beruht also auf einer *Idee* von dieser Gesellschaft, nicht auf ihrer realen Ausgestaltung. Und diese Idee lautet: In einem freien Markt bekommt jeder, was er verdient.

Doch auch in philosophischer Hinsicht ist diese Vorstellung kaum aufrechtzuerhalten. Ein klarer Beleg dafür findet sich ausgerechnet bei dem erzkonservativen Kapitalismus-Apologeten des 20. Jahrhunderts, F. A. Hayek. Er schreibt:

Der Einzelne kann es nicht ändern, dass seine speziellen Gaben sehr häufig oder besonders selten vorkommen.

Ein scharfer Verstand, eine gute Stimme, schöne Gesichtszüge oder eine geschickte Hand, rasche Auffassungsgabe oder persönliche Anziehungskraft sind in weitem Maß unabhängig von persönlichem Bemühen [...] In all diesen Fällen hat der Wert, den jemandes Fähigkeiten oder Leistungen für uns haben und für die er Entlohnung erhält, nicht viel Beziehung zu irgendeinem moralischen Verdienst.[74]

Ins selbe Horn stößt das milliardenschwere Wallstreet-Orakel Warren Buffett:

Mein Glück wurde noch befördert von der Tatsache, dass unser Marktsystem mitunter verzerrte Resultate hervorbringt, auch wenn es unserem Land im Großen und Ganzen gute Dienste erweist. Ich war in einer Volkswirtschaft tätig, in der ein Mensch, der auf dem Schlachtfeld Menschenleben rettet, mit einer Medaille belohnt wird, ein großartiger Lehrer mit Dankesschreiben der Eltern seiner Schüler, ein Mann aber, der erkennt, dass der Preis bestimmter Wertpapiere zu hoch oder zu niedrig ist, mit Milliardensummen. Kurz gesagt: Wie das Schicksal die Würfel verteilt, ist eher vom Zufall bestimmt.[75]

---

74 Friedrich A. Hayek, *Die Verfassung der Freiheit*, Tübingen 1983, S. 116.

75 Brief an das Fortune Magazine vom 16. Juni 2010, auf: http://money.cnn.com/2010/06/15/news/newsmakers/Warren_Buffett_Pledge_Letter.fortune/index.htm.

Anders ausgedrückt: Vorstellungen von irgendwie gearteten »Verdiensten« rechtfertigen nicht unbedingt die jeweilige Belohnung. Banker 1 kann also seinen IQ beziehungsweise sein Verdienst nicht von seinem Lohn-Scheck ableiten.

Einige Banker bestätigen diesen Punkt unabsichtlich noch, indem sie statt des allfälligen Verweises auf ihr großes Verdienst schlicht haarsträubende Argumente vorbringen. So heißt es beispielsweise häufig, Banker sollten besser bezahlt werden, denn – wie einer von ihnen meinte: »Finanzdienstleistungen sind eines der letzten Dinge, die wir hier in diesem Land anzubieten haben. Und wir machen das gut. Stehen wir doch einfach dazu.«[76] Das ist alles andere als glaubwürdig, wenn wir uns vor Augen halten, dass der Bankensektor soeben die größte Krise der letzten siebzig Jahre verursacht hat. Dass die Wirtschaft in den letzten Jahrzehnten immer abhängiger vom Finanzsektor wurde, hat nämlich nicht viel mit Können zu tun. Dieser Umstand beruht vielmehr auf Entscheidungen der Politik, die nahezu jede Gelegenheit, in Infrastruktur und Bildung zu investieren, verpasst hat. Beides hätte eine hochspezialisierte Fertigung hervorgebracht. Dann hätte die Globalisierung vielleicht wirklich zu höheren Löhnen geführt. Stattdessen haben die immer produktiveren Arbeiter der letzten dreißig Jahre effektiv keine Lohnerhöhung zu verzeichnen.

76 »In Private Conversation, Wall Street Bankers Dismiss Protesters as Unsophisticated«, in: New York Times vom 14. Oktober 2011, auf: http://www.nytimes.com/2011/10/15/business/in-private-conversation-wall-street-is-more-critical-of-protesters.html.

Da ihre Argumentationslage also extrem dünn ist[77], rechtfertigen ehrliche Banker ihr Tun gelegentlich mit einer neuen Form universellen Größenwahns. Lloyd Blankfein, Chef von Goldman Sachs, witzelt – mit einer an Rockefeller erinnernden Grandezza –, Banker täten schließlich ebenfalls »Gottes Werk«. Blankfein ist möglicherweise kein Arschloch[78], nichtsdestotrotz hat diese Bemerkung Arschloch-Charakter, selbst wenn sie ironisch gemeint war. Denn darin steckt nicht nur die Vorstellung, dass Banker »Gutes tun«, sondern auch die Idee, dass ihr Tun irgendwie ein Teil von Gottes Plan ist, was sie damit näher zu Gott bringt. Selbst wenn dieser Ausspruch ein Witz gewesen sein sollte, dann ist es ein »Leck-mich-doch-Witz« angesichts der Tatsache, dass die Welt gerade in einer bankengemachten Krise steckt, die viele Leben massiv zum Schlechteren verändert hat. Eine Bemerkung, die offenbart, dass der Sprecher sich keinerlei Gedanken über seine Zuhörer macht. Mit bloßer Ahnungslosigkeit hat das nichts zu tun; der Mann ist schließlich kein Idiot. Seine »Vergesslichkeit« zeigt, dass er sich zu dieser Einschätzung berechtigt glaubt. Seine Sonderrolle scheint ja auch irgendwie von Gott gewollt.

Diese Haltung zeitgenössischer Bankmanager steht in scharfem Kontrast zu den Bankern früherer Epochen. Denken

---

77 Für unsere Zwecke hier gehe ich davon aus, dass die Argumente schwach ausfallen. Mehr dazu finden Sie in: Aaron James, *Fairness in Practice: A Social Contract for a Global Economy*, New York 2012.

78 Siehe dazu: Ron Suskind, *Confidence Men*, New York 2011, S. 424. Der Autor beschreibt Blankfein als »hin- und hergerissen zwischen Anmaßung und Bußfertigkeit«. Das Büßergewand zieht ein Arschloch sich de facto nie über. Wenn er also ein Arschloch sein sollte, dann ist er nur ein Halbarsch-Arschloch.

wir doch nur einmal an den ehemaligen Vorstandsvorsitzenden von Goldman, John C. Whitehead, der zu jener zivilisierten »Großen Generation« gehörte, die den dynastischen Reichtum der Rockefellers und Konsorten für den Dienst am Gemeinwohl verfügbar machten. Er selbst klagt darüber, dass die Bezahlung heutiger Manager kurzsichtige Entscheidungen fördere, die sich auf lange Sicht nicht bezahlt machen. Deshalb »muss sie geändert werden«. Und er erläutert, weshalb Leute wie Blankfein und die ganze neue Generation von Bankern das »nicht begreifen«.

> *Er [Blankfein] hat nie darüber nachgedacht, dass man in einer Zeit, in der zahllose Menschen ihren Job verlieren, mitten in der Rezession, einen Bonus von 60 Millionen Dollar nicht rechtfertigen kann. Er kapiert es einfach nicht! […] Er meint: »Ich bin der Vorstandsvorsitzende des besten Finanzdienstleisters der Welt. Und ich bin der CEO, der Kopf des Ganzen. Ich verdiene es, mehr Geld einzustreichen als jeder sonst. Und ich bin bereit, dafür zu kämpfen und damit zu prahlen. Weil ich stolz darauf bin.«*[79]

Doch ähnlich wie bei Banker 1 aus unserem ersten Beispiel klingt Blankfeins Anspruch hohl in den Ohren all jener, die zusehen mussten, wie der Bankensektor die Weltwirtschaft in den Abgrund riss. Eventuell betrachtet er tief im Innersten seinen Millionenbonus als verdiente Gottesgabe.

---

79 Suskind, *Confidence Men*, a.a.O., S. 425.

Vielleicht könnte man das, was uns diese Beispiele lehren, ja so formulieren: Die gesellschaftliche Stellung des Bankers und der damit einhergehende hohe Verdienst sind ein *Privileg*. Schließlich hat der Banker seine Stellung ja nur inne, weil die Gesellschaft einen bestimmten Bedarf hat, auf den seine Stellung zugeschnitten ist. Dass ein bestimmter Banker eine ganz besondere Stelle einnimmt, ist also weitgehend Glück. Weil viele Menschen klug und arbeitsam genug sind, um diesen Beruf auszuüben (denn auch hier lässt sich sagen, dass die Krisenvermeidung auf dem Kapitalmarkt besser funktionierte, als dieser sich noch nicht der Erfindung mathematisch komplexer Finanzprodukte gewidmet hatte), ist jeder Banker ersetzbar: Es wäre genauso gut für die Gesellschaft oder vielleicht sogar besser, wenn jemand anderer seinen Platz einnähme, *vor allem*, wenn er besonders begabt ist, denn große Begabungen sind besser aufgehoben in der Medizin, im Lehramt und in der Wissenschaft. All jene, die auf dem Finanzsektor arbeiten, sollten die damit einhergehenden enormen Vorteile als Geschenk der Gesellschaft betrachten, mit dem allerdings Bedingungen verknüpft sind. Das Finanzsystem muss so organisiert werden, dass es zuverlässig für das Wohl realer Menschen in der Realwirtschaft arbeitet. Sollten dazu einschneidende Maßnahmen zur Reorganisation nötig sein (zum Beispiel die Erhöhung des Eigenkapitals von Banken, Steuern auf Finanztransaktionen, Trennung von Investment- und Geschäftsbanken, Ausweitung der letztinstanzlichen Kredite durch IWF und EZB, Aufspaltung »systemrelevanter« Banken und so weiter), haben die Banker keinen Grund, sich zu beschweren. Wenn der Banker oder die Bankerin das Geschenk der Gesellschaft nicht mehr will, kann er es ja zurückgeben (und sich bei Starbucks, in der Schule oder im Biologielabor einen neuen Job suchen).

Das Gefühl der Banker für »ihr gutes Recht« ist also durchaus mit dem unseres gescheiterten Arschloch-Künstlers zu vergleichen. Weder der Banker noch der gescheiterte Künstler hat etwas geschaffen, was die Gesellschaft haben will, und trotzdem beschweren sie sich dauernd, dass sie nicht bekommen, was ihnen zusteht. Sie scheinen einfach unfähig zu begreifen, dass ihr vermeintlicher Anspruch nichts weiter ist als ein wahnhafter Irrtum.[80]

Das heißt nun nicht, dass alle oder die meisten Banker wahnhafte Arschlöcher sind. Manche begreifen sogar, weshalb das Volk sich aufregt. Carmine Visone, ein Lehman-Brothers-Banker der alten Schule, fand immer schon, dass sein Salär höher sei, als er es verdiente. Er setzte sich daher sehr

80 Robert Nozick, seines Zeichens der berühmteste libertäre Philosoph, hielt das Salär von Bankern nicht nur für verdient, sondern auch für gerechtfertigt, da es das unveräußerliche Recht eines jeden Menschen sei, sich mit anderen ohne Einmischung – in diesem Fall durch den Arbeitsmarkt – direkt auszutauschen. Nozick meinte allerdings, diese Rechte erlaubten einem nicht, anderen zu schaden. Man hätte also keineswegs das Recht, systemische Risiken einzugehen, die eine Finanzkrise auslösen können, ohne dass man dann den Geschädigten einen entsprechenden Ausgleich leiste. Müssten die Verursacher die Kosten jeder Krise tragen, müsste man die Finanzmärkte beschneiden, möglicherweise mit einer Steuer, die die »Banker zahlen lässt«. Auch lässt Nozick in seinem Gedankengebäude nur einen Minimalstaat zu. Die internationalen Finanzmärkte allerdings brauchen robuste Institutionen, die ihnen ihr Handeln ermöglichen. Diese müssten durch Steuern finanziert werden, die in Nozicks Augen Diebstahl sind. In einem Nozick'schen Paradies würde es also keine ausgedehnten Finanzmärkte geben.

für Obdachlose ein – aus Dankbarkeit und aus einem Gefühl der Verantwortung für die Gesellschaft.[81] Doch eine Bankenkultur, die sich offen dem Wahn verschreibt, macht es dem einzelnen Banker leicht, sich zum Arschloch zu entwickeln. Und das erklärt vielleicht, weshalb wir es in letzter Zeit mit solch einer Fülle von Arschloch-Bankern zu tun haben.

81 Suskind, *Confidence Men*, a.a.O., S. 54.

4

Geschlecht, Natur und die Schuldfrage

Nachdem wir nun eine Reihe von Arschlöchern untersucht haben, fällt eines ins Auge: Arschlöcher sind meist Männer. Doch wie kommt das? Wie lässt sich erklären, dass der Typus Arschloch in der einen Hälfte der Menschheit so überdurchschnittlich häufig vertreten ist?

Könnte es damit zusammenhängen, dass Männer anders sozialisiert sind als Frauen? Ist das Arschloch also ein Produkt unserer *Kultur*? Oder liegt es am Mann selbst – sozusagen an der männlichen Natur –, dass neugeborene Jungen mit deutlich höherer Wahrscheinlichkeit Arschlöcher werden als neugeborene Mädchen?

Meiner Ansicht nach sind die Ursachen tatsächlich eher in der Kultur der Geschlechter zu suchen als in der männlichen Natur. Männlichkeit an sich, als rein biologische Kategorie, ist jedenfalls nicht kausal verantwortlich, und sollte die männliche Natur hier überhaupt hereinspielen, wird ihr Einfluss von der tief verwurzelten, nahezu universalen Geschlechterkultur überdeckt. Mit der Frage nach den Ursachen aber ist die Frage nach der Moral noch nicht geklärt. Sie wirft vielmehr eine tiefgründige philosophische Frage auf, bei der es um grundsätzliche Verantwortung geht: Wer ist wofür moralisch verantwortlich? Wenn unsere Kultur männliche Neugeborene quasi systematisch zu Arschlöchern macht, wie kann man dann den Erwachsenen für sein Arschlochtum verantwortlich machen? In diesem Fall scheint die Verantwortung voll und ganz bei der *Gesellschaft* zu liegen. Denn sie erlaubt der Geschlechterkultur diese maßgebliche Lenkung. Die Verwerflichkeit des Arschlochs spiegelt also nicht den verworfenen Charakter der fraglichen Person wider, sondern die Verwerflichkeit einer Gesellschaft, die in rauen Mengen Arschlöcher hervorbringt. Üblicherweise zeigen wir mit dem Finger auf das individuelle Arschloch und geben *ihm* die Schuld. Aber ist das eigentlich fair? Ist das einzelne Arschloch nicht vielmehr ein unglückseliges Geschöpf, das in das Räderwerk einer gigantischen kulturellen Arschlochproduktionsmaschinerie geraten ist?

Vielleicht wäre da sogar ein Quäntchen Mitgefühl für das Arschloch angebracht – allerdings sollten wir es damit nicht übertreiben. Schließlich besitzt auch das Arschloch einen freien Willen. Er benimmt sich ohne Not wie ein Arschloch, aus freien Stücken. Dies ist die Grundlage seines Handelns, deshalb muss darauf unser Umgang mit ihm abzielen, unsere Kritik, unser Tadel – zumindest gehen wir hier davon aus.

Für den Philosophen ist die Frage damit allerdings noch nicht vom Tisch. Der philosophische Skeptiker wird unsere These sogar strikt ablehnen: Von seinem Standpunkt aus kann niemand, nicht einmal ein totales Arschloch, zu Recht verurteilt oder kritisiert werden. Für ihn ist moralische Verantwortung nichts weiter als eine nützliche Fiktion. Wie immer in der

Philosophie ist es nicht einfach, den Standpunkt eines eingefleischten Skeptikers zu widerlegen. Und doch hat der Skeptiker eine wichtige Funktion: Er zwingt die Nicht-Skeptiker dazu, präzise darzulegen, was sie meinen mit ihrer Aussage, dass es so etwas wie »Willensfreiheit« gibt. Warum meint man, das Arschloch für sein Verhalten verantwortlich machen zu können, während der Verrückte oder Drogensüchtige für nicht schuldfähig angesehen wird? Worin genau liegt der Unterschied?

Eine traditionelle Sichtweise geht davon aus, dass das Arschloch Willensfreiheit besitzt und verantwortlich gemacht werden kann, weil es *Kontrolle* über sein Tun und seinen Charakter hat, selbst wenn sie stark vom kulturellen Umfeld geprägt und beeinflusst sind. Doch wie wir sehen werden, macht das Postulat dieser gegenkulturellen Kontrolle die Schuldfrage für das Arschloch unnötig kompliziert. Es gibt eine bessere und bescheidenere Interpretation dessen, worin seine Willensfreiheit besteht, die auch eine bessere Grundlage für die Frage seiner moralischen Verantwortung abgibt. Diese These kann man grob wie folgt formulieren: Das Arschloch kann verantwortlich gemacht werden, weil sich in seinem Handeln eine bestimmte Sicht der Dinge ausdrückt, weil er wie ein Arschloch denkt und entsprechend selbstbezogen handelt. Dies trifft in jedem Fall zu, ob das Arschloch nun »frei« ist oder nicht beziehungsweise ob er weitergehende Kontrolle über sein Schicksal in der kulturellen Arschlochproduktionsmaschinerie hat. Er kann ein Produkt dieser Maschinerie und trotzdem für sein Tun verantwortlich sein.

Arschlöcher und Junggesellen

Bevor wir uns weiter in diese Thematik vertiefen, sollten wir prüfen, ob unsere scheinbar so tiefgründigen philosophischen Fragestellungen nicht auf einer großen, wenn auch simplen Fehlannahme beruhen. Denn es ist nicht richtig, dass Arschlöcher *hauptsächlich* Männer sind. Vielmehr sind Arschlöcher *ausschließlich* Männer und zwar aus einem ganz einfachen, gar nicht geheimnisvollen und rein linguistischen Grund: Der Begriff »Arschloch« bezieht sich in der sprachlichen Verwendung zunächst einmal auf Männer, ebenso wie der Begriff »Junggeselle« nur Männer bezeichnet.

Die sprachliche Konvention lässt uns den Begriff »Arschloch« also in geschlechtsdeterminierter Weise verwenden, so ähnlich wie »Schuft«. Wir hätten unser Sprachverhalten ja auch anders regeln können. Und tatsächlich haben wir auch eine eigene Bezeichnung für denselben Typus Frau ersonnen: das »Miststück«. Wenn dem so ist, ist es keine große Sache, dass Arschlöcher immer Männer sind – wir benutzen für Frauen einfach nur ein anderes Wort. Das Ganze wäre also erst mal nur eine Frage sprachlicher Gepflogenheiten.

Das hört sich zwar folgerichtig an, ist aber letztlich trotzdem falsch. Nehmen wir einmal an, wir würden die Aussage untersuchen, dass die Kolumnistin Ann Coulter ein Arschloch ist. Ich habe dabei nicht das Gefühl, ich dürfte diesen Ausdruck nicht verwenden, nur weil Ann Coulter kein Mann ist. Meine Frage ist eher, ob sie *ihrem Wesen nach* in die Kategorie »Arschloch« gehören kann. Diese Frage kann ich aber nicht lösen, indem ich darüber nachdenke, wie bestimmte Wörter normalerweise gebraucht werden. Wäre meine nächste Frage, ob Coulter ein »Junggeselle« ist, so sähen wir unmittelbar, was falsch ist an dieser Frage. Ein Junggeselle ist per Definition ein nicht verheirateter Mann, ähnlich wie es sich bei der »Jungfer« stets um eine unverheiratete Frau handelt. Die Frage, ob Coulter Junggeselle ist, kann also gelöst werden, indem wir den Anwendungsbereich des Wortes einer eingehenderen Betrachtung unterziehen. Ein »weiblicher Junggeselle« wäre demnach ein Widerspruch in sich. Die Fügung »weibliches Arschloch« hingegen eröffnet ganz neue Perspektiven (und verweist in Fällen wie dem von Coulters vielleicht sogar auf Tatsachen).

Komplizierter wird es, wenn wir uns mit potenziellen Kandidatinnen wie der Fernsehmoderatorin Eva Herman oder der Lehrerin Ursula Sarrazin beschäftigen und ihre Ansichten über Familie und Kinder unter die Lupe nehmen. Dabei gibt es auf diesem Sektor ein noch hervorstechenderes Beispiel, nämlich »Tiger Mom« Amy Chua. Allein ihre etwas rauen Erziehungsmethoden reichen nicht unbedingt aus, um sie für unsere Kategorie zu qualifizieren. Zugegeben, sie hat ihre Tochter Lulu »Müll« genannt, um sie zu motivieren und hat eine Geburtstagskarte von ihr zurückgewiesen, weil »ich etwas Besseres verdiene«. Sie hat in ihrem eigenen Haus den Kriegszustand ausgerufen, weil sie Lulu zwingen wollte, ein schwieriges Klavierstück zu lernen und ihr eigener Mann ihr vorwarf, sie beleidige ihre Tochter, wenn sie sie »faul, feige, selbstgefällig und armselig« nenne.[82] Doch man kann als Vater oder Mutter

82 »Why Chinese Mothers are Superior«, in: *Wall Street Journal* vom 8. Januar 2001, auf: http://online.wsj.com/article/SB10001424052748704111504576

in puncto Strenge schon mal über die Stränge schlagen, ohne gleich zu den Arschlöchern zu gehören. Wichtig ist, dass man bereit ist, die eigenen Erziehungsgrundsätze hin und wieder auf den Prüfstand zu stellen. Dazu gehören natürlich auch die eigenen Annahmen dahingehend, was »für das Kind das Beste« ist. Was Chua von solchen Eltern unterscheidet, ist die Tatsache, dass sie auf ihre Rolle der strengen Mutter leidenschaftliche Loblieder gesungen hat; dass sie ihrer selbst so sicher war, dass sie für sich eine eindeutige Überlegenheit reklamierte. Und all das aufgrund der fragwürdigen Annahme, dass Leistung im Leben eines Kindes das Wichtigste sei. Bei ihren Lesern regte sich unweigerlich der Verdacht, ob ihr der eigene Glorienschein beim Erfolg ihrer Töchter nicht mindestens ebenso wichtig sei wie Gesundheit und Glück der Mädchen. Andererseits setzt sie sich wirklich für ihre Töchter ein, tut laut und deutlich ihre Meinung kund und ist auch offen für eine Änderung ihrer Einstellung.[83] Tatsächlich scheint sie in den letzten Jahren etwas milder geworden zu sein – was bedeuten würde, dass sie nicht wie das echte Arschloch dieses tief verwurzelte, unumstößliche Gefühl der eigenen Überlegenheit

---

059713528698754.html und: Amy Chua, *Die Mutter des Erfolgs*, München 2011.

83 Und auf jeden Fall wehrt sie sich ganz zu Recht gegen einen westlichen Erziehungsstil, der in jüngerer Zeit keinerlei Grenzen mehr zu setzen wagt, sodass die Kinder entweder selbstzerstörerisches und narzisstisches Verhalten entwickeln oder verzweifelt nach echten Erfahrungen suchen (leider meist beim Komasaufen und Ähnlichem).

besitzt. (Bei Ann Coulter hingegen lässt sich so eine Veränderung nicht mal im Ansatz erkennen.) Chua scheint demnach letztendlich kein Arschloch zu sein, was aber wie gesagt nichts mit ihrem Geschlecht zu tun hat.

Wenn also grundsätzlich auch Frauen Arschlöcher sein können, dann ist die Tatsache, warum real existierende Arschlöcher trotzdem meist männlichen Geschlechts sind, erklärungsbedürftig. Möglicherweise hätte alles ja auch anders sein können. In einer gerechteren Welt wären Arschlöcher vielleicht gleichmäßig über die männliche wie die weibliche Bevölkerung verteilt gewesen. Dann hätten männliche und weibliche Neugeborene in etwa die gleichen Chancen gehabt, Arschlöcher zu werden. Doch da die Dinge nun einmal sind, wie sie sind, müssen wir uns fragen, weshalb es bei Menschen männlichen Geschlechts so viel mehr Arschlöcher gibt als bei weiblichen. Das ist doch ein ganz erstaunliches Phänomen, für das es ganz sicher eine Erklärung gibt. Nur welche?

Das Miststück

Ein Faktum drängt sich als Antwort geradezu auf: die Unumgehbarkeit von Geschlechterrollen. Um das Vorhandensein derselben auf ihren Erklärungswert hin zu untersuchen, müssen wir nur eine Definition des »Miststücks« formulieren, die der des männlich dominierten Arschlochs entspricht. Eine Person, so könnte man sagen, ist ein »Miststück«, wenn – und nur wenn – sie sich in zwischenmenschlichen Beziehungen systematisch Freiheiten herausnimmt, weil sie ein tief verwurzeltes Anspruchsdenken hat und aus diesem heraus *sich für ausdrückliche Kritik anderer zwar offen zeigt, ihr Verhalten jedoch in keiner Weise ändert.*

Der einzige Unterschied zum Arschloch besteht in dem Zusatz, dass das Miststück »sich für ausdrückliche Kritik anderer zwar offen zeigt, ihr Verhalten jedoch in keiner Weise ändert«. Anders gesagt: Das Miststück hört zu und *tut wenigstens so*, als würde sie die Einwände anderer anerkennen. Allerdings bewirkt das, was man ihr sagt, keinen Umschwung in ihrem Handeln. Sobald Ihr Gespräch vorüber und Sie außer Sichtweite sind, geht alles so weiter, als hätte es diese Unterredung nie gegeben. »Anerkennung« gibt sie nur in einem Sinne: Sie tut so, als ob es ihr wichtig wäre, Ihnen zuzuhören und Ihre Sorgen ernst zu nehmen. Doch das ist leider nur Show. In ihrem Denken und Handeln ist sie letztlich ebenso unempfänglich für alles, was Sie sagen, wie das Arschloch. Das Gefühl für das, was sie als ihr Recht ansieht, ist zwar fest verwurzelt, doch nicht so fest, dass sie Ihre Einwände nicht anhören würde. Wo das Arschloch Ihnen gleich jede Form der Akzeptanz versagt, tut es das Miststück hinter Ihrem Rücken.

Das ist ein Vorteil beim Arschloch: Es macht sich nicht die Mühe, sein unmögliches Verhalten zu verbergen. So kann man ihm wenigstens leichter aus dem Weg gehen. Das Miststück hingegen verunsichert, weil ihre verborgenen Motive nicht so leicht zu erkennen sind. Einige Miststücke sind nicht so gut darin, im Zwiegespräch Interesse zu heucheln, doch andere sind da wahre Meisterinnen. Da hat man dann das Gefühl, man habe sich mit der Dame richtig ausgesprochen und eine gemeinsame Linie gefunden, sodass die Bedürfnisse beider Seiten berücksichtigt werden könnten, bis man später erkennen muss, dass das Gespräch überhaupt gar nichts bewirkt hat. Manchmal erfährt man dies nur durch Zufall (allerdings immer erst nach der Unterredung), in anderen Fällen erst, nachdem man zahllose ähnliche Situationen durchlaufen hat, immer wieder an das Gute zu glauben versuchte und dann doch enttäuscht wurde.

Andererseits empören uns Arschlöcher nicht zuletzt deshalb so sehr, weil sie sich nicht einmal den *Anschein* von Respekt geben. Ein Anschein vom Respekt ist immerhin noch eine *Form* des Respekts, selbst wenn sie noch so unbefriedigend sein mag. Einem Zaunpfahl gegenüber üben wir uns nicht in Respektsbekundungen, weil er zu den Dingen zählt, denen gegenüber Respektsbekundungen nicht erforderlich sind. Im zwischenmenschlichen Umgang allerdings, wenn wir gute Beziehungen aufbauen wollen, ist Respekt sehr wichtig; sei es auf diplomatischem Parkett, am Arbeitsplatz oder in persönlichen Beziehungen zu Freunden, Angehörigen und Partnern.

Das Miststück weiß das. In diesem Sinne behandelt sie Menschen als moralisch gleichgestellt, wenn auch nur dem Anschein nach. Das Arschloch ist so unerträglich, weil er, was immer auch seine persönlichen Motive sein mögen, *nicht mal höflich sein kann*. Verhält er sich doch einmal höflich oder sogar charmant, können wir sicher sein, dass der Grund dafür kein wirklich empfundener Respekt ist. Dann steckt etwas anderes dahinter.

Fall dies zutrifft, haben wir jetzt eine Erklärung dafür gefunden, warum Arschlöcher hauptsächlich Männer sind. Und zwar ohne auf irgendwelche vermeintlich biologisch verursachte Charakteristika des männlichen Geschlechts zurückgreifen zu müssen. Unsere These gründet allein auf dem enormen Einfluss der geschlechterspezifischen Sozialisierung. In den meisten Kulturen werden Männer und Frauen sehr unterschiedlich erzogen. Diese Differenz in Erziehung und sozialen Rollenerwartungen ist für uns ausschlaggebend. Im Allgemeinen bringt man Männern Durchsetzungsfähigkeit bei und ermuntert sie, kein Blatt vor den Mund zu nehmen, während Frauen zu Zurückhaltung und Nachgiebigkeit angehalten werden und im Falle von Regelverstößen mit Sanktionen zu rechnen haben. Möglicherweise ist das Anspruchsdenken bei der Geburt also in beiden Geschlechtern gleichermaßen angelegt, und nur die Erziehung sorgt dafür, dass es sich zu ganz unterschiedlichen Charakterzügen und Verhaltensweisen entwickelt. Derartig veranlagte Frauen haben vielleicht Schwierigkeiten damit, andere ganz offen auszugrenzen, da solch ein Verhalten gesellschaftlich gewöhnlich geahndet wird. Männern hingegen fällt das vermutlich sehr viel leichter. In ihrem Fall schaut man eher weg. (»Jungs sind eben Jungs«, heißt es dann normalerweise.) Man erwartet von Männern und Jungs Durchsetzungsvermögen und ist daher auch nicht weiter überrascht, wenn ein paar »harte Jungs« übers Ziel hinausschießen. Durchsetzungsfähige Frauen und Mädchen dagegen werden als völlig unmöglich angesehen.

Ab und an halten wir jemand für ein »geborenes Arschloch«. Damit meinen wir, dass er mit dieser Eigenschaft schon zur Welt gekommen ist. Theoretisch kann es natürlich sein, dass jemand mit Merkmalen zur Welt kommt, die ihn für ein

Dasein als Arschloch geradezu prädestinieren (ein hoher Testosteronspiegel zum Beispiel, eine gewisse Aggressionsneigung oder mangelnde soziale Sensibilität). Möglicherweise kanalisiert die Geschlechterkultur diese natürlichen Neigungen nur (die ihrerseits auf die Evolution zurückgehen, die sich im Zusammenspiel mit der Geschlechterkultur entwickelt und so ein klassisches »Henne-Ei-Problem« schafft, nämlich die Frage: Was war zuerst da, Natur oder Kultur?) Doch es ist kaum zu glauben, dass die Erziehung *keine* Rolle bei der Frage spielen sollte, welche und wie viele Menschen zu den Arschlöchern heranwachsen, die sie am Ende sind. Ganz im Gegenteil würde man doch annehmen, dass die Erziehung bei der Entwicklung zum Arschloch eine *entscheidende* Rolle spielt. Hätte unsere Kultur etwas gegen Arschlöcher, würde sie die angeborenen Neigungen in diese Richtung doch unterdrücken, selbst wenn sie vermutlich nicht dazu imstande wäre, jedes männliche Kind zu einem netten Menschen heranzuziehen. Könnte eine gute Gesellschaft einen solch dämpfenden Einfluss entwickeln, dann dürften wir mit Fug und Recht annehmen, dass Erziehung und nicht Natur die Ursache dafür ist, warum eine Gesellschaft ihren Arschlöchern freien Lauf lässt.

Die Theorie der Geschlechterbeziehungen würde zu dieser Vorgabe passen. Geschlechterkonzepte wie »männlich« oder »weiblich« sind gesellschaftlich konstruiert und nicht »von Natur aus« vorhanden.[84] Unsere verschiedenen Identitäten –

---

84 Simone de Beauvoir weist darauf hin, »wie außerordentlich groß die Bedeutung gesellschaftlicher Diskriminierungen ist, die von außen unerheblich erscheinen, deren moralische und intellektuelle Auswirkungen auf die Frau

ob »Mann«, »Frau« oder »keines von beiden« – entstehen als Überschneidung, »Intersektionalität«, zwischen politischer Macht, Klassen, Rassen und Geschichte.[85] Während die meisten dieser Kategorien sich abhängig von der jeweiligen Kultur unterscheiden, wurden die Geschlechterkategorien fast überall entwickelt, um das Patriarchat durchzusetzen.[86]

Im Kontext unserer Untersuchung bringen diese feministischen Forschungsergebnisse dem männlichen Geschlecht Entlastung. Denn es ist nicht die Tatsache, dass Männer nun mal Männer sind, die für das häufige Vorkommen des männlichen Arschlochs verantwortlich zeichnet. Das bedeutet, dass Männer als solche keine Arschlöcher sind und die Nicht-Arschlöcher unter den Männern nur irgendwie ihr angeborenes männliches Arschlochtum überwunden haben. Es heißt eher, dass der Einfluss der Geschlechterkultur sehr tief reicht. Eine tief verankerte Geschlechterkultur, nicht die Männlichkeit an sich, ist also der Grund für die Tatsache, dass Arschlöcher hauptsächlich Männer sind.[87]

---

aber so tief gehen, dass es den Anschein haben kann, sie entsprängen einer Urnatur.« In: *Das andere Geschlecht*, Reinbek (12) 2012, S. 23.

85 Zu den verschiedenen kulturellen Einflüssen siehe: Elisabeth Spelman, *Inessential Woman*, Boston 1988, sowie Patricia Hill Collins, *Black Feminist Thought: Knowledge, Consciousness, and the Politics of Empowerment*, New York 2000.

86 Eine Darstellung dieser Vorgänge auf marxistischer Grundlage findet sich in: Maria Mies, *Patriarchy and Accumulation on a World Scale: Women in the International Division of Labor*, London 1998.

87 Judith Butler geht in *Das Unbehagen der Geschlechter* (Frankfurt a. M. 2003) davon aus, dass sogar die biologischen Geschlechterkategorien soziale Produkte sind. Als Teil eines sozial konstruierten Geschlechts ist die »Männlichkeit« als Ursache des Arschlochtums nicht mehr außen vor, sie ist

Die kulturelle Produktion von Arschlöchern

Ohne damit die tiefschürfende Frage, was die eigentlichen Gründe sind, warum jemand zum Arschloch wird, schon beantwortet zu haben, wollen wir für den Augenblick einmal annehmen, dass eine solche Mutation durch kulturelle Faktoren bewirkt werden kann. Da nun aber keine Kultur wie die andere ist, wäre zu erwarten, dass abhängig von Zeit und Raum verschiedene Typen von Arschlöchern hervorgebracht werden (auch wenn zu berücksichtigen ist, dass nahezu überall das Patriarchat herrscht). Dies wiederum wirft eine neue Frage auf: Bringen bestimmte Gesellschaften, bezogen auf den Durchschnitt der Bevölkerung, mehr Arschlöcher hervor als andere? Gibt es zum Beispiel in den USA mehr Arschlöcher pro Kopf als in Japan und in Italien mehr als in Finnland? Oder weist jede Gesellschaft in etwa den gleichen Prozentsatz an Arschlöchern auf, auch wenn sich deren Arschlochtum – je nach herrschenden gesellschaftlichen Normen – unterschiedlich ausdrückt? Nehmen wir an, das Verhältnis von Arschlöchern zu Nicht-Arschlöchern ist in jeder Kultur ein anderes. Dann bleibt immer noch die Frage, ob es sich vielleicht über einen bestimmten Zeitraum verändert. Gibt es heute in den USA mehr Arschlöcher als früher im Vergleich zu etwaigen Kontrollgruppen in Kanada? Hat sich in Brasilien der Prozentsatz im Laufe der Zeit verändert, verglichen mit einer Kontrollgruppe in Argentinien oder Peru?

---

nur keine distinktive kausale Variable. Diese Sicht der Dinge entlässt die Männlichkeit nicht aus der Verantwortung, sondern sie spricht ihr die »natürliche« Existenz ab.

Die Antwort auf all diese Fragen lautet: Es sieht ganz danach aus. Zumindest wenn man die zufälligen Beobachtungen des Reisenden und Anthropologen zugrunde legt. Nicht nur scheinen einzelne Kulturen wie zum Beispiel die US-amerikanische, die italienische oder brasilianische mehr Arschlöcher hervorzubringen als andere, jede einzelne von ihnen scheint auch noch wesentlich mehr davon zu produzieren als früher. Vielleicht gibt es in Ländern wie Südafrika nach den Jahren der Apartheid weniger Arschlöcher als früher. Doch wenn man den globalen Trend berücksichtigt, scheint die Arschlochproduktion allgemein auf dem Vormarsch zu sein.

Natürlich könnte man hier einwenden, dass die Arschlochproduktion selbst unverändert geblieben ist, dass das einzelne Arschloch heute nur mehr Gelegenheit hat, *bemerkt* zu werden – Personen des öffentlichen Interesses befinden sich ständig im Fokus der Medien: Arschlöcher im Fernsehen, in den Printmedien und im Web bringen üppige Profite ein. Gleichzeitig schafft natürlich die Möglichkeit der Publizität einen gewaltigen Anreiz für das Arschloch, sich selbst öffentlich zu erkennen zu geben und so ein größeres Publikum zu erreichen. Dies allein schon könnte Grund genug sein, dass die Arschlochproduktion steigt.

Zur Lösung dieser Probleme müssen wir zunächst einmal die Frage der kulturellen Differenz klären. Denken wir doch nur an die kulturellen Unterschiede in der Bewertung dessen, was als unverschämtes Verhaltens gilt, zum Beispiel zwischen östlicher und westlicher Welt. Schon dies macht es schwierig festzustellen, wer ein Arschloch ist und wer nicht. In vielen asiatischen Kulturen wird lautes Sprechen als egozentrischer

Versuch, die Aufmerksamkeit auf sich zu ziehen, empfunden. Ein südkoreanisches Arschloch müsste daher, wenn er in die USA kommt, wo Selbstausdruck höher geschätzt wird als Bescheidenheit, schon doppelt so laut sein wie zuhause, um sich von den anderen abzuheben. Ein amerikanischer Student hingegen, der an eine südkoreanische Universität kommt, könnte leicht für ein Arschloch gehalten werden, wenn er nicht schnell merkt, dass es dort als unhöflich gilt, einen Professor während der Vorlesung zu unterbrechen. Diese Störfaktoren können sich auch auf ganze Kulturen beziehen. In einem südostasiatischen Entwicklungsland wie Indonesien zum Beispiel ist es für einen Amerikaner oder Briten schwer, nicht alle als Arschlöcher anzusehen, da es dort am Flughafenschalter oder im Flugzeug keine geordneten Schlangen gibt, sondern nur ein heilloses Gedränge. Man braucht eine Weile, bis man feststellt, dass es auch dort Regeln gibt: Jeder drängelt so viel wie möglich, behält aber die eigene Position bei, drängt also einen anderen nicht einfach zur Seite. (Indonesier teilen auch die amerikanische oder britische Allergie gegen körperliche Berührung nicht.) Und es gibt bestimmt kein Anzeichen dafür, dass es in der freundlichen indonesischen Bevölkerung mehr Arschlöcher gibt als üblich. Wenn überhaupt, dann ist Indonesien in dieser Hinsicht dünner besiedelt als andere Länder.

Angesichts solcher kulturellen Unterschiede scheint es auf den ersten Blick fraglich, ob man statistisch relevante Daten zur Arschlochdichte in der Bevölkerung im Länder- oder Epochenvergleich gewinnen kann. Ohnehin ist dies eher eine Frage, mit der sich Anthropologen und Soziologen auseinandersetzen müssen. Um zum einen die Steady-State-Theorie der

Arschlochpopulation zu widerlegen und zum anderen nachzuweisen, dass es Unterschiede in der Arschlochproduktion gibt, können wir als Beleg nur ein paar Fallstudien anführen, gefolgt von ein paar theoretischen Spekulationen.

Zunächst die Fallstudien, die gleichwohl internationale Züge tragen. Unter brasilianischen Surfern ist, da ist sich die Surfergemeinde einig, die Arschlochdichte viel höher als unter den Surfern anderer Länder. Zur Subkultur brasilianischer Surfer, die gemeinhin in Gruppen reisen (meist zwischen fünf oder zehn Personen, nicht zwischen zwei und drei wie üblich) gehört es, sich wie ein Arschloch zu verhalten. Das liegt sicherlich am aggressiven Männlichkeitsbild, das in der brasilianischen Kultur vorherrscht, doch hat es wohl auch eine andere, direktere Erklärung, die in der jüngeren Vergangenheit liegt. Als die ersten Brasilianer am berühmten Nordstrand von Oahu auftauchten, hielten sie sich zwar noch ziemlich bedeckt, brachten aber trotzdem die hawaiianischen Surfer gegen sich auf. Die hawaiianischen Surfer hatten schon Schwierigkeiten mit den plötzlich überall auftauchenden weißen Surfern aus Kalifornien, Australien und Südafrika. Besonders die lauten Australier stießen ihnen auf, die jeden Surfwettbewerb gewannen und dann auch noch laut damit prahlten. Die weißen Surfer schienen eine neue Kolonialzeit einzuläuten, indem sie sich des Letzten bemächtigten, was den Südseeinsulanern geblieben war – immerhin hatten sie in den letzten Jahren die meisten internationalen Surfwettbewerbe für sich entschieden. Die ebenfalls dunkelhäutigen brasilianischen Surfer passten nicht so recht ins Feindbild des weißen California-Surfers, sie waren den Einheimischen ähnlicher, als es diesen angenehm war.[88] Doch nach allerlei schweren Schlägereien und vielen beschädigten Surfbrettern lernten die Brasilianer zweierlei: sich durchzusetzen und in großen Gruppen zu reisen. Das funktionierte gut. So gut, dass sie nun die aggressive Haltung, die sich damals herausbildete, an die Strände der Welt mitnahmen. Sie stören jedes freundliche Miteinander beim Warten auf die Welle, ob man sich nun auf Tahiti befindet oder auf Indonesien. Beim Line-up kommen sie alle zugleich an, sodass das Warten auf die Welle zum Wettkampf wird. Sie akzeptieren keine Positionsregeln. Beschwert man sich, laden sie einen ein, die Sache doch »am Strand zu regeln« und sind tatsächlich in zahlreiche Faustkämpfe verwickelt.

Dies ist ein schönes Beispiel dafür, wie eine bestimmte Kultur Arschlöcher erschaffen kann, die es ohne sie nicht gäbe. Nun können wir versuchen, unsere Beobachtungen theoretisch auszuwerten und eine These darüber aufstellen, wie dies auf gesellschaftlicher Ebene funktioniert. Möglicherweise erzeugt eine »kollektivistische« Kultur nicht im selben Maße das für das Arschlochsein nötige Gefühl »des guten Rechts« wie eine »individualistische«. Sehen wir uns mal an, wie eine individualistische Kultur funktioniert. Ob dies nun offen ausgesprochen wird oder nur »in der Luft liegt«, in manchen dieser Kulturen ist das Recht auf Sonderbehandlung mehr oder weniger stark verankert. Das spornt ein potenzielles Arschloch natürlich an, sich noch arschlochhafter zu ver-

88 Die ganze Geschichte ist sehr gut dokumentiert in »Busting Down the Door«, auf: http://www.imdb.com/title/tt1129921.

halten. Der Arschloch-Kandidat fühlt sich dazu ermutigt, weil einige scheinbar kluge und geachtete Menschen dies offensichtlich für richtig halten. Das stärkt sein Selbstbewusstsein in jungen Jahren, und macht es ihm recht einfach: Von nun an muss er nur noch feststellen, wie viele Narren es gibt, die einfach nicht begreifen, was jeder halbwegs intelligente und begabte Typ sofort sieht. Würde dasselbe Kind in einer Kultur erzogen, in der Respekt und Kooperation als höchste Werte gelten, hätte sich sein Anspruchsdenken niemals herausgebildet oder wäre entsprechend unterdrückt worden. Dann wäre er nie das Arschloch geworden, das er jetzt ist.

Da die USA einen überdurchschnittlich hohen Prozentsatz an Arschlöchern vorzuweisen haben, wäre es zum Beispiel interessant zu wissen, wie viele beeindruckbare junge Amerikaner Ayn Rands objektivistische Romane gelesen haben, und diese Zahl mit der der Ayn-Rand-Leser in Japan zu vergleichen, wo es nur wenige Arschlöcher gibt. Wir könnten auch die Auswirkungen einer Erziehung, die auf die Entwicklung eines gesunden Selbstbewusstseins abzielt, vergleichen mit den Auswirkungen des Social Networking im Internet, das den Narzissmus immer mehr zur soziokulturellen Epidemie aufsteigen lässt. Möglicherweise erklärt dies den rapiden Abfall von Empathie bei Collegestudenten (vor allem nach dem Jahr 2000, wo das Social Networking sich plötzlich rasend schnell verbreitete).[89] Ohne starken kollektivistischen Gegen-

89 Siehe dazu die Studie der University of Michigan auf: http://www.newswise.com/articles/view/565005/?sc=lwtr,xy=5017391.

druck wäre es erstaunlich, wenn die Arschlochpopulation nicht zunähme.

Trägt das Arschloch die Verantwortung für seine Existenz?

Man wird also nicht als Arschloch geboren, man wird zum Arschloch gemacht. Arschlöcher sind das Produkt der Geschlechterkultur einer Gesellschaft. Ein Baby, das in den USA, in Italien oder Israel zur Welt kommt, entwickelt sich mit höherer Wahrscheinlichkeit zum Arschloch als ein Kind in Japan, Norwegen oder Kanada. Das bringt uns zurück zu der beunruhigenden Möglichkeit, dass Arschlöcher möglicherweise gar keine Schuld tragen an ihrer Verfasstheit, sondern dass die Verantwortung für ihr Handeln bei der Kultur liegt, die das Arschloch hervorgebracht hat. Unsere ganze Diskussion gründet sich schließlich auf die Annahme, dass uns das Arschloch nicht nur ärgert, sondern dass die Art, wie das Arschloch uns behandelt, uns zu Recht *empört* und *entrüstet*. Nun müssen wir uns fragen, ob diese Annahme nicht falsch ist. Das Arschloch sorgt zwar für einigen Unfrieden, doch könnte es am Ende sogar sein, dass es seine Hände, moralisch betrachtet, in Unschuld wäscht: Er ist zwar ein unangenehmer Typ, letztlich aber dafür nicht verantwortlich zu machen.

Warum aber müssen wir uns mit diesem Problem überhaupt ernsthaft auseinandersetzen? Weil es hier einen Einwand aus der Ecke der Skeptiker gibt, den wir nicht unterschlagen dürfen. Danach sind Reaktionen wie Empörung oder

Entrüstung und alle anderen Formen der Schuldzuweisung nur dann gerechtfertigt, wenn das Arschloch für sein Tun verantwortlich gemacht werden kann. Genauer gesagt: Das Arschloch ist nur dann und nur in dem Ausmaß verantwortlich für das, was es tut, wenn beziehungsweise soweit es sein Handeln *vollständig unter Kontrolle* hat. Im Allgemeinen aber hat das Arschloch keine Kontrolle über sein Handeln. Was er tut, spiegelt wider, was er ist. Was er ist, ist wiederum geprägt durch die Kultur, in die er hineingeboren und in der er aufgewachsen ist. Darüber aber hat das Arschloch keine oder nur begrenzte Kontrolle. Folglich ist das Arschloch nicht verantwortlich für sein Tun und daher auch nicht der richtige Adressat für unsere Empörung, unsere Wut oder andere Formen der Missbilligung.

Intuitiv erfassbar wird diese Vorstellung vielleicht, wenn wir den Faktor Glück in unsere Argumentation mit einbeziehen. Schließlich gibt es genügend Leute, die trotz allem keine Arschlöcher geworden sind. Da hatten sie hauptsächlich Glück. Denn die Ursache dafür sind zahllose Umstände, auf die sie keinen Einfluss gehabt haben (zum Beispiel, in die richtige Familie hineingeboren zu sein). Wer hingegen ein Arschloch wird, hat einfach nur Pech gehabt, und alles hätte auch ganz anders kommen können. Ein beliebiges amerikanisches Arschloch wäre vielleicht gar kein Arschloch geworden, wäre er nur einige Kilometer weiter nördlich in Kanada zur Welt gekommen. Es ist Pech – für ihn und für uns –, dass er ein Arschloch ist, doch er kann wohl kaum dafür verantwortlich gemacht werden, dass er auf der falschen Seite der Grenze zur Welt kam.

Das Problem wird noch schwieriger, wenn wir uns vergegenwärtigen, dass Arschlöcher sich nur selten, wenn überhaupt, grundlegend ändern. Das soll nicht heißen, dass sie sich nicht ändern *können* – schließlich sehen ein paar von ihnen, moralisch betrachtet, doch irgendwann das Licht am Ende des Tunnels. Aber es wäre vermutlich unvernünftig, wenn man von ihnen *erwarten* würde, dass sie sich ändern. Vielleicht sollten wir das Arschlochtum als kulturell bedingte geistige Behinderung sehen, die die Gesellschaft hinnehmen und mit der sie zurechtkommen muss. Wenn nämlich die Gesellschaft tatsächlich für die Misere des Arschlochs verantwortlich ist, wäre es doch *im höchsten Grade* unfair, dass sie so viele Menschen einem Schicksal überlässt, aus dem es beinahe kein Entkommen gibt. Dann aber wäre die angemessene Reaktion auf das Arschloch nicht Empörung und Entrüstung, sondern Mitgefühl – Mitgefühl für einen Menschen, der im Gefängnis seines egozentrischen Daseins festsitzt.

Natürlich ist das mit dem Mitgefühl eine gute Sache, doch sie im Hinblick auf das Arschloch zu fordern wäre dann doch ein bisschen viel verlangt. Schließlich zwingt ja niemand das Arschloch dazu, sich permanent in den Vordergrund zu drängen oder seine Machtstellung zu missbrauchen. Er tut dies alles aus freiem Willen, aus eigenem Antrieb. Können wir ihn dann nicht auch verantwortlich machen für sein Tun? Möglicherweise. Doch dann lautet die Frage, was genau wir unter »Willensfreiheit« verstehen? Wir können für uns nicht das Recht reklamieren, das Arschloch für sein Verhalten verantwortlich zu machen, wenn wir nicht klarmachen, welche Rolle der freie Wille dabei spielt.

Eine andere klassische Position nämlich wäre: Das Arschloch hat die volle Kontrolle über sein Handeln, daher kann es auch dafür verantwortlich gemacht werden, wie es diese ausübt. Sie sind schuld am Tod einer Person, die Sie mit Ihrem Wagen überfahren haben, wenn Sie hätten ausweichen können oder wenn Sie Ihre Bremsen hätten kontrollieren lassen. Sie sind nicht schuld, wenn Sie in einen Auffahrunfall verwickelt gewesen sind, für den Sie nichts können. In diesem Augenblick hatten Sie nämlich nicht die »volle Kontrolle« über Ihr Handeln, zumindest nicht in dem Sinne, dass dies eine moralische Verantwortung begründen könnte.

Diese Sicht der Dinge fühlt sich »normal« und »natürlich« an, aber auch hier bleiben Zweifel. Wir gehen immer noch von der Annahme aus, dass das Arschloch nur dann für sein Tun verantwortlich ist, wenn es die volle Kontrolle hat. Doch wann haben wir schon die *volle* Kontrolle über das, was wir tun? Die Antwort hängt davon ab, was wir unter »voll« verstehen. Wenn das Arschloch zu laut spricht, dann ist das typisch für ihn. Er handelt aus dem Gefühl des guten Rechts heraus, das seine Persönlichkeit ausmacht. Es wäre allerdings zu überlegen, ob das Arschloch nur dann die *volle* Kontrolle hat, wenn er *auch* die volle Kontrolle darüber hatte, welche Art Mensch er geworden ist. Doch welches Arschloch hat schon die *volle Kontrolle über seine Entwicklung zum Arschloch*? Können wir wirklich behaupten, jedes Arschloch, das wir für seine Verfasstheit verantwortlich machen wollen, hat sein charakterliches Schicksal frei gewählt, weil er die volle Kontrolle darüber hatte, welcher Mensch er am Ende sein würde? Das scheint nun doch etwas weit hergeholt, denn auch dabei spielt die Kultur natürlich eine entscheidende Rolle. Die kulturellen Strömungen, die ein Arschloch zu dem gemacht haben, was es ist, haben sein Schicksal vielleicht nicht in dem Sinne *bestimmt*, dass sie ihm die »volle Kontrolle« über das, was es werden würde, entzogen haben. Womöglich ist er einfach nur den Weg des geringsten Widerstands gegangen wie so viele von uns und vielleicht hatte er sogar einen gewissen Einfluss auf seine Entwicklung. Das aber heißt noch nicht, dass er über das Resultat die »volle Kontrolle« hatte. Zu bestimmen, welche Art Mensch wir werden, steht für gewöhnlich nicht in unserer Macht, zumindest nicht in dem Ausmaß, wie ich es etwa in der Hand habe, ob ich meinen Arm hebe oder nicht (wenn niemand ihn nach unten drückt).[90]

Um das Ganze zu verdeutlichen, können wir zum Beispiel folgende Frage stellen: Wann sollte denn diese freie Wahl, die eine volle Kontrolle bewirken würde, stattgefunden haben? Viele Arschlöcher sind Teenager, die nie erwachsen geworden sind. Doch von einem *Teenager* kann man wohl kaum annehmen, dass er an einem bestimmten Punkt seiner Entwicklung plötzlich heraustritt aus seinem egozentrischen Kabäuschen und sich dann freiwillig dafür entscheidet, ein Arschloch zu werden oder zu bleiben, statt sich zu einem kooperativen Menschen zu entwickeln. Wahrscheinlicher ist es doch, dass es ihm gar nicht in den Sinn gekommen ist, dass es auch an-

90 Der ganze Absatz ist grob gesagt eine Anwendung der skeptischen Position von Galen Strawson, die er in »The Impossibility of Moral Responsability« darlegt. Siehe: *Philosophical Studies* 75 (1994). Das, was wir hier als »volle Kontrolle« bezeichnen, spezifiziert er genauer als »bewusste Entscheidung«.

ders gehen könnte. Er hat sich für die Beibehaltung seines Lebensstils und nicht für persönliches Wachstum entschieden, weil die Dinge in dieser Form für ihn gar nicht schlecht zu laufen schienen. In den meisten Fällen hat er ja bekommen, was er wollte. Möglicherweise hat ihm die Kultur, in der er lebte, auch keine alternativen Signale geschickt, oder ihn sogar mit sanfter Hand auf den Pfad des Arschlochs gelenkt.

Doch vielleicht müssen wir ja gar keine frühere Lebensphase identifizieren können, in der es die »volle Kontrolle« noch gab. Es genügt, so könnte man meinen, dass wir jetzt die volle Kontrolle über uns selbst haben, weil wir über eine Kraft verfügen, die jeder vernünftig denkende Mensch besitzt: Man könnte sagen, dass ab einem bestimmten Alter alle Menschen dazu fähig sind, jenseits von Kultur oder Natur ihr Verhalten selbst zu bestimmen und dass genau darin unsere Willensfreiheit besteht. Wenn Natur und Kultur einen Einfluss ausüben, so beeinflussen sie nur das, was wir in FREIWILLIG durch und mit unserem FREIEN Willen wählen.

Die Großbuchstaben sind hier nötig, weil es bekanntermaßen schwierig ist, diese Kraft genauer zu bestimmen. Das allein ist keine Tragödie (man kann nun mal nicht *alles* erklären), gravierender ist, dass wir auf diese Weise nicht weiterkommen, wenn wir das Recht begründen wollen, das Arschloch für sein Tun verantwortlich zu machen. Wir können dogmatisch vorgehen und die Existenz der Willensfreiheit einfach annehmen. Wir hauen gleichsam mit der Faust auf den Tisch, doch dann steht unterm Strich letztlich auch nur unser Dogma. Wenn wir dafür eine plausible philosophische Begründung finden wollen – und sei es auch nur im Ansatz –, hat es der Skeptiker in diesem Fall leicht: Es ist fraglich, ob jemand eine Kraft besitzt, mit der er von außerhalb auf die Ordnungen von Natur und Kultur einwirken kann. Dann müssten wir wie Gott sein, der unbewegte Beweger.[91] Ist das wirklich nötig? Sollen wir wirklich davon ausgehen, dass das Arschloch ein unbewegter Beweger sein *muss*, nur damit wir ihn für eine beleidigende Bemerkung kritisieren können? Vielleicht erweist sich diese atemberaubende Sicht der menschlichen Natur einmal als richtig. Aber es ist ein bisschen viel verlangt, wenn wir darauf bestehen, dass sie wahr sein muss, nur damit wir zu Recht sauer sein dürfen, wenn das Arschloch mit seinem Luxusschlitten zwei Parkplätze belegt.

Grund genug also, uns ein paar weniger dramatische Voraussetzungen für unser Problem des Tadels zurechtzulegen. Das Arschloch muss auf jeden Fall einen freien Willen besitzen. Das heißt, dass er die Art von Mensch sein muss, dem man *zu Recht* die Verantwortung für seine Taten gibt. Sein Verhalten muss *ihm* zugeschrieben werden können, nicht der Welt um ihn herum oder irgendwelchen subpersonalen Kräften, seien dies nun irgendwelche Homunculi oder die Zustände seines Gehirns. Dazu genügt es nicht, dass der Mensch sich auf eine bestimmte Art und Weise *verhält*, auf spontane, »freie« Weise wie ein Tier oder auf unfreiwillige Weise wie etwa beim Kniescheibenreflex. Wenn sich mein Arm hebt, gilt das nur dann als mein *Tun* – im Gegensatz zum Gestoßenwer-

---

91 Diese Ansicht wird von Roderick Chisholm vertreten: »Human Freedom and the Self«, in: *Free Will*, hrsg. von Gary Watson, Oxford 2003.

den durch jemand anderen –, wenn es meine Absichten widerspiegelt. Meine Absicht, meinen Arm zu heben, hat normalerweise irgendeinen Grund, einen Grund, den ich meist nennen könnte, wenn ich gefragt werde, warum ich getan habe, was ich getan habe. (Zum Beispiel könnte ich sagen: Ich habe meinen Arm gehoben, um das Marmeladenglas vom Regal zu holen. Oder um bei einem Meeting mit Ja zu stimmen.) Um also ein Mensch zu sein, der zu solch intentionalem Verhalten fähig ist, müssen wir eines: Wir müssen für unser Verhalten verantwortlich sein und können daher potenziell kritisiert werden. Damit also das Arschloch für sein Handeln verantwortlich gemacht werden kann, muss er eines sein: die Art Mensch, *die tut, was sie tut, weil sie denkt, dass es dafür gute Gründe gibt.* Solange er das, was er tut, aus dem Gefühl heraus tut, dass es dafür gute Gründe gibt (oder nicht), und solange er diese Gründe als hinreichend für sein Tun erachtet, sind seine Taten *sein.* Hat er etwas Gutes getan, dann ist es richtig, wenn er dafür gelobt oder mit Dank bedacht wird. Sind seine Gründe nicht gut, ist es richtig, wenn man ihn tadelt.

Wollen wir diesen Gedankengang doch einmal weiter ausarbeiten. Wir haben in Kapitel I gesagt, dass das Arschloch ganz bestimmte Ansichten im Hinblick auf seine Gründe hat. Kooperative Menschen gehen für gewöhnlich davon aus, dass sie hinreichend Grund haben, sich an die Verhaltensregeln zu halten, die unter moralisch Gleichgestellten üblicherweise gelten. Die Tatsache, dass die damit verbundenen gesellschaftlichen Erwartungen ein bestimmtes Verhalten erfordern, gilt nicht nur als guter Grund zum Handeln, sondern auch als hinreichender Grund, andere Überlegungen zurückzuweisen, zum Beispiel, dass das erwartete Verhalten vielleicht unbequem ist. Das Arschloch teilt diese Ansicht, wenn es um *andere Menschen* und deren Beweggründe geht, für sich selbst aber macht er eine Ausnahme. Er besteht darauf, dass die normalerweise gültigen Regeln in seinem Fall nicht gelten. Hier eine kurze Zusammenfassung der typischen Gedankengänge eines Arschlochs:

> *Denken wie ein Arschloch*: Der Mann nimmt als gegeben an (vielleicht nur unbewusst), dass er berechtigt ist, sich in zwischenmenschlichen Beziehungen bestimmte Freiheiten herauszunehmen, weil dies »sein gutes Recht« ist. Dieses Gefühl sagt ihm, dass er keinen oder keinen hinreichenden Grund hat, sich an die Verhaltensregeln zu halten, die unter moralisch Gleichgestellten gewöhnlich gelten.

Während also ein kooperativer Mensch davon ausgeht, dass es gute und hinreichende Gründe gibt, sich hinten anzustellen, wenn sich irgendwo eine Schlange gebildet hat, sieht das Arschloch keinen Grund zu warten oder zumindest keinen Grund, der gut genug wäre, damit er diese Unbequemlichkeit auf sich nehmen würde. Daher ist sein Vordrängeln *ihm* zuzurechnen, weil es seine normativen Ansichten widerspiegelt: Würden wir ihn fragen, weshalb er dieses Verhalten für akzeptabel hält, würde er es rechtfertigen. In dem Ausmaß, wie er seine Gründe als hinreichend oder nicht einschätzt, in dem Ausmaß, wie seine normative Sicht falsch ist, kann er also für sein Handeln verantwortlich gemacht werden. Er kann eben deshalb zu Recht kritisiert werden, *weil er denkt wie ein Arschloch*, weil sein Handeln sich aus seinen (falschen) moralischen Anschauungen ergibt und weil er, was seine innere Haltung angeht, andere nicht als gleichgestellt betrachtet und nicht akzeptiert, was eine solche Behandlung erfordern würde.

Psychopathen und der blinde Fleck in Sachen Moral

Unsere These ist also, dass das Arschloch für sein Tun verantwortlich gemacht werden kann, weil er sozusagen einen Knick in der Optik hat, was seine Sicht der Dinge angeht. Hier könnte man einwenden, dass *falsche moralische Ansichten* ja noch nicht der entscheidende Punkt sein können. Möglicherweise ist es ja von Bedeutung, warum das Arschloch nicht sieht, was er nun mal nicht sieht. Nehmen wir also an, er hätte in puncto Moral einen blinden Fleck, sei wirklich und wahrhaftig unfähig, richtig einzuschätzen, weshalb er etwas tun sollte oder nicht. Würde er uns damit nicht vom moralischen Haken schlüpfen? Und würde dies im Umkehrschluss bedeuten, dass er, wenn er am Haken hängt, die Fähigkeit hat, herauszufinden, welche moralischen Gründe er hat? Dann könnten wir das Arschloch verantwortlich machen, eben weil es diese moralische Fähigkeit hat, die mehr ist, als nur in moralischer Hinsicht Arschloch-Ansichten zu haben. Keine Fähigkeit, keine Verantwortung. »Ein Sollen«, so heißt es doch so schön, »ist stets auch ein Können.«

Der Philosoph Gary Watson führt ganz ähnliche Gründe an, wenn es um die Frage der Verantwortlichkeit von Psychopathen geht.[92] Watson hat die psychologischen Untersuchungen zum Thema studiert und ordnet Psychopathen zwei Hauptmerkmale zu:

1) Sie handeln in böser Absicht und verletzten andere kaltblütig und freiwillig, ohne Zwang oder aus einer Psychose heraus.

2) Sie sind unfähig, die Interessen anderer als Anforderungen an sich selbst und ihr Verhalten zu akzeptieren.

Die Tatsache, dass Psychopathen in böser Absicht handeln (siehe Punkt 1) heißt, dass sie keineswegs »wie Tiere« sind, die man kontrollieren muss, die man aber für ihr Tun nicht verantwortlich machen kann. Es kommt uns ganz natürlich vor, den Psychopathen für einen schrecklichen Mord für *schuldig* zu erklären. Wir wollen ihn für sein Verhalten zur Verantwortung ziehen durch Bestrafung, Kritik oder deutlich zur Schau getragene Entrüstung. Andererseits, so Watson, bedeutet die Tatsache, dass Psychopathen *unfähig* sind, die Erwartungen anderer an sie als berechtigt zu betrachten wie

---

92 »The Trouble with Psychopaths«, in: *Reasons and Recognition: Essays on the Philosophy of T. M. Scanlon*, hrsg. von R. Jay Wallace, Rahul Kumar und Samuel Freeman, New York 2011. Siehe auch: Gary Watson, »Responsibility and the limits of Evil: Variations on a Strawsonian Theme«, in: *Perspective on Moral Responsibility*, hrsg. John Martin Fischer und Mark Ravizza, Ithaca 1993.

unter Punkt 2 angeführt, dass alle Versuche, sie moralisch verantwortlich zu machen, scheitern müssen. Aus diesem Grund finden wir die Existenz von Psychopathen so überaus beunruhigend. Wir reagieren auf die kaltblütigen Morde eines Robert Alton Harris (der zwei Teenager in ihrem Auto kidnappte, sie verhöhnte und schließlich erschoss, bevor er ihren Proviant aufaß und sich mit den Morden brüstete) mit wütender Empörung. Wenn wir jedoch über seine schrecklichen Missbrauchserfahrungen in der Kindheit nachdenken, nehmen wir vielleicht eine etwas objektivere Haltung ein. Je nachdem, ob wir an das misshandelte Kind denken oder an den Mann, der aus diesem Kind wurde, schwanken wir in unserer Einschätzung, ob wir ihn für sein Verhalten für verantwortlich halten oder nicht.[93] Letztlich aber ist Robert Alton Harris nicht verantwortlich, weil er nicht fähig ist zu erkennen, dass Menschen eine bessere Behandlung verdient haben.

Für unsere Zwecke hier ist es wichtig zu begreifen, weshalb Watson der Ansicht ist, die Unfähigkeit des Psychopathen, moralische Anforderungen als berechtigt anzuerkennen, bedeute, dass Empörung oder Entrüstung über sein Tun deplatziert seien: Diese moralische Unfähigkeit heißt, dass man zu ihm nicht durchdringt, dass er nie *verstehen*, geschweige denn akzeptieren kann, dass andere ein Anrecht auf eine bessere Behandlung haben. Der Versuch, jemanden verantwortlich zu machen, statt ihn einfach nur unter Kontrolle zu brin-

93 Siehe: Gary Watson, »Responsibility and the limits of Evil«, in: *Perspective on Moral Responsibility*, Ithaca 1993.

gen und von weiteren bösen Taten abzuhalten, wurzelt in dem Bemühen, diese Person zu der *inneren* Einsicht zu bewegen, dass die Ansprüche anderer berechtigt sind. Reaktionen wie Empörung und Entrüstung sind Watson zufolge von dieser Absicht geprägt: Sie sollen ihren Adressaten zum Zuhören und zur Einsicht bewegen. Das aber ist beim Psychopathen vergebliche Liebesmüh. Es ist ebenso sinnlos wie Mr. Magoos Bemühungen, einen Zaunpfahl zum Verlassen seines Grundstücks zu bewegen. Die Botschaft wird gesendet, kann aber nicht empfangen werden.[94]

Eben dieses Argument werden wir nun in unserer Untersuchung des Arschlochs anwenden, wenn auch nur in begrenzter Weise. Zunächst einmal aber sollten wir uns ansehen, warum das Argument so, wie Watson es anführt, nicht greift. Wie wir in Kapitel 2 gesehen haben, ist der Hauptunterschied zwischen dem Arschloch und dem Psychopathen der, dass das Arschloch sehr wohl fähig ist, moralische Konzepte zu nutzen oder sich von ihnen leiten zu lassen. Wenn seine Interessen nicht bedroht sind, ist seine Argumentation für gewöhnlich moralisch untadelig, ja er setzt sich sogar für die herrschenden Normen ein. Möglicherweise kann er einem Freund genau erklären, weshalb dieser einen Kredit zurückzahlen oder ein Versprechen halten sollte. Seine Reaktion auf die eine oder andere Normübertretung zeigt unter Umständen ganz deutlich, dass er die Erwartungen, die mit dieser Norm verbunden sind, durchaus für hinreichend begründet hält, sich an diesel-

---

94 Siehe: Gary Watson, »The Trouble with Psychopaths«, in: *Reasons and Recognition,* New York 2011.

be zu halten. Sein moralisches Denken und die damit verbundenen Motivationsfaktoren ändern sich nur, wenn *er selbst* Eingang in die Gleichung findet. Denn dann stellt er sich auf den Standpunkt, dass er Rechte hat, die andere (wie zum Beispiel der beratene Freund) nicht besitzen. Und selbst dann findet er an guten Tagen moralische Begründungen für sein Tun oder zeigt sich – zum Beispiel im Kreise der Familie – als durchaus zuverlässig. (Die meisten Arschlöcher sind keine kompletten Arschlöcher. Während Arschlöcher im Allgemeinen über die ganze Bandbreite der sozialen Kontexte recht »systematisch« vorgehen, zählen nur jene, die wirklich in allen Lebensbereichen Arschlöcher sind, zu den »kompletten Arschlöchern«.) Was das Arschloch zum Arschloch macht, ist die *Art und Weise*, mit der es seine vorhandenen moralischen Fähigkeiten nutzt. Es setzt sie ein im Vertrauen auf seine Sonderrolle und argumentiert durchaus moralisch, aber ohne die Unparteilichkeit, die der Moral zugrunde liegt.

Wir sind also der Auffassung, dass das Arschloch *allgemeine* moralische Fähigkeiten besitzt. Müssen wir dann unsere ursprüngliche These, dass es zur Verantwortung gezogen werden kann, eben weil es bestimmte moralische Ansichten hat, revidieren? Eigentlich nicht. Wir gingen davon aus, dass diese Ansichten tatsächlich *seine* sind, und zwar auf eine ganz unzweideutige Weise: Sie müssen ihm »zuschreibbar« sein, wie der neueste Philo-Sprech diesbezüglich lautet. Wir gehen also davon aus, dass *allgemeine* moralische Fähigkeiten durchaus vorhanden sind, aber das heißt ja noch nicht – und das ist für uns der entscheidende Punkt –, dass das Arschloch auch die Fähigkeit besitzt, spezielle Situationen (zum Beispiel lautes

Sprechen in der Öffentlichkeit) so zu sehen, wie es von ihm verlangt wird.

Und noch ein weiteres Beispiel: Hätte ein ruchloser Wissenschaftler in Ihr Gehirn eingepflanzt, dass Sie das Recht haben, sich beim Schlangestehen vorzudrängen, würde dies noch nicht zwangsläufig etwas über *Ihre* moralischen Ansichten aussagen, selbst wenn Sie sich auf dem Postamt jedes Mal vordrängten. Dieses Handeln wäre nicht *Ihres* in dem Sinne, dass man *Sie* dafür verantwortlich machen könnte. (Stattdessen würden wir hier den verrückten Wissenschaftler zur Verantwortung ziehen. *Er* hat ja dafür gesorgt, dass Sie sich so verhalten.) Wenn die Ansichten des Arschlochs also explizit *seine* sein sollen, müssen sie Teil seines Geistes sein. Er muss sie »besitzen«, sie sind »sein«. Und da es sich dabei um *moralische* Ansichten handelt (über die speziellen Rechte des Arschlochs), muss die grundsätzliche Fähigkeit zum moralischen Denken vorhanden sein, damit wir dem Arschloch überhaupt sinnvoll eine moralische Haltung zuschreiben können. Philosophen nennen dies den »Holismus« des Geistigen. Im Allgemeinen sind Haltungen immer die Haltungen von *jemandem*. (Daher konnte Descartes seine Existenz aus seinem Denken ableiten: *Cogito ergo sum*. Ich denke, also bin ich.) Doch Haltungen, Gedanken, Glaubenssätze und Gefühle kommen nicht allein daher. Wir können einer Person eine bestimmte Haltung (zum Beispiel moralischer Natur) nur vor dem Hintergrund eines Netzes anderer Haltungen zuschreiben; nur vor diesem Hintergrund können wir sinnvoll sagen, dass eine bestimmte Haltung Teil der Ansichten einer Person (und damit anderer moralischer Haltungen) ist. Manchmal scheint uns, dass wir einen vollkommen fremden Gedanken hegen, ein vollkommen fremdes Gefühl empfinden, das nichts mit dem zu tun hat, was wir sonst denken und empfinden (zum Beispiel die Vorstellung, dass wir jemanden, den wir mögen und respektieren, eins überbraten). Freud zeigt sehr schön, wie wir Geschichten erfinden, um das, was sich »fremd« anfühlt, sinnvoll zu integrieren – ein Erlebnis aus der Vergangenheit zum Beispiel oder eine unbewusste Neigung. (Und ja, es stimmt, für Freud hatte so etwas mit Sex zu tun. Aber was hat eigentlich nicht mit Sex zu tun?)

Das wäre also geklärt. Nun können wir Watsons Psychopathen-Argument in begrenztem Maße für uns nutzbar machen. Wenn das Arschloch wirklich für sein ständiges Vordrängeln verantwortlich gemacht werden soll, dann reicht es nicht aus, dass er die *allgemeine* Fähigkeit zum moralischen Denken besitzt. Er braucht die besondere Fähigkeit, die spezifisch moralischen Gründe dafür zu erkennen, warum er sich in dieser speziellen Schlange, vor diesem Fahrkartenschalter, an diesem Nachmittag nicht vordrängen sollte. Nehmen wir jetzt einmal an, das Arschloch sei nicht in der Lage einzusehen, dass er keine Sonderrechte hat, was das Schlangestehen angeht, nicht an diesem speziellen Ort und nicht an diesem speziellen Tag. Vielleicht rührt diese Unfähigkeit aus einem Erlebnis in seiner Vergangenheit. Vielleicht wurde er in seiner Kindheit geschlagen, damit er bestimmte Regeln einhält, und wehrt sich nun gegen alle gesellschaftlichen Verhaltensregeln. Oder – was heutzutage wahrscheinlicher ist – alle haben ihm als Kind ständig gesagt, er könne gar nichts falsch machen und alles, was er täte, sei ganz toll.[95] Nehmen wir weiterhin an, wir wollen dieses Arschloch gerne zur Verantwortung ziehen. Wir wollen also versuchen, ihn zu der Einsicht zu bewegen, dass er hinreichende Gründe hat, sich in der Schlange anzustellen wie jedermann sonst. Nun, in diesem Fall, *ex hypothesi*, wird er es nicht begreifen. Da er gar nicht in der Lage ist, es zu verstehen, wäre es fehl am Platz, Einsicht von ihm zu verlangen. Genauso sinnlos, wie es wäre, mit dem Psychopathen moralische Diskussionen zu führen oder Mr. Magoo zu erklären, dass der Zaunpfosten nicht auf ihn hören wird.

Was also können wir tun? Ich sehe beunruhigende Implikationen auf uns zukommen. Kann ein Arschloch, gerade weil er dauernd solche kleinen, unschuldigen Fehler macht, nie oder kaum je zu Recht dafür zur Verantwortung gezogen werden? Kann sein tief verwurzeltes Anspruchsdenken ihn zu der Einsicht unfähig machen, dass er es anderen schuldig ist sich anzustellen? Trägt er etwa keine Verantwortung dafür, ein Arschloch zu sein, *eben weil er ein Arschloch ist*?

Sollte dies die korrekte Schlussfolgerung sein, wäre damit etwas so faul; dann müssten wir uns fragen, wo in unserer Kausalkette der Fehler liegt. Wenn man sich verrannt hat, ist es oft hilfreich, die eigenen Grundannahmen der Reihe nach zu überprüfen. So könnten wir uns zunächst einmal fragen, was falsch daran sein soll, eine harte Linie zu fahren: Es macht doch keinen Unterschied, ob das Arschloch die spezielle Fähigkeit zur Einsicht in das besitzt, was anderen zusteht, oder?

95 Siehe dazu: Susan Wolf, »Sanity and the Metaphysics of Responsibility«, in: *Free Will*, Oxford 2003.

Wir können ihn doch für seine Vordrängelei in der Schlage schon deshalb moralisch verurteilen, weil er dies aus ganz bestimmten moralischen Ansichten heraus tut. Er denkt wie ein Arschloch, welche allgemeinen *moralischen* Fähigkeiten er sonst auch besitzen mag. Und was sein Sonderrecht des Vordrängelns angeht, so bildet er sich dies einfach nur ein. Allein diese falsche moralische Perspektive *reicht aus*, um ihn zu Recht moralisch zu verurteilen, auch wenn er die speziellen Moralanforderungen beim Vordrängeln nicht erkennen kann.

Wenn wir nun feststellen wollen, ob dieser Gedankengang richtig ist, müssen wir uns überlegen, was es eigentlich beinhaltet, wenn wir dem Arschloch unsere *Missbilligung* zeigen. Zum Beispiel mit einem an ihn gerichteten Kommentar wie: »He, Arschloch, das hier ist eine Schlange. Stell dich hinten an, du Arschloch.« Doch es gibt noch andere Wege der moralischen Missbilligung. So könnten Sie zum Beispiel seinem Blick ausweichen, wenn er sie anlächelt. Sie könnten sich weigern, ihm die Hand zu geben. Sie könnten ihm Ihren guten Willen verweigern, der Sie andernfalls dazu gebracht hätte, ihm allgemein alles Gute zu wünschen. Möglicherweise nehmen Sie es ihm auch übel oder wenden sich entrüstet von ihm ab, ohne ihm Ihren Unmut kundzutun. Sie sind ihm böse oder einfach nur empört über sein Verhalten, ohne zu versuchen, ihn zur Einsicht oder Akzeptanz Ihrer moralischen Rechte beziehungsweise Ihres moralisch gleichen Status zu bewegen. All diese Reaktionen sind Äußerungen der Missbilligung. Keine davon geht davon aus, dass er in bestimmter Hinsicht moralisch einfach blind ist. Sie können ihm also aus dem Weg gehen, ihm Ihren guten Willen entziehen oder einfach sauer auf ihn sein.[96]

Wenn wir diesen Gedankengang als vielversprechend ansehen, müssen wir uns notgedrungen fragen, wieso denn das Zur-Verantwortung-Ziehen überhaupt so wichtig ist. Nehmen wir mal an, Watson liegt richtig und man möchte durch diese Maßnahme den Adressaten dazu bringen, den eigenen Status und die eigenen Ansprüche anzuerkennen. Dann könnte man doch das Arschloch immer noch tadeln, ohne ihm eine moralische Verantwortung zuzuweisen. Wir können sogar erklären, weshalb es uns so wichtig scheint, das Arschloch zur Verantwortung zu ziehen: Wir streben nach Anerkennung. Wir versuchen, ihn zu der Einsicht zu bringen, dass das, was wir oder andere wollen, rechtens ist. Doch wie wir in Kapitel 5 sehen werden, kann das Streben nach Anerkennung noch andere Formen annehmen. Sogar wenn das Arschloch nicht zuhören will oder kann, erfüllt allein der Ausdruck unseres Protests schon unseren Wunsch nach Anerkennung. Schließlich treten wir für unser Recht auf bessere Behandlung auf eine Weise ein, die jeder halbwegs vernünftige Beobachter akzeptieren würde. Möglicherweise zischen wir leise oder in Gedanken: »Arschloch!« Aus demselben Grund übrigens, weshalb manche Leute fluchen, wenn sie allein im Auto sitzen und nie-

---

96 Diese Meinung vertritt T. M. Scanlon in *Moral Dimensions*, Cambridge 2008. Wir würden sagen, dass dies zwar auf das Arschloch passt, Watson aber Recht haben könnte, wenn er sagt, dass dies beim Psychopathen nicht der Fall ist. Eine ähnliche Auffassung der »Zuschreibbarkeit« findet sich bei Angela Smith, »Responsibility for Attitudes: Activity and Passivity in Mental Life«, in: *Ethics* 115 (2005).

mand sie hören kann: allein das Fluchen ist ein Akt des Aufbegehrens. In dieser Form können wir das Arschloch missbilligen und für uns selbst nach Anerkennung streben, ohne dass wir die Frage der Verantwortung stellen müssen.[97]

Die Unverbesserlichen tadeln

Wir können unsere These also dahingehend erweitern, dass die moralische Verurteilung eines Arschlochs deshalb gerechtfertigt ist, weil diese Person eben wie ein Arschloch denkt. Das heißt, dass sie bestimmte falsche moralische Ansichten im Hinblick auf die eigenen Ansprüche hat. Möglicherweise ist sie unfähig einzusehen, dass sie gute und hinreichende Gründe hat, die speziellen Erwartungen zu erfüllen, die normalerweise unter moralisch Gleichgestellten gelten. Aber selbst wenn diese Person einen derartigen blinden Fleck in moralischer Hinsicht hätte, könnte man sie zu Recht für diese fehlerhafte Einschätzung verantwortlich machen.

Wir sollten diese Schlussfolgerung nun überprüfen. Man könnte zum Beispiel sagen, dass sogar wenn das Arschloch unfähig ist, in einem bestimmten Fall einzusehen, dass seine Sonderrolle nicht gerechtfertigt ist, sich diese Fehleinschätzung häufig auf frühere Entscheidungen darüber zurückfüh-

97 Was nicht heißen soll, Watson habe Recht mit seiner Vorstellung, ein Arschloch könne gar nicht zur Verantwortung gezogen werden, wenn er einen blinden Fleck in Fragen der Moral hat. Diese Debatte umgehen wir hier. Viele Arschlöcher haben ohnehin keinen derartigen blinden Fleck, darum können wir sie auch für ihr Tun verantwortlich machen.

ren lässt, ob und inwieweit das Arschloch die Ansprüche anderer akzeptieren will. Das Arschloch ist verantwortlich für diesen besonderen Sehfehler, weil er auf eine *frühere*, moralisch fragwürdige Entscheidung zurückgeht. So ähnlich wie ein betrunkener Fahrer, der ein Kind totfährt, die Schuld am Tod des Kindes trägt, weil er zuvor entschieden hatte, sich betrunken hinters Steuer zu klemmen, statt sich ein Taxi zu rufen.

Da ist etwas dran. Und dieses Etwas wollen wir nun untersuchen. Doch wenn wir davon ausgehen, dass dies die *einzige* Möglichkeit ist, einem Arschloch für seinen blinden Fleck in Sachen Moral die Verantwortung zuzuschreiben, begrenzen wir ohne Not unsere Möglichkeiten. Denn in diesem Fall müsste das Arschloch an einem bestimmten Punkt seines Lebens eine Entscheidung getroffen haben, die erklärt, wieso er nun in den meisten Fällen moralisch vergesslich bleibt. Doch das Gefühl, dass unser Groll auf den Kerl, der da vor uns auf der Autobahn gerade drei Spuren auf einmal wechselt, völlig berechtigt ist, scheint nicht davon abhängig zu sein, ob dieser Kerl in einem nachdenklichen Augenblick vor Stunden, Jahren oder Jahrzehnten beschloss, genau solch ein Typ zu werden.[98] Er muss sich noch nicht einmal kaltschnäuzig über die Frage hinweggesetzt haben, wie sein Leben das anderer Menschen beeinflusst, falls er sich irgendwann einmal gefragt haben sollte, ob er ein guter Mensch sein möchte oder nicht. Wie wir bereits erwähnten, sind viele Arschlöcher volljährig ge-

98 Dieses Argument kennt man in der Philosophie als die Frage nach »Jeff the jerk«. Es wird ausführlich behandelt bei Manuel Vargas, »The Trouble with Tracing«, in: *Midwest Studies in Philosophy* 29 (1).

wordene Teenies, die nie bewusst die Entscheidung getroffen haben, andere Menschen ganz allgemein zu missachten. (Abgesehen davon, dass kein Teenager sich je entscheiden würde, »ein Leben der Missachtung anderer« zu führen. Er würde vermutlich eher sagen: »Leckt mich doch!« – was allerdings aufs selbe hinausläuft.) Und doch können wir auch diese Arschlöcher moralisch verantwortlich machen. Selbst wenn sie heute nicht so recht einsehen, wieso sie andere als gleichgestellt betrachten sollen, und wenn sie sich nie bewusst entschieden haben, besagten blinden Fleck zu entwickeln.

Ist das unfair? Ist es unfair, ein Arschloch dafür verantwortlich zu machen, dass er Dinge nicht sieht, die er einfach nicht sehen kann, weil er eine Persönlichkeit hat, für die er sich nie bewusst entschieden hat? Nein, ist es nicht. Wir behandeln Nicht-Arschlöcher schließlich genauso. Jeder hat gelegentlich mal einen moralischen Aussetzer. Da ist etwas, was wir nicht erkannt haben. (Ich hätte »Danke« sagen sollen. Ich hätte die vertraulichen Mitteilungen eines Freundes nicht ausplaudern sollen.) Möglicherweise hätte man dies in der gegebenen Situation auch gar nicht erkennen *können*. Jetzt in der Rückschau liegt es vielleicht klar auf der Hand, aber in dem Moment? Und doch ist es in Ordnung, wenn wir dafür zur Verantwortung gezogen werden. Der Freund, dessen Vertrauen wir missbraucht haben, ist sauer, und wir entschuldigen uns natürlich für unseren Fehler. Das gilt auch, wenn wir uns gewissenhaft bemühen, wenn wir stets darauf achten, dass wir womöglich wichtige Dinge wissen, die ein anderer aber nicht weiß. Solche allgemeinen Bemühungen mögen bei einem Ausrutscher zu einem milden Urteil beitragen, sodass vermutlich niemand einen großen Aufstand um unseren Fehler macht. Wenn dieser Fehler für die fragliche Person eher unüblich ist, reagieren Freunde oft mit Äußerungen wie: »Nun ja, jeder macht mal Fehler.« Und trotzdem tragen wir die Schuld an unserem Fehler, auch wenn sie nicht so schwer wiegt. Aus diesem Grund entschuldigen wir uns.

Vergleichen wir dies mal mit dem Idioten oder dem Tölpel. Wir tadeln ihn wegen seiner fehlerhaften Sicht der Dinge, die noch *verschärft* wird von seiner allgemeinen Haltung, sich nicht im Geringsten um die Verbesserung derselben zu bemühen. In diesem Sinne spiegelt das, was ansonsten als schlichter Lapsus behandelt würde, letztlich die idiotische oder tölpelhafte Natur des Betreffenden wider. Diesbezüglich ist er möglicherweise sogar unverbesserlich. Unter Umständen besteht er noch nicht einmal auf seiner gleichgültigen Einstellung, entschuldigt sich vielleicht sogar dafür – nur um sich bei der nächsten Gelegenheit genauso gelangweilt und uninteressiert zu verhalten. Doch wir tadeln den Tölpel ja nicht für seine fehlende Einsicht, sondern auch, weil wir ihn für seine Art zu leben an sich verantwortlich machen. Wir tadeln ihn für beides.

Wie der Idiot oder der Tölpel akzeptiert auch das Arschloch die moralischen Ansprüche nicht, die andere an ihn stellen *und* er gibt sich keinerlei Mühe, Verständnis für deren Haltung zu entwickeln. Das Arschloch ist für diese Fehler genauso verantwortlich wie wir für unsere moralischen Verfehlungen. Wie beim Idioten und beim Tölpel treten seine Fehler noch schärfer durch sein mangelndes Bemühen darum hervor, seine moralische Haltung zu verbessern. Im Falle des Arschlochs rührt dieses mangelnde Bemühen aus seinem tief verwurzelten *Widerstand* gegen moralisches Dazulernen. Es spiegelt sein (möglicherweise noch nicht voll ausgeprägtes) Gefühl wider, *dass er solche Anstrengungen nicht unternehmen muss*. In seinen Augen ist es nur natürlich, dass die Segnungen des Lebens allesamt ihm zustehen. Daher tadeln wir das Arschloch für seine situativen Fehler *ebenso* wie für den grundlegenden Irrtum, der sein ganzes Dasein bestimmt.

Natürlich gibt es hin und wieder auch Arschlöcher, die ihre Lebensweise ändern. Dickens' Ebenezer Scrooge zum Beispiel durchläuft am Ende ja eine dramatische moralische Verwandlung.[99] Es ist eine interessante Frage, ob Arschlöcher sich je vollständig wandeln oder ob es mit ihnen ist wie mit Alkoholikern: Man kann dankbar sein, wenn man »trocken« ist, geheilt ist man nie. Die klassische Kehrtwende auf dem Sterbebett lassen wir hier jedenfalls nicht gelten. In diesem Fall wäre wohl eher davon auszugehen, dass der Sterbende nicht mehr ganz Herr seiner Sinne ist. Ich würde aber annehmen, dass es manchmal auch vollkommene Wandlungen gibt. Doch auch dies ist nicht der Grund, weshalb man Arschlöchern durchaus die Schuldfrage stellen kann: Wir halten Arschlöcher nicht deshalb für verantwortlich für ihr Tun, weil sie sich wieder aufrappeln können. Man macht sie deshalb zu Recht verantwortlich für ihr Tun, weil sie wie ein Arschloch denken – ob sie sich nun je ändern wollen beziehungsweise können oder nicht.

---

99 Auch Jack Nicholson hat solche Rollen gespielt: In *Besser geht's nicht*, *About Schmidt* und *Was das Herz begehrt* kommt er allmählich zur Vernunft und legt Zug um Zug sein Arschlochtum ab.

5

Vom Umgang mit dem Arschloch

Wir sind also der Auffassung, dass das Arschloch, selbst wenn es möglicherweise unfähig sein sollte, sich zu bessern, dennoch zur Verantwortung gezogen werden kann. Was wir aber noch nicht wissen, ist, wie wir mit dem Arschloch im konkreten Fall am besten umgehen. Wie könnte – abgesehen vom Vorwurf – unsere Reaktion aussehen auf diesen unsympathischen Zeitgenossen, der uns gerade ins Wort gefallen ist, drei Spuren gleichzeitig gewechselt hat oder auf politischer Ebene Chaos anrichtet?

Auf den folgenden Seiten wird es in erster Linie um Fragen des praktischen Umgangs mit dem Arschloch gehen, genauer gesagt um die Frage, warum sich dieser Umgang zwangsläufig schwierig gestaltet. In Kapitel 6 gehen wir verschiedenen Ansätzen nach, wie sich der weitere Vormarsch von Arschlöchern in der Gesellschaft stoppen lassen könnte. Zunächst allerdings wollen wir uns mehr mit den Aufgabenstellungen eines alltagsbezogenen Arschloch-Managements beschäftigen sowie mit der besonderen Art und Weise, wie Arschlöcher kleine Gruppen destabilisieren.

Selbsterkenntnis ist Selbsthilfe

Wenn es um Fragen des Arschloch-Managements im Alltag geht, gibt es leider nur wenig nützliche Ratschläge. Bedauerlicherweise existiert kein Elf-Schritte-Programm für ein arschlochfreies Leben. Nicht zuletzt werden Arschlöcher für uns deswegen zur Plage, weil wir oft nicht wissen, wie wir auf konstruktive Weise reagieren könnten – ganz zu schweigen davon, es im entscheidenden Moment dann auch zu tun. Obwohl wir aus früheren schlechten Erfahrungen gelernt haben und wissen, welche Gegenstrategien funktionieren und welche nicht, muss nur ein neues Arschloch (oder ein altes Arschloch mit einer neuen Masche) kommen, um uns kalt zu erwischen, uns aus der Fassung zu bringen und uns den Tag zu versauen.

Unser Tag ist verdorben, weil es auf das Arschloch nur zwei Arten der Reaktion gibt, die beide gleichermaßen unangenehm sind: entweder mit erniedrigender Duldung oder mit einem auf persönlicher Ebene enttäuschenden und darüber hinaus wenig effektiven Wutanfall. Auf der einen Seite haben wir also die Option der *Resignation*: Wir lassen uns die offenkundig unverschämte Behandlung gefallen, lassen zu, dass jemand uns ausnützt, und versuchen dies irgendwie vor uns selbst zu beschönigen. Auf der anderen Seite haben wir die Option des *Widerstands*: Wir stehen für uns ein und kämpfen offen um moralische Anerkennung. Doch unsere Gegenwehr kann etwas von einem Kampf gegen Windmühlen haben. Ein echtes Arschloch hört Ihnen nämlich nicht einmal dann zu, wenn Sie wütend werden. Wie wir in Kapitel 1 erklärt haben, hält er es für *sein gutes Recht*, andere so zu behandeln, wie er es tut. Außerdem ist er gut darin, Einwände einfach auszublenden. Daher wird er sich vermutlich auch nie ändern. Weder Resignation noch offener Krieg scheinen also letztlich angemessene Reaktionen. Wir haben also nicht die leiseste Ahnung, wie eine allgemein wirksame Gegenstrategie aussehen könnte.

Uns bleibt nur eine Möglichkeit: Wir müssen versuchen, uns selbst besser zu verstehen. Warum empfinden wir sowohl Resignation als auch offenen Krieg als letztendlich nicht akzeptabel? Die Antwort ist zweifellos damit verbunden, was für eine Bedeutung wir der Behandlung geben, die das Arschloch uns verweigert: Es spielt für uns eine große Rolle, in den Augen anderer als moralisch gleichgestellt anerkannt zu werden. Wie wir nun sehen werden, erklärt dies, warum weder Resignation noch offener Krieg der beste Weg sind, mit einem Arschloch umzugehen. Wir werden stattdessen andere Möglichkeiten finden, um auf sinnvolle Weise nach Anerkennung streben zu können.

Resignation und der Verlust der Selbstachtung

Zu Beginn sollten wir uns fragen, was an Resignation eigentlich so schlimm ist? Wir könnten einem leidgeplagten Arschlochopfer doch einfach den Rat geben: »Ach, mach dir doch wegen dem keinen Kopf. Der Typ ist einfach ein Arschloch. Was interessiert es dich, was in einem *Arschloch* vorgeht?«

Man könnte auch mit dem Argument des produktiven Umgangs antworten: »Und überhaupt hast du doch Besseres zu tun. Gib dem Arschloch einfach, was ihm seiner Meinung nach zusteht, und Schluss. Es ist leichter, wenn man zumindest für den Augenblick so tut, als gäbe man ihm Recht. Gib seinem Ego ein paar Streicheleinheiten. Wenn ein Arschloch glaubt, dass du ihn verstehst, hast du vermutlich bald Ruhe vor ihm.«

Es sei denn, er lässt einen eben nicht in Ruhe, was gewöhnlich der Fall ist. (Vielleicht haben wir dem Arschloch ja nun das Gefühl gegeben, dass es immer noch mehr einfordern kann.) Gute Ratschläge wie die eben angeführten sind meist ganz praktisch, doch die obige Version weist ein paar Schönheitsfehler auf. Denn es ist in der direkten Auseinandersetzung mit einem eingefleischten und nervtötenden Arschloch schwierig, diesen Rat zu beherzigen. Diese Gefühle von Empörung, Wut und Rachedurst sind ja nicht auf unseren ausdrücklichen Wunsch hin da, daher können wir sie auch nicht einfach abstellen. Außerdem treten sie nicht nur im Moment der Konfrontation auf. Sie können ganz unvermittelt, vielleicht an einem schönen, sonnigen Tag, hochkommen, wenn uns plötzlich wieder dieser Kotzbrocken einfällt. Und auf einmal ziehen Bilder an unserem inneren Auge vorbei: wie er auf einem öffentlichen Platz die Kontrolle über seine Blase verliert, wie er sich mit schmerzverzerrten Zügen windet, weil er vergiftet wurde, wie er von einem LKW plattgewalzt wird, wie ein Meteor ihn zu Staub zermalmt oder wie plötzlich alle möglichen Flüssigkeiten aus seinen Körperöffnungen strömen (und auf seine um ihn versammelten Freunde spritzen).[100] Doch nach reiflicher Überlegung fällt uns auf, dass jemand, der auf diese Weise entblößt oder getötet wird, wohl nicht mehr die Zeit hat, über seinen sträflichen Mangel an Respekt gegenüber seinen Mitmenschen nachzudenken. Dann ersinnen wir entweder einen etwas ausgefeilteren Racheplan oder eine Erkenntnis bricht sich Bahn: dass nämlich kein wie auch immer geartetes Jüngstes Gericht ohne den Faktor Mensch auskommt. Daraufhin kommt uns vielleicht noch der Gedanke, dass durchaus etwas dran sein könnte an der Idee, dass jede Form religiöser Metaphysik eine moralische Grundlage hat. Wir müssen gar nicht mal glauben, dass das Arschloch am Ende sein Fett schon noch wegkriegen wird, um uns, enttäuschend passiv, wüsten Rachefantasien zu überlassen. Das ist vielleicht gar nicht so schlimm, da wir diese Fantasie natürlich nie in die Tat umsetzen würden. Oder doch?

In Rachefantasien zu schwelgen mag auf den ersten Blick wie ein Charakterfehler wirken oder – im schlimmsten Fall – wie eine psychische Störung. Doch dem ist nicht so. Rachegefühle sind ein natürlicher, wenn auch leicht übertriebener Weg, sich des eigenen Rechts auf eine bessere Behandlung zu versichern und den Status des moralisch Gleichgestellten wiederherzustellen. Letztlich belegen solche Gefühle, dass wir eine gesunde Selbstachtung haben. Wir tun gut daran, ihren Ausdruck zu kontrollieren, zum Beispiel, indem wir uns daran erinnern, dass aus menschlichem Leid nichts Gutes entstehen

100 In vielen Kriminalgeschichten wird das Opfer tatsächlich als Arschloch gezeichnet, damit wir das Gefühl haben, es habe seinen Tod verdient. Ein schönes Beispiel ist die Figur des Tulkinghorn in Dickens' *Bleak House*.

kann, nicht einmal, wenn es das Arschloch ist, das leidet. Aber die natürliche Bekräftigung einer grundlegenden Selbstachtung ist weder zu bedauern noch zu tadeln. Selbst wenn wir diese Reaktion irgendwie abstellen könnten – durch Jahre geduldiger Meditation, eine brutale Psychotherapie oder die Neuverdrahtung des limbischen Systems und der Basalganglien –, täten wir gut daran, es dennoch zu unterlassen. Denn es wäre nichts »allzu Menschliches«, was wir damit ablegen, sondern etwas durch und durch Menschliches – etwas also, wofür wir Achtung, ja sogar Zuneigung empfinden können.

Auf dieselbe Weise und aus denselben Gründen wehren sich Menschen mitunter gewaltsam dagegen, für dumm verkauft zu werden – besser kämpfen als sich zum Trottel machen zu lassen. Das Problem ist – vor allem bei Männern –, dass die Gegenwehr häufig unangemessen ausfällt, was wiederum neue Probleme schafft. Stellen Sie sich beispielsweise einen Menschen vor, der sich vornimmt: »Mich verarscht keiner!« Dazu gehört dann meist eine recht ausgedehnte Vorstellung davon, was es heißt, »von jemandem verarscht« zu werden, zum Beispiel: Der andere guckt »schräg«, wirft einen Blick in die ungefähre Richtung der Frau des Betroffenen oder ist größer als dieser (und muss daher »runtergemacht« werden). Wie das dann aussieht, wenn es ins Philosophische gewendet wird, zeigt uns Thomas Hobbes mit der Formulierung seines ausgedehnten Rechts auf »Selbsterhaltung«, zu dem auch das Recht auf einen Präventivschlag gegen jemanden gehört, den man als potenziellen Feind empfindet.[101] Eine

101 Thomas Hobbes, *Leviathan*, Kapitel 13, Neuwied/Berlin 1966, S. 95.

neuere Auslegung dieser Idee wäre George W. Bushs Doktrin vom Präventivkrieg, die er dazu benutzte, die Invasion im Irak zu rechtfertigen – auf der Grundlage von Gerüchten über möglicherweise vorhandene oder zumindest vorstellbare Massenvernichtungswaffen. Moralisch betrachtet geht diese Auslegung des Rechts auf Selbstverteidigung zu weit.[102] Und doch können wir verstehen, aus welcher Quelle sie rührt: Niemand will verarscht werden. Vom Standpunkt der Moral aus betrachtet müssen wir auch nicht tatenlos zuschauen, wenn ein Arschloch uns ausnützt.

Wenn wir riskieren, ausgenützt zu werden, können wir dem Arschloch zumindest aus dem Weg gehen. Was eine wachsame Vermeidungsstrategie voraussetzt: Wenn wir mit hinreichender Voraussicht planen, können wir es systematisch umgehen, mit einem Arschloch in Kontakt zu kommen. Dafür müssen wir allerdings unglaublich vorsichtig sein, was unsere Freunde, Dates oder Partner angeht. Wir müssen freiberuflich

---

102 Die Bush-Doktrin lautete: »Amerika wird sich gegen sich abzeichnende Bedrohungen zur Wehr setzen, bevor diese Wirklichkeit geworden sind.« (Absatz 4 von Bushs *National Security Strategy oft the United States of America*). Dies wirft ganz bestimmte völkerrechtliche Probleme auf. So ist ein Angriff nur dann gerechtfertigt, wenn eine »glaubwürdige, unmittelbar bevorstehende Bedrohung« nachgewiesen wird. (Zählt ein terroristischer Angriff, der in zehn Jahren stattfinden soll, als »unmittelbar bevorstehend«?) Auch bestimmte moralische Vorgaben werden eindeutig nicht erfüllt, zum Beispiel die, dass es zumindest einen *klaren Beweis* für die Bedrohung geben muss. Denn der amerikanischen Doktrin zufolge muss eine »sich abzeichnende Bedrohung«, die noch nicht »Wirklichkeit geworden« ist, nicht einmal »glaubwürdig« sein, um einen Präventivschlag zu rechtfertigen. Das heißt, dass es für die Anwendung von Gewalt keinerlei echte Grenzen mehr gibt.

arbeiten und Geschäftsabschlüsse mit verdächtigen Individuen vermeiden. Und so weiter und so fort. Aber das geht doch zu weit. Sollen wir Italien mit all seinen sinnlichen Freuden und Genüssen auf immer den Rücken kehren, nur weil wir sicher sein können, dass uns dort ein Arschloch im Straßenverkehr schneidet oder dass ein solches hinter einem Krankenwagen herrast, um schneller durch die Stadt zu kommen? Sollen wir auf unsere Bank- oder Uni-Karriere verzichten, nur weil wir es dort gelegentlich mit Arschlöchern zu tun bekommen? Ganz bestimmt nicht. Wir alle kriegen unsere sozialen Beziehungen ja bis zu einem gewissen Grad bereits hin. Wollten wir unsere Ziele darauf reduzieren, Arschlöchern tunlichst aus dem Weg zu gehen, müssten wir einen zu hohen Preis bezahlen.

In diesem Fall müssen wir uns wohl oder übel weiterhin in sozialen Interaktionen kooperativ verhalten, auch wenn das Arschloch dies ausnutzen wird. Oder können wir kooperativ sein, ohne uns ausnutzen zu lassen? Wir müssen uns sicherlich nicht mit jedem Arschloch anlegen. Auch das ist ein praktischer Ratschlag: Nicht jeder Kampf ist es wert, ausgefochten zu werden. Oder wie es so schön heißt: »Überleg dir, wofür du in den Kampf ziehst.« Aber es scheint auch nicht richtig, ja unmöglich zu sein, *nie* für die eigenen Rechte einzutreten und zu allem nur Ja und Amen zu sagen. An einem *bestimmten* Punkt können und müssen wir für unsere Rechte kämpfen. Bleibt also die Frage, auf welche Weise wir das am besten anstellen. Wie können wir um Anerkennung kämpfen, ohne gleich handgreiflich zu werden?

Widerstand ohne offenen Krieg

Kommen wir also noch mal auf unsere zweite Option zurück, den offenen Krieg. Hier stoßen wir sofort auf ein Problem: Wie kann der Kampf um moralische Anerkennung eine Sache sein, um derentwillen es sich zu kämpfen lohnt, wenn das Arschloch *nicht zuhören wird*, weil das eben in seiner Natur liegt, unabhängig davon, wie leidenschaftlich wir versuchen, ihn mit unserer Botschaft zu erreichen? Wie kann also eine vollkommen *sinn- und zwecklose Übung* lohnenswert sein?

Hier könnte man nun anführen, dass wir häufig ja nicht wissen können, ob der Mensch vor uns ein echtes Arschloch ist, das sich nicht ändern wird. Er *könnte* ja auch ein Borderline-Arschloch sein, das für unseren Protest durchaus empfänglich ist. Wenn wir ihn »Arschloch« nennen, dann bringen wir ihn vielleicht zur Einsicht. Möglicherweise hat er sich nie so gesehen und fühlt sich jetzt, da wir ihm dieses Bild seiner selbst gezeigt haben, beschämt. Wenn es also eine Chance gibt, dass er uns zuhört, warum sollten wir es dann nicht wenigstens versuchen?

So weit, so gut. Doch unser Problem wird damit nur verlagert. Denn wenn der erste Versuch, ihn zur Einsicht zu bringen, fehlschlägt, sollen wir dann weiterhin um Anerkennung und für die gute Sache kämpfen? Oder einfach aufgeben? Vor allem, wenn wir es mit diesem Arschloch immer wieder zu tun bekommen und der Mann uns entsprechend Nerven kostet, sollten wir vermutlich für unsere Rechte einstehen, statt ihn einfach nach seinem Gutdünken gewähren zu lassen. Und schon stehen wir wieder vor dem Problem, wie ein Versuch, der von vornherein zum Scheitern verurteilt ist, eine lohnenswerte Sache sein kann. Warum scheint uns immer nur die kaum akzeptable Wahl zu bleiben zwischen der Ergebung in die Tatsache, dass wir verarscht werden, und dem mühseligen und vermutlich sinnlosen Unterfangen, für unsere Rechte zu kämpfen?

Die Antwort auf diese Frage lautet: Wir sind nicht gezwungen, zwischen Resignation und offenem Krieg zu wählen. Wir können auf konstruktive und fruchtbare Weise für unsere Rechte einstehen, ohne zu versuchen, das Unmögliche zu vollbringen – also das Arschloch zum Zuhören und Einlenken zu bewegen.

Befassen wir uns doch einmal näher mit der Frage, warum wir lauthals schimpfen, wenn uns ein Arschloch im Straßenverkehr begegnet. Meist ist uns *bewusst*, dass er uns im seinem Auto gar nicht hören kann. Tatsächlich zetern wir in der Regel nur, wenn wir allein unterwegs sind (denn unsere Mitfahrer könnten sich dadurch ja gestört fühlen) und wissen, dass *niemand anderer* uns hören kann. Könnte es das sein? Geht es nur darum sich Luft zu machen, um die emotionale Katharsis? Nein, zumindest nicht ausschließlich. Wir tun das, um uns *selbst Anerkennung zu verschaffen*, als Ersatz für die fehlende Anerkennung durch jemand anderen. Wir versichern uns selbst, dass wir eine bessere Behandlung verdienen und dass jeder vernünftige Beobachter uns diesbezüglich zustimmen würde – wäre denn einer da.

In diesem Phänomen spiegelt sich das allgemeine Bedürfnis wider, von anderen verstanden zu werden. Nehmen wir doch einmal Äußerungen wie: *aha*, *hmm*, *ähm*, *okay*, *oh*, *ups*, *pfff*, *ach je*, *huch* und so weiter. Warum geben wir solche auf den ersten Blick inhaltsleeren Äußerungen von uns, besonders in Situationen, in denen wir um andere Worte verlegen sind? Der Psychologe und Linguist Steven Pinker erklärt dies mit dem Verweis auf das gedankliche Miteinbeziehen anderer Menschen:

> *Ein Mensch, der ein Glas umwirft, mag ein Tollpatsch sein, doch wenn er »Ups« sagt, dann wissen wir wenigstens, dass es keine Absicht war und dass es ihm leidtut. Einen Menschen, dem Pizzasauce aufs Hemd tropft oder der in Hundescheiße tritt, und dann »Ach je« sagt, verstehen wir besser als jemanden, dem das egal zu sein scheint.*

Pinker zitiert hier den Soziologen Ervin Goffman, der meint, wir täten dies »um anderen unsere Kompetenz zu signalisieren und den Umstehenden zu verdeutlichen, dass man die Situation gleich einschätzt«.[103] Wobei das Publikum dabei nicht real sein muss, sondern eher in unserem Kopf vorhanden ist.

> *Ein Ziel dieser Sprechhandlungen ist, den Umstehenden zu versichern, dass wir geistig klare, kompetente und vernunftgesteuerte Menschen mit klaren Zielen und verständlichen Reaktionen auf die gegenwärtige Situation sind. Dazu gehört normalerweise auch, dass wir in der Öffentlichkeit nicht mit uns selbst reden, doch hier machen wir eine Ausnahme, wenn der Verlauf der Ereignis-*

---

103 Steven Pinker, *The Stuff of Thought: Language as a Window into Human Nature*, New York 2007, S. 366f. Pinker bezieht sich hier auf Goffmans *Wir alle spielen Theater: Die Selbstdarstellung im Alltag*, Piper 1988.

se unsere Vernunft und Geschicklichkeit auf die Probe stellt. Mein Lieblingsbeispiel dafür ist, wenn wir einen Flur entlanggehen, plötzlich innehalten und unvermittelt umkehren. Dann murmeln wir meist irgendetwas vor uns hin wie: Ach, da hab ich etwas im Büro vergessen. Diese Botschaft richtet sich an niemand Bestimmten, sie dient nur dazu, die Menschen, die Zeugen dieser Szene werden, zu versichern, dass wir nicht verrückt sind und einfach so die Richtung wechseln.

Dasselbe gilt für unser Schimpfen im Auto. Pinker meint, ein kathartischer Fluch sei eine Reaktion auf »einen plötzlichen Angriff auf unsere Ziele oder unser Wohlbefinden«. Doch das stimmt nicht ganz. Wenn wir den Begriff »Arschloch« als Schimpfwort benutzen, richtet sich unsere Reaktion gegen eine *Person*. Pinker selbst schreibt hier: »Ein Mensch schreit ›Arschloch!‹, wenn er dem plötzlichen Affront eines menschlichen Täters ausgesetzt ist, aber nicht, wenn er eine heiße Auflaufform ohne Topflappen anfasst oder den Finger versehentlich in eine Mausefalle steckt.«[104] Unsere Theorie kann erklären, weshalb wir dieses Schimpfwort nur für Personen reserviert haben: Das Konzept des Arschlochs ist an eine bestimmte Geisteshaltung gebunden, und die können nun mal nur Menschen einnehmen. Im Besonderen geht es hier um die

104 Steven Pinker, *The Stuff of Thought: Language as a Window into Human Nature*, New York 2007, S. 366. Interessanterweise ruft man zwar im amerikanischen Englisch nicht »asshole«, wenn man stolpert, doch der Ausruf »son of a bitch« wäre durchaus angebracht, obwohl auch hier eine Person anzitiert wird.

innere Haltung, die uns dazu veranlasst, uns so zu verhalten, dass wir anderen durch unser Verhalten unsere Anerkennung ihrer moralischen Gleichwertigkeit signalisieren. Das aber klärt noch nicht, warum wir ein Arschloch als »Arschloch« beschimpfen, auch wenn wir wissen, dass es ihm egal ist. Doch immerhin wissen wir, was passiert, wenn wir im Auto laut »Arschloch« sagen, wenn selbiges uns im Straßenverkehr die Vorfahrt nimmt. Wir tun dies, nicht weil wir das Arschloch zum Zuhören bewegen wollen, sondern um uns zu versichern, dass – reale oder imaginäre – andere Menschen uns zustimmen würden. Im Grunde sagen wir uns: Das Arschloch mag unseren Status als moralisch Gleichgestellte nicht anerkennen, doch andere Menschen tun es.

Unser Schimpfen ist also – im Kleinen – ein Kampf für unsere Rechte, definiert so unser Bild in der Öffentlichkeit. Doch wir können auch im direkten Kontakt für unser Recht eintreten, ohne dabei gleich grob werden zu müssen. Wenn ein Arschloch zum Beispiel endlos lange in sein Handy schreit und dabei die Umstehenden belästigt, könnten wir beispielsweise sagen: »Angesichts Ihres Telefonverhaltens überfällt mich die innige Versuchung, Sie nicht nur um einen leiseren Tonfall zu bitten, sondern Sie auch mit einer bissigen Bemerkung zu bedenken oder Sie vielleicht sogar mit weniger höflichen Bezeichnungen zu titulieren.« Auch wenn das Arschloch sich über unseren Kommentar mit Hohnlachen hinwegsetzt, ja vielleicht sogar unverschämt wird, ändert das nichts daran, dass wir unsere Meinung deutlich kundgetan haben. (Intelligentere Arschlöcher respektieren und schätzen einen cleveren oder stilvollen Kommentar gelegentlich sogar.

So etwas nötigt ihnen Respekt ab, wenn auch nur kurzfristig.) Es lohnt sich also durchaus, den Mund aufzumachen, und sei es nur, um dem anderen unmissverständlich zu kommunizieren, dass dies das eigene »gute Recht« ist. Als moralisch Gleichgestellte sind wir ohnehin berechtigt, Einwände zu erheben. Außerdem werden die anderen Leute in der Schlange es zu schätzen wissen, dass man sich für *ihre* Rechte gleichsam mit einsetzt. Dann kann jeder (bis auf das Arschloch) wieder sicher sein, dass die anderen akzeptieren, dass man etwas Besseres verdient und somit das Recht hat, sich zu beschweren. Ist diese gemeinsame Grundlage wiederhergestellt, kann es sinnvoll sein, alle weiteren Versuche, das Arschloch zu stoppen oder zu ändern, zu unterlassen. Gut möglich, dass man mit seiner Zeit Besseres anstellen kann. Man kann sich zum Beispiel mit dem Nachbarn in der Schlange darüber unterhalten, was für ein Arschloch dieser Typ doch war und ob es heute mehr Arschlöcher gibt als früher und so weiter.

Kurz gesagt: Unser Kampf um Anerkennung ist letztlich ein Kampf um unseren *Status in der Öffentlichkeit*. Es geht dabei nicht darum, diesen einen Menschen an diesem einen Tag dazu zu bringen, uns als gleichgestellt anzuerkennen. Auch wenn man keinen Erfolg haben sollte, lohnt es sich, in großen wie in kleinen Dingen öffentlich für seine Rechte oder die Rechte anderer einzutreten.

Den Mund aufzumachen kann mit Formen gewaltfreien Widerstands verglichen werden, wie sie zum Beispiel in Südafrika während des Apartheidregimes (als Mahatma Gandhi die Technik des gewaltfreien zivilen Widerstandes entwickelte) praktiziert wurden. Das Ziel dieser friedlichen Straßenmärsche war *nicht nur*, an die herrschende weiße Oberschicht zu appellieren, die sich bereits als ausgesprochen resistent erwiesen hatte, was die Vernunftgründe gegen jede Art der Rassentrennung anging. Es ging dabei auch darum, die Bevölkerung Südafrikas, auch viele grundsätzlich sympathisierende Weiße, dazu zu bringen, die Forderungen der ausgegrenzten Minderheiten als rechtmäßig anzuerkennen. Gewalt hingegen hätte nur das Trennende verstärkt und hätte daher nur noch mehr Ablehnung bewirkt.

Natürlich zielte der Protest gegen die Apartheid auf einen massiven institutionellen Wandel ab, wozu es auch nötig war, eine Reihe weißer Elite-Arschlöcher zu überzeugen (oder zumindest eine Reihe weißer Borderline-Arschlöcher, sodass die echten Arschlöcher mehr und mehr zur Minderheit wurden). Der Protest war also nicht vollkommen sinnlos, auch wenn der institutionelle Wandel, den er zum Ziel hatte, völlig ausgeschlossen schien. Friedlicher Protest kann in aussichtlosen Situationen also angemessen sein. Dasselbe gilt für Gewalt gegen sich selbst. Auch der vietnamesische Reisbauer, der sich bei dem WHO-Treffen in Cancun tötete, um gegen die Subventionen der Landwirtschaft in reichen Ländern zu protestieren, die die Bauern in den Entwicklungsländern ruinieren, ging vermutlich nicht davon aus, dass seine Verzweiflungstat die Institutionen zu einem tiefgreifenden Wandel bewegen würde. Vielleicht hatte er ja nur öffentliche Anerkennung für das schwere Los der armen Farmer im Sinn.

Solche dramatischen Interventionen sind nicht die normale Dimension des Anti-Arschloch-Protestes. Es wäre unvernünftig und wenig schlau, wollte man jedes Mal, wenn man beleidigt wird, auf die Straße gehen. Es würde ja auch nicht jedes Mal eine Öffentlichkeit für unseren Protest geben. Auch das laute Schimpfen ist manchmal weniger effektiv als eisiges Schweigen, ein abgewandter Blick oder die Verweigerung einer Hilfeleistung, die man normalerweise erbringen würde (wenn uns zum Beispiel der Kugelschreiber des Arschlochs vor die Füße fällt und wir ihn nicht aufheben, ja nicht einmal beiseite rücken, weil sich das Arschloch schließlich eben vorgedrängelt hat). Solche Arten des stummen Protests sprechen eine deutliche Sprache, wenn auch nicht zum Arschloch, das selbst gegen solche Signale unempfindlich ist. Vielleicht erzielen wir damit dieselbe Selbstbestätigung, die uns lautes Fluchen einbringt. Denn während lautes Fluchen an unserer Würde kratzt, vielleicht sogar genauso, als hätten wir gar nichts getan, ist ein würdevoller, kleiner Protest fast immer möglich und oft lohnend.

Die goldene Mitte finden

Es gibt also durchaus Raum zwischen Resignation und offenem Krieg, doch *wie* man ihn findet, darüber wissen wir für den Moment noch nichts. Wir haben kein allgemeingültiges Rezept, keine Prozedur, die immer funktioniert, auch jetzt nicht, da wir wissen, dass wir letztlich nach moralischer Anerkennung streben. Wenigstens möchte ich Ihnen hier aber zwei Ratschläge mitgeben, die nützlich sein könnten.

Erstens: Versuchen Sie nicht, das Arschloch zu ändern, und wenn Sie mit ihm kooperieren, dann nur auf Ihre Art. Zweitens: Treten Sie zur rechten Zeit für Ihre Rechte ein. Im Folgenden werden wir uns mit diesen zwei Möglichkeiten genauer auseinandersetzen.

Ihre Haltung ist allein Ihre Sache

Ein altes Prinzip der Stoiker besagt, dass wir akzeptieren sollen, was ist. Wir können das Gute erhoffen und uns darum bemühen, doch was nicht in unserer Macht steht, danach sollten wir gar nicht erst streben. Oder wie der weise Epiktet meint:

> *Also prüfe nach den von dir angenommenen Grundregeln, […] ob es zu den in unserer Macht stehenden Dingen gehört oder nicht. Gehört es zu den nicht in unserer Macht stehenden, so halte dies Wort bereit: Es berührt mich nicht.*[105]

Zu den Dingen, die nicht in unserer Macht stehen, zählt Epiktet vor allem auch die Anerkennung seitens anderer:

> *Wenn du in der Weisheit gehörig vorwärtskommen willst, so ertrage es geduldig, wegen äußerer Dinge für unverständig oder dumm gehalten zu werden. Wolle nicht erscheinen, als wüsstest du etwas, und selbst wenn du an-*

105 Epiktet, *Handbüchlein der Moral*, Kap. 1, übersetzt von C. Hilty, Projekt Gutenberg.

> *dern etwas zu sein scheinst, so misstraue dir selbst. […] Wer frei sein will, muss nichts begehren und nichts fürchten, was in eines andern Macht steht.*[106]

Da wir das Arschloch nicht ändern können, sollten wir es also gar nicht erst versuchen. Wir sollten uns auch nicht darum bemühen, in seinen Augen Anerkennung zu finden.

Die Stoiker gehen bei diesem Gedanken vielleicht ein klein bisschen zu weit. Bekanntermaßen empfehlen sie, selbst dann in heiterer Gleichmut zu verweilen, wenn man auf dem Streckbett gefoltert wird oder das eigene Kind verliert. Man brauche lediglich die eigene Haltung den Dingen gegenüber zu verändern. Mit so einer Haltung sollte es relativ einfach sein, zu akzeptieren, dass ein Arschloch uns übervorteilt. Oder wie Epiktet erläutert:

> *Erwäge, dass nicht der, der dich misshandelt, dich lästert oder schlägt, dir Schlimmes tut, sondern deine Vorstellung, dass dies eine Schande sei. Macht dich jemand böse, so reizt dich nur deine eigene Vorstellung. Bemühe dich also vor allem, nie im Augenblick von ihr hingerissen zu werden; später wenn du einmal Zeit zur Überlegung hast, wirst du dich schon beherrschen können.*[107]

Epiktet zufolge ist es ohnehin der Provokateur, der den Großteil des Schadens davonträgt:

---

106 Epiktet, *Handbüchlein*, a.a.O., Kap. 13, 14.

107 Epiktet, *Handbüchlein*, a.a.O., Kap. 20.

> *Wenn dir jemand Böses tut oder nachredet, so denke: Er handelt und spricht so, weil er meint, er habe Recht. Er folgt eben nicht deinen Begriffen, sondern seinen, und wenn diese falsch sind, so hat er den Schaden davon, indem er sich täuscht. Denn wenn jemand einen richtigen Schlusssatz für falsch hält, so schadet dies nicht dem Objekt des Satzes, sondern ihm, der sich irrt.*[108]

Unsere Wahrnehmung ist also *allein unsere Angelegenheit*. Zumindest ist dies ein guter Weg, sich selbst zu beruhigen. Natürlich können wir, wenn wir uns beruhigt haben, immer noch den Schluss ziehen, dass der Typ da ein echtes Arschloch und daher eine Reaktion angebracht ist – vielleicht eine spitze Bemerkung. Nur wenn wir wirklich gar *nichts* tun können, ist vollständige Gleichmut der klügste Weg. (Zum Beispiel: »Ah, jetzt fängt er schon wieder an. Bin mal gespannt, ob er seine Technik geändert hat. Vielleicht wird er ja mit der Zeit noch besser!«) Ist aber eine konstruktive Lösung möglich, dann sollten wir in Aktion treten. Damit wäre sogar Epiktet einverstanden, solange unser Tun der Einsicht entspringt, dass die Welt möglicherweise nicht so ist, wie wir sie gerne hätten. Wir sollten zwar entschieden vorgehen, doch trotzdem jederzeit bereit sein, den Dingen ihren Lauf zu lassen. Es zu versuchen ist in Ordnung, solange wir uns nicht aufreiben in dem Bemühen, etwas zu ändern, was nicht in unserer Macht liegt.

Wie aber sollte unser Versuch aussehen? In den Augen der Stoiker hat die mangelnde Kontrolle über die Welt eine Kehr-

108 Epiktet, *Handbüchlein*, a.a.O., Kap. 42.

seite: wir tragen die Verantwortung für unsere *innere Einstellung und Interpretation der Dinge*, denn diese *liegen* in unserer Macht. Eine verantwortungsvolle Reaktion auf das Arschloch strebt nur das an, was lohnenswert und erreichbar ist. Die praktische Herausforderung liegt darin, dass wir allein das versuchen und nichts weiter. Die Stoiker sagen uns auch, wie wir das bewerkstelligen können: indem wir die Dinge richtig einschätzen, durch klares Denken also. Wie Epiktet erklärt, lernen wir nur durch Nachdenken, unseren Willen zu lenken, unsere Bestimmung zu erfüllen, unsere Beziehungen zu anderen zu erkennen und die Pflichten auf uns zu nehmen, die daraus folgen. Man könnte auch sagen, dass wir nach *Selbstklärung* streben sollten. Zunächst sollten wir uns bewusst machen, wie wir uns im Augenblick fühlen, was wir erreichen möchten, was uns schwerfällt loszulassen und was alternative Gedanken, Gefühle und Absichten sein könnten. Anschließend überlegen wir, welche Reaktionen gerecht und lohnend sind und machen uns dann an die Umsetzung, die wir beharrlich verfolgen. Wenn das Erreichen eines Zieles wie *das Arschloch zum Zuhören bewegen* oder *ihm zeigen, dass es falsch liegt*, zwar erstrebenswert, aber nicht realisierbar ist, dann stellen wir zunächst einmal nur fest, dass es unser eigener Wunsch ist, in diese Richtung vorzugehen. Ohne uns selbst dafür zu verurteilen, verabschieden wir uns von diesem Ziel und wählen eines, das leichter umsetzbar und daher lohnenswerter ist. Wir könnten uns beispielsweise öffentlich für unsere oder die Rechte anderer Menschen einsetzen – ohne an das Arschloch die Erwartung zu richten, dass es zuhört oder sich gar ändert.

Zum Glück haben wir die Möglichkeit der Selbstklärung, deshalb müssen wir dem Arschloch nicht aus dem Weg gehen. Wir hatten ja schon gesagt, dass dies mitunter nur unter großen Anstrengungen machbar ist. Auf den ersten Blick mag es scheinen, als würden wir uns durch solch einen Umgang mit dem Arschloch zum Komplizen unserer eigenen Ausnutzung – Verarschung – machen, weil wir dem Arschloch so ermöglichen, sein Treiben fortzuführen. Doch das muss nicht sein: Wir können mit dem Arschloch kooperieren, ohne dabei unsere Selbstachtung preiszugeben, wenn *wir es auf unsere Art tun.* Wir können uns beispielsweise mit dem Arschloch unterhalten, ohne ihm jedoch die Aufmerksamkeit oder Zeit zu widmen, mit der wir einem Freund oder einem netten Fremden in einem Café begegnen würden. Wir kooperieren auf unsere Art, wenn wir eine klare Entscheidung darüber treffen, wie und aus welchen Gründen wir uns auf diesen Kontakt einlassen, und diese dann umsetzen. Wenn Sie einen kleinen Schwatz mit dem Arschloch halten, weil Sie es für wichtig erachten, am Arbeitsplatz einen bestimmten Umgangston zu pflegen, dann lassen Sie sich nicht in die Machenschaften des Arschlochs hineinziehen, weil Sie ja bestimmen, dass dieser Umgangston wichtig ist – auch wenn Sie damit eine allgemeine Form des freundlichen Miteinanders pflegen, die das Arschloch seinerseits nicht anerkennt.

Wir sagten ja bereits, dass man erst gar nicht versuchen sollte, das Arschloch zum Zuhören zu bewegen. Aber *könnte* es nicht doch einen Versuch wert sein? Wenn wir uns schon mit dem Arschloch abgeben, warum sollten wir nicht wenigstens *versuchen*, ihn zu ändern? Schließlich wissen wir ja nicht, ob dieses spezielle Arschloch uns wirklich die uns zustehende Anerkennung versagen wird. Er ist zwar ziemlich uneinsichtig – schließlich ist er ein Arschloch –, aber am Ende bewegt er sich vielleicht doch. Hoffnung gibt es immer, manchmal gegen alle Erwartungen: Vielleicht lässt er ja seinen Panzer doch fallen. Und wenn es jetzt nicht klappt, dann möglicherweise beim nächsten Mal. Oder mit einem neuen Kniff. Oder aber mit Geduld und Spucke! Sollten wir es nicht wenigstens versuchen? Wäre es nicht der Mühe wert, auch wenn es schiefgeht?

Nun, ich würde Ihnen raten, es sein zu lassen, und zwar aus einem guten, praktischen Grund: Für die meisten von uns gilt im Umgang mit dem Arschloch eine goldene Regel: »Hör auf, deine Zeit zu verschwenden!« Denn es kann gut sein, dass die Mission zur Besserung des Arschlochs scheitert. Dann aber haben wir viele wertvollere Dinge sausen lassen, die wir stattdessen hätten tun können: Musik hören, mit einer Freundin Kaffee trinken, den Armen helfen. Wenn Sie dann noch die unzähligen Momente der Frustration mit einrechnen, den Kampf gegen die aufkommende Verzweiflung – dann hat der Versuch der Besserung des Arschlochs doch wohl wenig Sinn. Natürlich haben wir in bestimmten Fällen keine Wahl, zum Beispiel, wenn das Arschloch Ihr Ehemann oder der Vater Ihrer Kinder ist. Die Weisheit der Stoiker hat aber auch in diesem Fall einen Rat: Sie brauchen Zeit und einen guten Plan, wie Sie mit Ihrer Botschaft das Arschloch erreichen, ohne ihn in seinem Tun zu bestärken – gleichzeitig sollten Sie sich ständig daran erinnern, dass es nicht in Ihrer Macht liegt, ob Ihr Unterfangen Erfolg haben wird. Wer sich in dieser schwierigen Situation befindet, braucht vielleicht mehr praktische Unterstützung, als ein philosophisches Buch über das Arschloch im Allgemeinen sie bieten kann. Vielleicht hilft es ja, das Arschloch zu lieben und ihm zu vergeben, soweit das möglich ist; vielleicht in der Hoffnung auf seine moralische Besserung und in der Annahme, dass man das Projekt durchführen kann, ohne seine Selbstachtung zu verlieren.[109] Doch es wäre weise, wenn Sie nicht auf der Besserung des Arschlochs beharrten oder sich diese zum Ziel setzten.[110]

Selektiver Protest

Dies wäre also nun mein erster Ratschlag: Versuchen Sie nicht, das Arschloch zu ändern, und wenn Sie sich entschließen, sich mit ihm abzugeben, dann nur auf Ihre Art. Mein zweiter Rat ist, dass Sie sich rechtzeitig zur Wehr setzen. Wir

---

109 Über Vergebung ohne den Verlust der Selbstachtung schreibt Pamela Hieronymi: »Articulating and Uncompromising Forgiveness«, in: *Philosophy and Phenonmenological Research* 62, 3 (2001).

110 Der große Prozentsatz der Menschen, die sich als Christen sehen, befinden sich hier in einer besonders schwierigen Situation. Die christliche Nächstenliebe *erfordert* es ja geradezu, tätig auf die Besserung des Arschlochs hinzuwirken und daraus eine Lebensaufgabe zu machen. Ja, man müsste tatsächlich auf die Besserung eines *jeden* Arschlochs hoffen. In diesem Fall rät der Stoiker, nicht zu versuchen, was nur ein allmächtiger Gott vollbringen kann. Man kann Gott dabei behilflich sein, sollte jedoch der Versuchung widerstehen, für das Arschloch einen eigenen Heilsplan auszuarbeiten. Das Behilflich-Sein sollte sich auf Gebete und eine umsichtige Haltung beschränken. Vielleicht auch darauf, das Arschloch seiner Wege gehen zu lassen, in der Hoffnung, dass Gott einen besonderen Plan mit ihm hat.

sollten durchaus protestieren, in unserem wie in fremdem Namen, aber erst (zumindest im Regelfall), wenn der richtige Zeitpunkt gekommen ist. Wann aber ist der richtige Zeitpunkt? Hier lautet die Antwort: So oft, wie es nötig ist, um Ihre Selbstachtung zu wahren und die Rechte anderer zu schützen.

Ich weiß, wirklich hilfreich ist dieser Ratschlag nicht. Wie oft ist »so oft wie nötig«? Und wann ist es wirklich nötig? Doch es gibt eben keinen allgemeingültigen Grundsatz, da die Lebensumstände der meisten Menschen völlig verschieden sind. Bestimmte Themen erfordern eine gesamtgesellschaftliche Achtsamkeit: Ist das Arschloch zum Beispiel ein Sexist, was häufig genug der Fall ist, dann müssen Männer und Frauen die Grenzen respektvoller Behandlung gemeinsam ziehen. Aber viele Fälle sind komplizierter. Ob man sich in einer bestimmten Situation mit dem Arschloch anlegen sollte, kann beispielsweise davon abhängen, was diese Woche sonst noch so ansteht. Wenn zuhause eine familiäre Krise brodelt, ist dies vielleicht nicht der beste Zeitpunkt, mit einem Arschloch zu streiten. Wenn Sie aber im Job gerade etwas Luft haben, könnte das ein guter Moment sein. Außerdem hat jeder Mensch ein anderes Temperament. Wer ein fest verwurzeltes Selbstwertgefühl hat, hat vermutlich kein Problem, die Kränkungen eines Arschlochs einfach abzuschütteln, und muss daher nur gelegentlich offen protestieren. Sensiblere Menschen dagegen müssen sich viel öfter handfest zur Wehr setzen.

Die hohe Kunst des Arschloch-Managements

Wenn ich Ihnen schon nur mehr oder weniger allgemeine Regeln mit auf den Weg geben kann, so möchte ich doch wenigstens versuchen zu erklären, warum das so ist. Denn der Umgang mit Arschlöchern ist weniger Wissenschaft denn Kunst. Es geht dabei nicht so sehr um die korrekte Umsetzung eines bestimmten Ablaufs als um das Erlernen einer grundlegenden Kunstfertigkeit im Sinne von Aristoteles: Sie kann nur durch »learning by doing«, also durch fortgesetztes Tun eingeübt werden, nicht, indem man sich an bestimmte Regeln hält, die man erst lernt und dann anwendet. Das beste Arschloch-Management folgt den Prinzipien des Aikido, wo man die Kraft des Angreifers nutzt und seine Bewegungsenergie gegen ihn wendet, um sich selbst (und den Angreifer) vor Verletzungen zu bewahren. Wie das Arschloch-Management kann man auch Aikido nicht lernen, indem man eine bestimmte Formel anwendet. Man muss es praktisch einüben, gewöhnlich viele Jahre lang.

Das erklärt, wieso es so schwierig ist, den richtigen Weg im Umgang mit einem Arschloch zu finden. Wir sehen überrascht, wie ein Träger des Schwarzen Gürtels im Aikido einen Messerstecher entwaffnet. In diesem Akt zeigt sich eine Reaktionsgeschwindigkeit, die wir nicht erwartet hätten. Man kann tatsächlich lernen, Reaktionen des Gegners vorherzusehen, doch nur, wenn man jahrelang trainiert hat. Wenn wir wiederholt versucht haben, dem Arschloch unseren Standpunkt klarzumachen, und damit gescheitert sind, sollten wir damit aufhören. Im Aikido erwartet auch niemand, dass ein Träger des

Gelben Gürtels gegen einen Braun- oder Schwarzgurt ankommt. Das wäre unrealistisch und nicht besonders nett, denn wir würden so nicht anerkennen, wie schwierig es ist, Aikido zu erlernen. Ebenso sollten wir von uns nicht erwarten, dass wir im Arschloch-Management perfekt sind, auch wenn wir es mehr als einmal versucht haben. Und wir sollten uns auch nicht allzu viele Gedanken darüber machen. Auch hier gelten die üblichen guten Ratschläge. Wollen Sie Ihr Leben wirklich dem Arschloch-Aikido widmen? Das wäre vielleicht gar nicht so dumm, allerdings dürfte es Dinge geben, mit denen wir unsere begrenzte Lebenszeit genauso gut, wenn nicht besser zubringen: abstrakte Bilder zu malen vielleicht oder den eigenen Jazz-Geschmack verfeinern oder Aikido um der *Sache* willen zu lernen (und nicht, weil es uns die wenigen Male nützlich sein könnte, wenn wir in eine Schlägerei geraten). Das Leben schenkt uns leider nur eine gewisse Menge Zeit, und es gibt schönere und erfüllendere Ziele zu erreichen als die hohe Kunst des Arschloch-Managements zu vervollkommnen.

Brunnenvergifter

Bislang haben wir uns mit dem Arschloch-Management auf der Ebene individueller Begegnungen befasst. Nun wollen wir uns dem Umgang mit Arschlöchern in kleinen Gruppen zuwenden, da dies ganz besondere Schwierigkeiten mit sich bringt. Wenn Menschen gemeinsam das Gleiche tun, ob in Sitzungssälen und Unternehmen, auf Baustellen oder Campingplätzen, dann schafft dies häufig gute Stimmung und ein Gefühl der Verbundenheit. Das Arschloch vergiftet diesen Brunnen des guten Willens, indem er wohlmeinende Menschen gegeneinander aufbringt. Dies bringt dem Arschloch Vorteile, weil die Gruppe sich nicht zusammenschließen und ihn gemeinsam in seine Schranken weisen kann.

Wir wollen dies an einem praktischen Beispiel veranschaulichen. Stellen Sie sich eine Geschäftsbesprechung in einem kleinen Unternehmen vor, an der einer der Hauptinvestoren teilnimmt. Da er der Hauptinvestor ist, kann man ihn nicht einfach vor die Tür setzen. Wohlgemerkt: Hier geht es nicht um den üblichen »schwierigen Typ« oder die »Meeting-Nervensäge«, wie wir sie in Kapitel 2 beschrieben haben, die aber, wenn sie unter Kontrolle sind, eine wichtige Funktion für das Ganze ausüben. Der Typ, den wir hier meinen, ist in der Regel unproduktiv. Er arbeitet nicht mit der Gruppe zusammen, damit diese ihre Ziele erreicht, außer diese decken sich kurzfristig mit den seinen. Er rivalisiert mit den anderen um Aufmerksamkeit. Er gibt zu jeder Wortmeldung einen Kommentar ab und versucht, die Diskussion in die von ihm gewünschte Richtung zu lenken, um das letzte Wort bei einer Entscheidung der Gruppe zu haben. Natürlich kämpfen auch die anderen um Macht und Einfluss, doch meist eher hinter den Kulissen und mit einem gewissen Gespür für Anstand. Unser Mann ist nicht immer offen unhöflich, aber höflich ist er auch nicht. Er kann einfach nicht verheimlichen, dass dieses Meeting in seinen Augen überflüssig ist, da ein gemeinsam verhandelter Beschluss, der seinen Vorstellungen widerspricht, eine Unverschämtheit wäre, für die er sich natürlich rächen würde. Dabei muss er nicht einmal offen mit einem Gegenschlag drohen, denn die Gruppe kann sich noch gut daran erinnern, was letztes Mal geschah, als die Dinge nicht nach seinem Willen liefen. Die Drohung steht also sozusagen greifbar im Raum. Jeder versteht sie und würde sie selbst dann noch verstehen, wenn unser Arschloch sie nicht gelegentlich mit erhobener Stimme und bösen Blicken unterstreichen würde.

In einer derartigen Situation funktionieren die Machinationen des Arschlochs nur, weil es genügend Menschen gibt, die sich kooperativ verhalten, was er wiederum eiskalt ausnutzt. Es gäbe ja überhaupt keine Besprechung, wenn die Leute nicht zu ihr erscheinen und sich dabei an die allgemein üblichen Regeln halten würden. So verstanden ist das Arschloch nicht nur eine Person, sondern eine soziale *Rolle*, die aus der lockeren Struktur eines menschlichen Miteinanders entsteht. Die Rolle kann dann auch von einer anderen Person aus der Gruppe übernommen werden, wenn das Ober-Arschloch beispielsweise im Urlaub ist. (Für gewöhnlich hat das Ober-Arschloch deutlich klargemacht, dass er die Nummer eins ist, sodass das zweite Arschloch im Normalfall zurücktritt. Für beide ist an der Spitze nun mal kein Platz.)

Das erfolgreiche Arschloch kennt die soziale Dimension seines Tuns genau und weiß, dass es Grenzen gibt. Die Umwelt würde ein Fehlverhalten, das diese Grenzen überschreitet, nicht hinnehmen. Wenn Menschen gemeinsam zu dem Schluss kommen, dass ein bestimmtes Verhalten zu unverschämt, zu beleidigend ist, werden sie sich zusammentun, um sich dagegen zu wehren. Das ist, Emile Durkheim zufolge, die positive soziale Funktion der Abweichung. Sie schweißt die zur Kooperation Bereiten zusammen. Doch das Arschloch übt diese positive Funktion nicht aus. Er operiert nicht im Bereich der klaren Übertretung, sondern in den Grauzonen des kooperativen Lebens, die schwer zu definieren sind; dort, wo die kooperativen Menschen sich nicht so schnell einig werden, was man noch dulden kann und was nicht. Alle haben das Gefühl, dass etwas nicht stimmt, doch man kann nicht so recht den Finger drauflegen, was es denn nun eigentlich ist. Und auch wenn jemand erkennt, was los ist, kann er sich nicht sicher sein, dass die anderen das genauso sehen werden. Die Tatsache, dass viele andere es einfach nicht begreifen, dass es sie nicht stört oder dass sie – noch schlimmer – dem Ganzen noch Vorschub leisten, lässt uns sprachlos zurück, nicht nur voller Wut auf das Arschloch, sondern auch tief enttäuscht von den Mitmenschen.

In einem Klima, in dem jeder gereizt ist und es an Zusammengehörigkeitsgefühl fehlt, wenden sich auch kooperative Menschen häufig gegeneinander. Das Arschloch löst bei anderen starke Gefühle aus, die sich nicht nur auf ihn selbst beziehen, sondern auch darauf, wie andere auf sein Gebaren reagieren. Manche scheinen dem Arschloch regelrecht in die Hände zu spielen, sie fallen auf ihn herein und werden zu Helfershelfern gemacht. Für viele Menschen ist es befremdend, diesen Prozess miterleben zu müssen. Man fragt sich unwillkürlich, wieso sie sich denn nicht wehren. Und wenn sie sich schon zum Affen machen lassen, können sie das nicht dort tun, wo niemand sonst betroffen ist, und nicht ausgerechnet da, wo sie auf Kosten der Gruppe einem Arschloch zuarbeiten? Andere wiederum streiten offen mit dem Arschloch, um sich nicht verarschen zu lassen. Auch das ist schwer zu ertragen. Es kann beinahe so viel Ärger machen wie das Arschloch selbst. Wenn man ständig im Clinch miteinander liegt, bleibt die gemeinsame Arbeit am Ende auf der Strecke.

Da solche Ereignisse für gewöhnlich starke Gefühle auslösen, kommt es auch unter äußerst wohlmeinenden Menschen gelegentlich zu Streit darüber, wie man mit dem Arschloch am besten umgeht. Jeder fühlt sich letztlich unwohl mit der Situation. Ein Teil der Gruppe tritt womöglich dafür ein, dass man dem Arschloch klar sagt, was Sache ist, um die Selbstachtung der Gruppe zu bewahren. Andere wiederum sind der Meinung, es sei am wichtigsten, Streit zu vermeiden, auch wenn dies die Gruppe einiges koste, aber nur so könne die Arbeit letztlich erledigt werden. Innerhalb dieser Untergruppen trösten sich die Beteiligten dann damit, dass mit den Mitgliedern der anderen Gruppe wirklich nichts zu wollen sei. Möglicherweise kommen sie sogar zu der Auffassung, dass ihr Weg der einzig richtige ist und die andere Gruppe – nicht das Arschloch – den Fortschritt der gemeinsamen Arbeit hemmt. Dann scheint die andere Gruppe mindestens so schlimm wie das Arschloch selbst, vielleicht sogar noch schlimmer. In der Zwischenzeit treibt das gewitzte Arschloch die Spaltung voran und weitet so seine Macht aus.

Die Zerbrechlichkeit der Toleranz

Die natürliche Lösung dieser Probleme ist schlicht und einfach Toleranz. Die Gruppe muss lernen, unterschiedliche Reaktionen auf ein schwieriges Problem zuzulassen. Sie muss akzeptieren, dass es verschiedene Möglichkeiten gibt, mit einem Arschloch umzugehen. Nimmt man sich einen Augenblick Zeit zum Nachdenken, wird jedem kooperativ denkenden Menschen klar, wie schwierig Begegnungen mit einem Arschloch sind. Jeder weiß, wie unangenehm es ist, keine wirklich passende Antwort zu finden oder sich plötzlich zu Tobsuchtsanfällen hingerissen zu sehen. Wenn die Gruppe dieses Erleben zur Grundlage ihrer gemeinsamen Erfahrung erklärt, wird sie ihren Zusammenhalt nicht so schnell verlieren. Und sie wird die unterschiedlichen Reaktionen auf das Arschloch bereitwilliger tolerieren können. Sie wird auch bessere Möglichkeiten finden, den Schaden, den das Arschloch anrichtet, gemeinsam zu begrenzen.

Das ist jedoch gleichzeitig der Knackpunkt: Zu diesem Einverständnis zu gelangen, ist *an sich* schon eine Kollektivhandlung, die nicht in der Macht des Einzelnen steht. Wie sehr der Einzelne sich auch mühen mag, er wird es allein nicht schaffen. Dieses Einverständnis ist sowohl schwer herzustellen als auch leicht zu zerstören. Kooperative Menschen sind sich über die abstrakten Formen der Toleranz meist einig, doch eine Einigung darüber, wie sie dann konkret aussieht, ist schon schwieriger zu erzielen. In der Grauzone, in der das Arschloch operiert, gibt es selten festumrissene Regelverstöße, und wenn es sie gibt, sind die Sanktionen nicht genau definiert. Möglicherweise wurden die allgemeinen Erwartungen ja nicht eindeutig verletzt, und dann gibt es viel Raum für Diskussionen darüber, was denn nun als Verletzung gilt. Möglicherweise gibt es auch keine Vorgaben darüber, wie diese Erwartungen umgesetzt werden sollen, dann diskutiert man darüber, wie man bei einem Regelverstoß überhaupt reagieren soll. Solche Diskussionen finden meist keine elegante Lösung. Sie werden gespeist von Gefühlen und feinen Unterschieden in der persönlichen Wahrnehmung und Einschätzung. Diese Unterschiede in Gefühlslage und Perspektive führen häufig zu weiteren Debatten darüber, wie man die Debatten beenden könnte (beziehungsweise darüber, welche Regeln am Arbeitsplatz und im Besprechungszimmer gelten). Möglicherweise gibt es auch keine sich anbietende Organisationsstruktur, keinen überzeugenden Lösungsansatz, der für alle einen gangbaren Weg aufzeigt.

Dies gilt umso mehr, je mehr für die Leute auf dem Spiel steht. In einem kleinen Startup-Unternehmen, das bald Riesengewinne verspricht, wird keiner von Bord gehen, nur weil er es weiterhin mit einem Arschloch zu tun haben wird. Da das Arschloch das partnerschaftliche Verhalten der anderen braucht, kann er sich nur deshalb Sonderrechte anmaßen, weil die anderen diese Situation mittragen oder – was aufs selbe hinausläuft – weil sie nicht einfach gehen können. Er darf aber nicht *zu* weit gehen, zumindest nicht so weit, dass die am stärksten Betroffenen sich entscheiden, dass das Arschloch-Management der Mühe nicht mehr wert ist. Doch solange die anderen nicht an einem Strang ziehen, hat er einigen Einfluss auf das, was die Gruppe tut.

Wenn es einer Gruppe tatsächlich gelingt, zu einem Einverständnis zu gelangen, was das Arschloch-Management angeht, liegt dies nur daran, dass sie mit Arbeitsumständen gesegnet ist, die die Herstellung eines wechselseitigen Einvernehmens begünstigen – was genauso gut nicht der Fall sein könnte. Normalerweise beruht der Erfolg darauf, dass alle zusammenhalten, doch anders als im persönlichen Arschloch-Management macht hier Übung nicht den Meister. In der Gruppe ist Erfolg keine Sache des persönlichen Einsatzes, da hier viele verschiedene Menschen einvernehmlich einen Weg ausarbeiten müssen, wie man *gemeinsam* tätig werden kann.

Stellen wir uns mal vor, eine Gruppe hat endlich einen Weg gefunden, ihr spezifisches Arschloch-Problem zu lösen. Die gute Stimmung in den regelmäßig stattfindenden Arbeitsgruppen (an denen das Arschloch nicht teilnimmt) hat das Gefühl für die gemeinsame Sache gestärkt, wodurch die Gruppe in der Lage ist, gemeinsame Lösungen zu entwickeln (gute Ideen verbreiten sich in solch einem Klima schnell). Warum ist das so gekommen? Nun, ein paar Leute aus der Gruppe haben sich mit der gemeinsamen Planung der Arbeitsgruppen beschäftigt, diese kamen gut an und man besprach dort viele gute Ideen, die von allen akzeptiert wurden. Doch dieses Unterfangen hätte auch leicht schiefgehen können. Die Ideen hätten keinen Anklang finden können, das Arschloch hätte teilnehmen können, die Diskussionen hätten die bereits bestehenden Gräben noch vertieft.

Wir können also nicht davon ausgehen, dass es für jede Gruppe, die Ärger mit einem Arschloch hat, eine passende Strategie gibt, die schon funktionieren wird, wenn die richtigen Leute das Richtige tun. Arschloch-Management ist kein Selbstläufer; es kann trotz größter Anstrengungen total schiefgehen. Wenn sich der Erfolg einstellt, dann, weil eben alles einfach passt. Die Umstände, unter denen die Gruppe ihre Differenzen lösen kann, müssen sich einfach *ergeben*. Das Bemühen ist keineswegs die höhere kollektive Tugend oder auch nur die halbe Miete. Ob ein gutes Arschloch-Management gelingt, hängt nicht zuletzt auch von den Wechselfällen des Schicksals ab.

Das muss kein Grund zum Verzweifeln sein. Es sollte uns eher dazu motivieren, weiter auf Toleranz zu setzen, wenn dies in unserer Macht steht – im Glauben an ein gutes Miteinander. Und es ist umso mehr Grund, die Möglichkeiten der partnerschaftlichen Zusammenarbeit untereinander zu nutzen, wenn sie sich ergeben; ein Grund, das Arschloch nicht zu tolerieren oder ihm gegenüber Zugeständnisse zu machen, sondern mehr Toleranz gegenüber den Mitbetroffenen zu entwickeln und die freiwerdende Energie in den Widerstand zu investieren. Normalerweise gibt es kein Allheilmittel, um das listige Arschloch in seine Schranken zu verweisen, und kooperative Menschen werden immer wieder unterschiedliche Ansichten darüber hegen, aus welchen Gründen bestimmte Arschloch-Management-Strategien schiefgegangen sind und was man als Nächstes tun könnte. Doch gegenseitige Toleranz hilft ihnen, diese Differenzen zu überwinden und am Ende eine sinnvolle Lösung zu finden.

Wie dem auch sei – das Arschloch wird sich all unseren Bemühungen zum Trotz vermutlich nicht ändern. Müssen wir an dieser Tatsache verzweifeln? Wie wir in Kapitel 4 gesehen haben, kann das Arschloch zwar moralisch unverbesserlich sein, und doch können wir es zu Recht verurteilen. Ein ganz anderes Problem ist allerdings die Frage, wie es uns mit der Tatsache geht, dass sogar das beste Arschloch-Management ein Arschloch nicht ändern wird und wir *günstigstenfalls*, wenn überhaupt, mit ihm umgehen lernen können. Müssen wir ihn also endgültig abschreiben? Dieses Problem verweist uns noch einmal zurück auf die große Frage, ob wir die unangenehmen Seiten des Lebens akzeptieren können. Darauf werden wir in Kapitel 7 zurückkommen. Meine vorläufige Antwort lautet jedenfalls: Wir können immerhin hoffen, dass das Arschloch sich moralisch bessert. Das heißt nicht, dass wir eine Veränderung für wahrscheinlich halten oder dass wir uns sinnlos dafür abstrampeln. So gesehen wird das Problem des Arschlochs zum Problem des menschlichen Daseins. Eine begründete Hoffnung hilft uns, nicht nur das Arschloch als Lebenstatsache zu akzeptieren, sondern unsere ganze Gesellschaft, in der Arschlöcher Hochkonjunktur haben.

Diese Perspektive öffnet unseren Blick für ein Problem, das mit Arschloch-Management in Gruppen oder persönlichen Beziehungen nicht mehr ausreichend umschrieben ist: die Frage, wie wir mit dem Arschloch umgehen, wenn es in großem Maßstab auftritt. Im nächsten Kapitel werden wir uns eingehend damit beschäftigen. Wir werden sehen, dass Arschlöcher ganze Gesellschaften destabilisieren können, vor allem kapitalistische Gesellschaften wie die, in der wir leben.

6

Arschloch-Kapitalismus

Bestimmte Formen des Kapitalismus neigen zum Zerfall, genauer gesagt zum *graduellen Verfall*, je nachdem, wie ungehindert Arschlöcher sich darin ausbreiten können. Der Arschloch-Kapitalismus, wie wir diese Form künftig nennen werden, ist ein ausgesprochen instabiles soziales System.

Jede Gesellschaft braucht ein verlässliches Arschloch-Eindämmungssystem, also eine Reihe gesellschaftlicher Institutionen wie Familie, Religion, Bildungssystem oder rechtsstaatliche Justiz, die dafür sorgen, dass die Arschlochpopulation nicht überhandnimmt. Denn wenn der Anteil der Arschlöcher an der Bevölkerung zu groß wird (wenn also auf ein Nicht-Arschloch immer mehr Arschlöcher kommen), werden kooperative Menschen zunehmend unfähiger oder unwilliger, die Praktiken und Institutionen aufrechtzuerhalten, die die Gesellschaft braucht, um ihrem Niedergang entgegenzuwirken. An einem bestimmten Punkt gibt es einfach nicht mehr genügend Nicht-Arschlöcher. So eine Situation kann natürlich in jeder Gesellschaftsform eintreten, doch wie wir sehen werden, ist der Arschloch-Kapitalismus für diese Art der Selbstzerstörung *besonders* prädestiniert.

Das soll nun nicht heißen, dass dem Kapitalismus genuin etwas innewohnt, das Menschen dazu bringt, Arschlöcher zu sein, zu werden oder sich wie solche zu verhalten.[111] Natürlich könnte das auch zutreffen, und auffällig ist es schon, dass Vorzeige-Kapitalisten wie John D. Rockefeller oder Gordon Gekko Arschlöcher sind.[112] Doch zweifellos gibt es ja auch in totalitären oder sozialistischen Gesellschaften Arschlöcher, zum Beispiel Napoleon oder eines der herrschenden Schweine in Orwells *Animal Farm*. (Erinnern Sie sich an das Gebot: »Alle Tiere sind gleich, doch einige sind gleicher als andere.«) Unsere Argumentation in diesem Kapitel bezieht sich auf einen Kapitalismus, der sich immer mehr an *Sonderrechten und Privilegien orientiert*. Wir werden uns verschiedene Möglichkeiten ansehen, wie kapitalistische Gesellschaften diese Anspruchskultur vermeiden können, um nicht auf den abschüssigen Pfad des Arschloch-Kapitalismus zu gelangen.

---

111 Im Allgemeinen setzt eine kapitalistische Gesellschaft auf die Märkte, wenn es um die Produktion und Verteilung von Gütern beziehungsweise Dienstleistungen und die Verteilung von Kapital geht. Statt Investitionen aufgrund von Entscheidungen eines zentralen Organs zu verteilen, soll der Finanzmarkt die Ersparnisse einer Gesellschaft ihrem produktivsten Nutzen in der Realwirtschaft zuführen. Dieses generelle Vertrauen in die Märkte kann institutionell die unterschiedlichsten Formen annehmen, je nachdem, wie sehr der Markt reguliert ist und nach welchen Wertvorstellungen dies geschieht. Wir beschäftigen uns hier nur mit einer der zahllosen Arten, in der das Verhältnis zwischen Staat und Markt organisiert sein kann.

112 Daneben war Rockefeller auch ein großer Philanthrop, was sein generelles Arschlochtum, das in Äußerungen wie: »Mein Geld stammt von Gott persönlich« zum Ausdruck kommt, wieder ein wenig abmildert.

Das Arschloch erhebt, wie wir in Kapitel 1 gesehen haben, im menschlichen Miteinander Anspruch auf eine Sonderrolle, auf die es kein Anrecht hat. Der Arschloch-Kapitalismus, wie wir ihn verstehen, vermittelt eben genau diese Anspruchskultur. Er erzeugt den Eindruck, dass man für nichts durchaus etwas bekommen, ja dass man richtig reich werden kann, ohne sich darum kümmern zu müssen, was man anderen damit aufbürdet. Solch eine Kultur schafft starke Anreize für arschlochmäßiges Denken und Verhalten, und zwar nicht nur bei jenen, die bereits Arschlöcher sind, sondern auch bei all denen, die sich in einer anders geregelten Gesellschaft kooperativ verhalten würden. Die Folge ist ein explodierendes Arschlochtum im gesamten sozialen und wirtschaftlichen Leben, das auch die Systeme überwuchert, die die Ausbreitung der Arschlochpopulation eigentlich eindämmen sollten. Da die Arschlöcher – *gefühlt* oder real – immer mehr werden, hören die kooperativen Menschen auf, jene Praktiken und Institutionen aufrechtzuerhalten, die der Kapitalismus braucht, *um seinen eigenen Werten gerecht zu werden*. Und so verfällt das kapitalistische System: Es wird immer unfähiger, seine eigenen Versprechungen von Freiheit, Chancengleichheit und allgemeinem Wohlstand einzulösen, die Gründe, aus denen partnerschaftlich denkende Menschen sich angeblich für den Kapitalismus entscheiden sollten. Kurz gesagt: Der Arschloch-Kapitalismus hebelt die ursprünglichen Ziele des Kapitalismus aus.

Das ist unsere Hauptthese. Aber ich möchte noch ein bisschen weiter ausholen. Der Arschloch-Kapitalismus ist gekennzeichnet durch drei wesentliche Merkmale:

1) Arschloch-Anreize:
Der Arschloch-Kapitalismus fördert eine Anspruchskultur (Recht auf unbegrenzte persönliche Bereicherung auch auf Kosten der Gesellschaft), die einen machtvollen Anreiz schafft, wie ein Arschloch zu denken.

2) Fehlendes Arschloch-Management:
Es fehlt ein verlässliches System zur Kontrolle und Eindämmung der Arschlochpopulation. (Familie oder Rechtsstaatlichkeit als wertstiftende Instanzen werden von den Anreizen der Arschloch-Kultur überlagert.)

3) Destabilisierung:
Aus diesen beiden Faktoren resultiert eine ungehemmte Vermehrung der Arschlöcher. Diese wiederum macht jede Kooperation unmöglich, die für das Funktionieren des Kapitalismus auf der Basis seiner Grundwerte (Freiheit, Chancengleichheit und Wohlstand für alle) nötig wäre. Das System baut immer weiter ab, bis es am Ende völlig verfällt.

Wir können uns die Funktionsweise des Arschloch-Kapitalismus verdeutlichen, indem wir uns vor Augen führen, wie ein gesunder Kapitalismus aussehen muss, damit er seine sozialen Verheißungen erfüllen kann.[113] In einem gesunden System würden kooperative Menschen trotz des gelegentlichen

---

113 Mehr zu diesem Thema finden Sie im Anhang, wo die arschlochrelevanten Thesen der Spieltheorie erläutert werden.

Vorkommens von Arschlöchern zusammenarbeiten, um jene Praktiken und Institutionen aufrechtzuerhalten, die jeder Mensch braucht, wenn er tatsächlich Freiheit, Chancengleichheit und sein Stück vom allgemeinen Wohlstandskuchen genießen will. Stellen wir uns nun vor, wie dies zugunsten der Anspruchskultur aufgegeben wird (vielleicht, weil die Anspruchs-Partei an die Macht gekommen ist). Nun vermittelt das System den Menschen eine Botschaft, die ihr angeblich gutes Recht genauer definiert: zum Beispiel, dass es ihr gutes Recht sei, immer mehr zu besitzen, auch wenn dadurch andere geschädigt werden. Da sich das Arschloch-Denken und die Arschloch-Kultur immer weiter ausbreiten, sind die entsprechenden Eindämmungsinstanzen ab einem bestimmten Punkt überfordert. Eltern bereiten ihre Kinder zunehmend auf die Arschloch-Wirtschaft vor; gesetzliche Vorschriften werden immer lascher; das politische System funktioniert immer mehr nach Arschloch-Grundsätzen und so weiter. Manche Menschen wechseln die Seite, andere ziehen sich einfach zurück. Dies sorgt dafür, dass kooperationsbereite Menschen immer mehr Probleme haben, die Praktiken und Institutionen aufrechtzuerhalten, die den Kapitalismus in der Spur halten sollen, damit er seine eigenen Vorgaben erfüllt. Das bedeutet nicht unbedingt, dass die Gesellschaft gänzlich kollabiert – nicht einmal Arschlöcher können sich noch bereichern, wenn sie das Spiel zu weit treiben –, doch die gesellschaftlichen Praktiken und Institutionen, die die Verheißungen des Kapitalismus hätten umsetzen sollen, brechen zusammen. Und damit bricht das kapitalistische System, so wie es eigentlich gedacht war, zusammen.

Hobbes schlägt Marx

Bisher ist der Arschloch-Kapitalismus nur eine beunruhigende Möglichkeit am Horizont. Ob reale kapitalistische Gesellschaften wie Japan, Italien oder die USA sich über die Ausbreitung des Arschloch-Kapitalismus und ihren möglichen Niedergang Gedanken machen müssen, ist eine andere Frage. Wie wir in diesem Kapitel sehen werden, ist der Arschloch-Kapitalismus vorläufig nur ein soziologisches »Modell«, das sich der Realität lediglich graduell annähern wird. In diesem Zusammenhang ist es eminent wichtig, Modelle nicht mit der Wirklichkeit zu verwechseln – obwohl gerade Berufsökonomen dies mit Vorliebe tun. Die zentrale Frage, die sich hier stellt, ist nicht, ob wir sicher sein können, dass das Modell die Wirklichkeit angemessen beschreibt, sondern, ob wir sicher sein können, dass wir uns nicht bereits auf dem Weg Richtung Verfall befinden oder bald befinden werden. Ich werde in diesem Kapitel beschreiben, wie eine kapitalistische Gesellschaft zerstört werden kann, weil ich glaube, wir sollten uns über die Zukunft der kapitalistischen Gesellschaften, die wir aufgebaut haben, ernsthaft Gedanken machen. Wir sollten uns fragen, ob unsere Gesellschaften nicht schon dabei sind, sich zu Arschloch-Kapitalisten-Systemen zu entwickeln, die früher oder später zum Niedergang führen werden.

Natürlich sind solche Dinge schwer vorherzusagen, aber ich möchte Ihnen hier meine eigene Einschätzung der Lage im frühen 21. Jahrhundert vorstellen: Japan hat kaum Grund zur Sorge, denn seine »kollektivistische« Ausrichtung sorgt dafür, dass die Menschen kooperativ sind. Italien hat sich bereits zum Arschloch-Kapitalisten-System entwickelt und denkt über Möglichkeiten zum Ausstieg nach (wobei die überfällige Vertreibung Berlusconis ein erster Schritt war). Die USA stehen am Scheideweg: Vermutlich hat das Land die Trendwende zum Arschloch-Kapitalismus bereits vollzogen, was seinen unaufhaltsamen Niedergang bedeuten würde. Theoretisch könnte es zu den glorreichen Tagen des Nicht-Arschloch-Kapitalismus zurückkehren, aber ein erfahrener Spieler würde darauf keinen Cent wetten. Die Amerikaner haben also ganz Recht, wenn sie diesbezüglich Befürchtungen hegen.

Karl Marx stellte einst die These auf, der Kapitalismus sei instabil und würde eines Tages unvermeidlich einem besseren System Platz machen. Doch der Anstieg der Arschlochpopulation lässt vermuten, dass Marx falsch lag: Der Kapitalismus ist zwar instabil, doch er kann auch einem schlechteren System weichen. Thomas Hobbes, der als Philosoph die menschliche Natur studierte, hatte einen recht klaren Blick auf das Arschloch im menschlichen Leben. Hobbes ging davon aus, die menschliche Gesellschaft sei so instabil, dass nur ein absoluter Herrscher (wie zum Beispiel das englische Königtum) sie davor bewahren könne, in den »Krieg eines jeden gegen jeden«[114] zu verfallen, einen schrecklichen Zustand, den Hobbes bekanntermaßen so beschrieb, »... das menschliche Leben ist einsam, armselig, ekelhaft, tierisch und kurz.«[115] Was den absoluten Monarchen anging, lag Hobbes allerdings falsch. Der dauerhafte Erfolg konstitutioneller Demokratien

114 Thomas Hobbes, *Leviathan*, Kap. 13, Neuwied/Berlin 1966, S. 96.

115 Thomas Hobbes, *Leviathan*, Kap. 13, Neuwied/Berlin 1966, S. 96.

mit Gewaltenteilung, wie Frankreich und die USA es sind, hat dies hinreichend bewiesen. Doch die soziale Dynamik des Arschloch-Typs bestätigt möglicherweise seine düstere Prognose der Risiken. Kooperation ist ein zerbrechliches Gut. Die Perspektiven einer Gesellschaft hängen zum Großteil von den vorherrschenden Umständen ab. Kooperative Menschen müssen daher wachsam bleiben, wenn sie den Erfolg eines auf menschlichen Anstand setzenden Gesellschaftsmodells auf Dauer sichern wollen. Kooperative Wachsamkeit ist das *einzige* Bollwerk gegen den Niedergang, *vor allem* in kapitalistischen Gesellschaften.

Wie alles zusammenbricht: Kollaps, Erosion, Krise, Dysfunktionalität

Soziale Systeme können auf verschiedene Weise zugrunde gehen. Wir wollen uns ein paar dieser Möglichkeiten ansehen, um zu klären, auf welche Zeichen des Niedergangs wir besonders achten müssen.

Kollaps

Die heute vollkommen kahlen Osterinseln besaßen einst dichte Wälder, die eine funktionierende Gesellschaft am Leben hielten. Diese Wälder wurden abgeholzt. Jeder konnte dort so viel Holz schlagen, wie er wollte. Offensichtlich dachte keiner daran, dass, wenn er sich nicht beschränkte, die anderen sich ebenfalls keinerlei Zurückhaltung auferlegen würden. Das Resultat dieser »Allmende-Tragödie« war, dass die Gesellschaft ausstarb.[116] Wir haben gute Chancen, dass der Klimawandel unser kollektives Schicksal bestimmt (wenn nicht das der gesamten Menschheit, dann doch das des größten Teils davon).

Erosion

In anderen Fällen können wir den Verfall von Werten beobachten, ohne dass damit ein vollständiger Kollaps verbunden wäre. Beispiel: die Kindertagesstätten in Haifa. Dort beschloss man, Eltern, die ihre Kinder zu spät abholten, ein Bußgeld aufzuerlegen – mit dem Ergebnis, dass die Anzahl der Spätabholer sich *verdoppelte* (im Vergleich zu entsprechenden Kontrollgruppen). Auf jeden Fall sank sie nie mehr auf die Anzahl vor der Einführung des Bußgeldes, auch nicht, als man dieses wieder abschaffte.[117] Anscheinend bewirkte die Strafe, dass die Eltern ihr Eigeninteresse stärker in den Vordergrund stellten (schließlich bezahlten sie ja für die Extra-Zeit) und die allgemeine Verpflichtung zur Pünktlichkeit im Interesse des Kindergartenpersonals aufgaben. Oder denken wir an Richard Titmuss' berühmte Studien über Blutspenden. Dort, wo die Blutspender Geld erhielten, gingen die Spenderzahlen zurück. Der altruistische Impuls war also eine stärkere Motivation zur

116 Jared Diamond, *Kollaps: warum Gesellschaften überleben oder untergehen*, Frankfurt a. M. 2011.

117 Uri Gneezy, »The W Effect of Incentives«, University of Chicago Graduate School of Business, 13. Oktober 2003.

Blutspende als der Profit. Auch hier verdrängten Markt-Anreize die davor vorherrschende ethische Einstellung.[118]

Es gibt noch andere Wege, auf denen das Laster die Tugend »verdrängt«. Der Effekt, der sich bei den Kindertagesstätten oder beim Blutspenden zeigt, trifft manchmal auf etwas, was Ökonomen die Neigung der Märkte nennen, tugendhaftes Verhalten zu verringern. Je weniger die Märkte von zentralisierten Entscheidungen abhängen (zum Beispiel, was die Verteilung von Kapital angeht), desto weniger sind sie von grundsätzlich rechtschaffenen Regierenden abhängig, die diese treffen. Hayek erklärt, dass die liberale Marktordnung »ein System ist, in dem schlechte Menschen am wenigsten anrichten können«[119]. Zusammengenommen können diese beiden Tendenzen eine Abwärtsspirale in Gang setzen, bei der die Märkte immer weiter expandieren und immer weniger tugendhaftes Verhalten voraussetzen. Oder wie der US-Ökonom Samuel Bowles meint:

> *Der komparative Vorteil von Märkten gegenüber anderen Institutionen bei der Lenkung von Interaktionen zwischen von Eigeninteresse motivierten Akteuren (zum Beispiel bei der dezentralisierten Entscheidung über relative Kosten et cetera) kann eine Spirale der marktindu-*

---

118 Richard Titmuss, *The Gift Relationship: From Human Blood to Social Policy*, New York 1997. Andere Beispiele finden Sie in: Samuel Bowles, »Policies Designed for Self-Interested Citizens May Undermine ›The Moral Sentiments‹: Evidence from Economic Experiments«, in: *Science* 320 (2008), S. 5883.

119 Friedrich von Hayek, *Individualismus und wirtschaftliche Ordnung*, Salzburg 1976, S. 22.

zierten Erosion von ethischen und altruistischen Werten in Gang setzen, die dazu führt, dass man sich immer stärker auf die Märkte verlässt. Dies führt wiederum zu einem Abschmelzen ethischer Werte und so weiter.[120]

Es gibt also eine Abwärtsbewegung von einer durch Tugend motivierten Gesellschaft hin zu einer »tugend-effizienten« Endform.

Man hört häufig, dass dies vor allem auf den Kapitalismus und die liberalen Institutionen zutreffe. Märkte, die vom Eigeninteresse der Akteure gelenkt werden, brauchen traditionelle familiäre oder religiöse Strukturen, *um zu funktionieren*, denn nur sie bringen die individuelle und bürgerliche Tugendkultur hervor, die die marktbasierte Gesellschaft nötig hat. Und doch *gefährden* gerade die Marktbeziehungen diese Kultur, indem sie die althergebrachten ethischen Werte durch die Marktwerte des Eigeninteresses ersetzen. Dies ist, wie es so schön heißt, der »kulturelle Widerspruch« des Kapitalismus.[121]

120 Samuel Bowles, »Is Liberal Society a Parasite on Tradition?«, in: *Philosophy and Public Affairs* 39 (2011), S. 46 - 81, die Hervorhebung stammt von mir. Siehe Seite 53 bis 57 und Anhang I auf S. 78. Bowles Abhandlung über diese Themen hat viel zu meinem Denken beigetragen, da ich viele von seinen Zitaten aufgegriffen und weiterverfolgt habe.

121 Bell, Daniel, *Die kulturellen Widersprüche des Kapitalismus*, Frankfurt a. M. 1991.

Krise
In den genannten Fällen gehen zwar Werte verloren, doch natürlich könnte man argumentieren, dass dieser Werteverlust durch Wertzuwachs auf anderem Gebiet kompensiert wird. Mit Krisen verhält es sich hingegen völlig anders: Viele Krisen richten durchschlagenden, irreparablen und weitgehend unnötigen Schaden an. Nehmen wir als Beispiel den klassischen Bankenrun oder die globale Liquiditätskrise von 2008. In beiden Fällen entsteht der enorme endgültige Schaden weitgehend aus der Unsicherheit darüber, ob Darlehen zurückgezahlt werden. Viele Beteiligte haben großzügig Kredite vergeben, solange alle anderen dies ebenfalls taten. Doch ohne die Sicherheit, dass genügend andere dasselbe tun, musste jede einzelne sich dem Risiko des Totalausfalls stellen und hatte daher guten Grund, die Kreditvergabe einzustellen beziehungsweise sein verliehenes Geld zurückzuverlangen. Hätte es im Markt mehr »Vertrauen« gegeben, dass die Rückzahlung erfolgen würde, hätten sich diese Krisen ganz vermeiden lassen, und es wäre nur geringer oder gar kein Schaden entstanden.

Systemische Dysfunktionalität

Es ist möglich, dass ein ganzes System auf eine Weise arbeitet, die wiederholt unnötige Krisen auslöst. Diese unerwünschten Resultate sind keine »Jahrhundertflut« oder ein »Schwarzer-Schwan-Ereignis«, sondern das vorhersehbare Ergebnis dessen, wie das System organisiert ist, vor allem, wenn es zwar reformiert und angepasst werden könnte, dies aber nicht geschieht (im Grunde also ein »Weißer-Schwan-Ereignis«). Der Wirtschaftswissenschaftler Hyman Minsky war der Ansicht, dass die Kapitalmärkte zwangsläufig immer wieder Schuldenkrisen produzieren.[122] Doch diese generelle Tendenz ließe sich kontrollieren. Die Schaffung der Zentralbanken hat enorm dazu beigetragen, die Bankenkrisen zu vermindern, die sich in der Frühzeit der unregulierten Privatbanken immer wieder einstellten. Tatsächlich hat jede Ära diesbezüglich ihre eigenen Vorsichtsmaßnahmen entwickelt. In den letzten Jahrzehnten allerdings konnten wir uns offenkundig nicht dazu durchringen, etwas zu unternehmen. Die Maßnahmen, die nach dem 2. Weltkrieg in Bretton Woods beschlossen worden sind, haben das Systemrisiko weltweit zwei Jahrzehnte lang erfolgreich minimiert: Es gab nur wenige Finanzkrisen, nicht einmal eine Handvoll, bevor das System in den Siebzigerjahren aufgegeben wurde. Das Kapital wurde zunehmend mobil und überschritt mühelos Landesgrenzen. Bank- und Investmentgeschäfte wurden voneinander getrennt. Gleichzeitig wuchs das Vertrauen in die Finanzmärkte und generierte eine Laisser-faire-Kultur (in der Unternehmen unvorsichtige Wetten abschlossen und Methoden fanden, die Risiken aus den Bilanzen auszulagern, und vieles mehr). Seitdem gab es immer mehr und immer dramatischere Krisen, die schließlich in der globalen Finanzkrise von 2008/2009 gipfelten und eine weltweite Rezession und die Krise in der Eurozone auslösten.

---

122 Hyman P. Minsky, *Instabilität und Kapitalismus*, Zürich 2011.

Die Werte des Kapitalismus

Mit diesem Schema an der Hand können wir nun den Arschloch-Kapitalismus einschätzen. Er führt eher zur *Erosion* als zum vollständigen Kollaps. Der (unter Umständen) graduelle Prozess der Erosion rührt aus der Dysfunktionalität der gesamten Struktur her, die weder angepasst noch reformiert wird. Doch das muss nicht unbedingt das Resultat eines »kulturellen Widerspruchs« zu *traditionellen* Werten und den Institutionen beziehungsweise der Kultur, die diese weitergeben, etwa Familie oder Religion, sein. Wie wir sehen werden, können sämtliche Eindämmungsmechanismen, seien sie nun traditionell oder anderweitig inspiriert, von den starken Anreizen überwuchert werden, die die Anspruchskultur des Arschloch-Kapitalismus hervorbringt.[123]

Wir gehen hier jedenfalls nicht davon aus, dass der Arschloch-Kapitalismus den Kapitalismus oder die Gesellschaft in den Kollaps treibt, sondern dass er bewirkt, dass der Kapitalismus eine degenerierte Form annimmt, die dem *ureigensten Wertekanon des Kapitalismus* nicht mehr entspricht. Aber verfügt der Kapitalismus überhaupt über einen Wertekanon?

Nelson Rockefeller würde diese Frage wohl verneinen. Er würde vermutlich behaupten, Sinn und Zweck des Kapitalismus sei, dass er selbst reich werde (oder dass Gott einen Weg

---

123 Was es sozialwissenschaftlich bedeutet, wenn traditionell familiäre und kulturelle Werte nicht mehr als vorrangig gelten, siehe: Samuel Bowles, »Is Liberal Society a Parasite on Tradition?«, in: *Philosophy and Public Affairs* 39 (2011).

fände, ihm seine Reichtümer zu schenken).[124] Vermutlich würde er noch ein paar salbungsvolle Worte über den hart arbeitenden, risikobereiten, unglaublich talentierten, heldenhaften und deshalb zu Recht reichen Unternehmer anfügen. Doch natürlich sollten wir nicht ein Arschloch um Auskunft bitten, wenn wir wissen wollen, was der Sinn und Zweck des Kapitalismus ist, denn wir können davon ausgehen, dass er uns eine Variante des Arschloch-Kapitalismus auftischen wird – aus dem unerschütterlichen Glauben heraus, dass es sein gutes Recht sei (und zwar nur seines), die Vorteile des Kapitalismus für sich zu nutzen. Der Wert des Kapitalismus sollte vielleicht besser von Nicht-Arschlöchern taxiert werden, die – häufig auf eigene Kosten – die Praktiken und Institutionen aufrechterhalten, die eine funktionierende Gesellschaft braucht. Warum also sollten sie sich für den Kapitalismus entscheiden und nicht für eine andere Art, das wirtschaftliche und soziale Leben zu organisieren? Die Antwort auf diese Frage geben uns die letzten zweihundertundnochwas Jahre: Der Kapitalismus verspricht viele wünschenswerte Dinge, vor allem Freiheit, Aufstiegschancen und Wohlstand für alle. Er soll den »allgemeinen Wohlstand« mehren und einen »steigenden Lebensstandard« sichern, in dem dieselbe Welle alle nach oben trägt, die Yacht und das Dingi. Der Kapitalismus, so heißt es, fördere diese Werte gleichermaßen oder sogar besser als andere soziale Organisationsformen.

---

124 Was wiederum zu Max Webers These passt, dass die protestantische Arbeitsethik den Kapitalismus unterstützt, da sie erworbenen Reichtum als Zeichen von Gottes Wohlgefallen auslegt. Siehe: Max Weber, *Die protestantische Ethik und der Geist des Kapitalismus*, Paderborn 2011.

Nehmen wir einmal an, dass das stimmt. Dann ist es von entscheidender Bedeutung, dass diese Versprechungen nicht erfüllt werden können ohne entsprechende soziale Praktiken und Institutionen. Die Vorstellung von einem groß angelegten, selbsterhaltenden, selbstorganisierenden und »effizienten« Markt mit idealen Wettbewerbsbedingungen ist eine Fiktion – mit real existierenden Märkten hat sie wenig zu tun.[125] Weiträumig angelegter Güteraustausch zum Beispiel ist nur dort möglich, wo es Eigentumsvorstellungen gibt, die zwischen »dein« und »mein« klar unterscheiden. Dies wiederum erfordert eine institutionelle Organisation von Dingen wie Sicherheit, Rechtsstaatlichkeit, Vertragsverbindlichkeit, Durchsetzung der Rechtsvorschriften, Steuererhebung und Politik, damit das Eigentumssystem erhalten bleibt (und nicht durch Diebstahl, Korruption, innere Konflikte und so weiter zerstört wird). Werden diese Praktiken und Institutionen nicht durch die Bereitschaft kooperativer Menschen, sich für ihr Bestehen einzusetzen, aufrechterhalten, dann können die sozialen Verheißungen des Kapitalismus nicht erfüllt werden.

---

125 Laut dem Gründungspatron der neoliberalen Ökonomie und Nobelpreiskandidat Kenneth Arrow hängt das reibungslose Funktionieren von Märkten von bestimmten gesellschaftlichen und moralischen Präferenzen ab. Siehe »Political and Economic Evaluation of Social Effects and Externalities«, in: *Frontiers of Qualitative Economics*, hrsg. von Michael D. Intriligata, Amsterdam 1971, S. 3 – 23. Einer ähnlichen Fragestellung unter besonderer Berücksichtigung der Praktiken und Institutionen, die die Märkte gleichsam »einbetten«, widmet sich der Soziologe Karl Polanyi, *The great Transformation: politische und ökonomische Ursprünge von Gesellschaften und Wirtschaftssystemen*, Frankfurt a. M. 1995.

Was aber, wenn sie scheitern? Dann können wir davon ausgehen, dass der Lebensstandard nur für einige wenige steigt und die Welle des Kapitalismus nur die Yachten emporträgt, die kleinen Boote aber unter sich begräbt. Das Bruttoinlandsprodukt würde dann zwar vielleicht noch immer steigen, aber nur in der Form, wie das Durchschnittseinkommen jedes Barbesuchers steigt, wenn Bill Gates das Lokal betritt. Der durchschnittliche Wohlstand steigt, aber die wenigsten profitieren davon. Ganz konkret könnte dies bedeuten: Die Menschen können sich nicht mehr darauf verlassen, dass sie immer einen Job haben werden oder im Alter von ihrer Rente leben können, obwohl sie ihr Leben lang hart gearbeitet und »alles richtig gemacht« haben. Kinder können sich nicht mehr leisten, die Schule abzuschließen, weil die immer schutzlosere Familie ihr Einkommen braucht, um die Rechnungen zu bezahlen. In einem Polizei- und Justizsystem, das den Meistbietenden bevorzugt, bekommen kleine Leute ihr Recht nicht mehr, während die Reichen die beste Rechtsprechung erhalten, die man für Geld haben kann. All diese Effekte haben ihren Ursprung in einem politischen System, in dem sich die Macht in den Händen einiger weniger konzentriert, die ständig die Regeln ändern, um ihren Einfluss noch weiter zu vergrößern. Kurz gesagt: Auf die ein oder andere Weise gibt es »Freiheit«, »Chancengleichheit« und »Wohlstand« für alle nur noch dem Namen nach. Und das lässt den Kapitalismus in ihren Augen im Wert sinken.

Ich möchte an dieser Stelle betonen, dass ich nicht unbedingt für ein egalitäres Modell sozialer Gerechtigkeit eintrete, was die Verteilung der Früchte des Kapitalismus angeht. Ich orientiere mich hier eher an den Vorstellungen von John Rawls. Grob zusammengefasst besagen diese: 1) gleiche Grundfreiheiten für alle; 2) Chancengleichheit, was den Zugang zu mehr Macht und Einkommen angeht und einen Ausgleich für die Vorteile einer glücklichen Geburt schafft; 3) eine gewisse Begrenzung der Ungleichheit von Einkommen und Reichtum, damit harte Arbeit, Risiko und so weiter belohnt werden. Das ganze System muss so gestaltet sein, dass es den größtmöglichen Vorteil für die am wenigstens Begünstigten bringt.[126] Doch für unsere Zwecke können wir von diesen Grundsätzen einmal absehen. Wir untersuchen hier *nur* die ursprünglichen sozialen Verheißungen, die der Kapitalismus selbst entwirft. Diese fordern zwar einen Anstieg des *allgemeinen* Wohlstands, kümmern sich jedoch nicht um dessen Verteilung. Klafft die Schere zwischen reich und arm immer weiter auseinander, kann dies aus anderen Gründen allerdings trotzdem problematisch werden, zum Beispiel weil zu wenige Menschen Aussicht auf eine Besserung ihrer Lebensumstände erkennen oder weil der Reichtum sich nicht weit genug verteilt, das Wachstum also keine »breite Basis« hat. Hier gehen wir zwar von einem gewissen Wertekanon aus, doch dieser ist ein durchaus *konservativer*. Wir folgen der Annahme, dass wir allen Grund haben, unsere kapitalistischen Gesellschaftsformen zu schätzen, und damit auch Grund, sie vor dem Absinken in eine degenerierte Form zu bewahren.

Bleibt also nur noch eine Frage zu lösen: Inwiefern verschlechtert der Arschloch-Kapitalismus unsere Situation im

---

126 Siehe John B. Rawls, *Eine Theorie der Gerechtigkeit*, Frankfurt a. M. 1979.

Hinblick auf den ursprünglichen kapitalistischen Wertekanon? Genauer gesagt: Wieso fördert der Arschloch-Kapitalismus den Niedergang?

Der Anspruchskapitalismus

Jedes kapitalistische System bietet starke Anreize zur persönlichen Bereicherung. Nur so bringt es Menschen dazu, Dinge zu tun, die ohne diese Anreize nicht getan würden. Über das kapitalistische System an sich muss hier nichts weiter gesagt werden. Nur dies noch: Diese Anreize funktionieren tatsächlich. Sie bringen Menschen dazu, Dinge zu tun, die auf lange Sicht die sozialen Versprechungen des Kapitalismus erfüllen. Allerdings funktioniert ein kapitalistisches System nur innerhalb eines weitgespannten Rahmens gesellschaftlicher Kooperation. Was uns daher sehr wohl interessieren sollte, ist der moralische Status der kapitalistischen Anreize und das Verhalten, das sie fördern. Wir sollten beispielsweise hinzufügen, dass Menschen, die auf diese Anreize reagieren, ihren Teil zum Ganzen beitragen. Als Resultat haben sie ein Anrecht auf das, was ihnen zusteht, zum Beispiel auf die Bezahlung, die man ihnen für die geleistete Arbeit versprochen hat.

Wichtig ist hier, dass dieses Anrecht kein absolutes ist. Was dem Einzelnen zusteht, so könnte man sagen, ist eine faire Behandlung durch das System der gesellschaftlichen Kooperation. Wie das individuelle Anrecht im Einzelfall aussieht, hängt davon ab, was es bedeutet, dass das kooperative System zu allen gleichermaßen fair ist. Wenn innerhalb der sozialen

Versprechungen des Kapitalismus eine höhere Entlohnung für Lehrer oder Steuerbeamte erforderlich wird, dann haben Lehrer und Steuerbeamte das moralische Recht auf Gehaltserhöhung. Und wenn Straßen, Schulen und Müllabfuhr zum Wohl des Ganzen nötig sind und diese nur dann bereitgestellt werden können, wenn man Manager- und Bankerboni beschneidet oder hoch besteuert, dann haben Manager und Banker eben kein moralisches Recht auf Beibehaltung des Status quo. Alles ist fair, wenn es nötig ist, damit die sozialen Versprechungen des Kapitalismus erfüllt werden können.

Nun vergleichen wir dies einmal mit dem *Anspruchskapitalismus*. Er funktioniert auf der Grundlage des *Grundrechts auf mehr*, also des Anspruchs auf einen größeren Anteil an den Früchten der Kooperation (zum Beispiel Parkplätze, Frischluft, Wohlstand) ohne Rücksicht auf die gesellschaftlichen Gegebenheiten, ohne Rücksicht auf die sozialen Kosten für andere. Da kommen einem dann die Banker in den Sinn, die davon profitieren, dass ihre Unternehmen enorme Risiken eingehen, weil sie wissen, dass sie als »systemrelevant« am Ende vom Staat gerettet werden müssen, sodass die Risiken letztlich der Steuerzahler trägt. Ein schönes Beispiel trug sich in den dunklen Tagen des Herbstes 2008 zu, als die US-Wirtschaft ebenso wie die Weltwirtschaft plötzlich vor einem gähnenden Abgrund standen. US-Finanzminister Hank Paulson versammelte die Top-Banker des Landes in seinem Büro und teilte ihnen mit, dass man ihnen – ohne Bedingungen – 125 Milliarden Dollar zur Verfügung stellen werde, damit sie ihre finanzielle Schieflage korrigieren und den Märkten wieder mehr Vertrauen einflößen könnten. Daraufhin wollte John

Thain, der frühere CEO von Merrill Lynch, wissen: »Welche Garantien haben wir, dass der Anspruch auf unsere Bezahlung sich nicht ändert?« Das ist selbst für ein Arschloch eine atemberaubend dumme Aktion. Die Steuerzahler werden gezwungen, zum Wohl des Landes und der ganzen Welt, Unsummen aufzuwenden, um die Banker vor den Folgen ihrer eigenen Leichtfertigkeit zu bewahren und das Einzige, worum diese Herren sich Sorgen machen, ist ihr Bonus.

Wie das Beispiel zeigt, gründet der Anspruchskapitalismus auf dem *Recht auf mehr* (die Boni der Banker waren sehr hoch). Es geht nicht darum, einen klar definierten Anteil an den Gütern zu erhalten, der Anspruchskapitalismus vermittelt die Botschaft, man dürfe das *Maximum* verlangen, das man herausholen kann, oder zumindest *mehr* als die anderen und auf jeden Fall mehr, als man beim letzten Mal bekommen hat. Man kann von niemandem erwarten, dass er um der Mitmenschen willen Verluste hinnimmt oder auch nur verminderte Gewinne. Das Recht auf mehr wird als *Grundrecht* wahrgenommen, weil es auch gilt, wenn es dafür keinerlei gesellschaftliche Rechtfertigung gibt und wenn andere dafür teuer bezahlen müssen. Da das Recht auf mehr im Arschloch-Kapitalismus ein Grundrecht ist, hat es keine Rechtfertigung nötig. Wer sich diese Sonderrechte anmaßt, hat natürlich auch ein paar moralische Plattitüden auf Lager, die zumindest aussehen wie Rechtfertigungen. Solche Leute verweisen dann gern auf die besondere Funktion, die sie haben (zum Beispiel, weil sie »Jobs schaffen«; weil sie »die Besten« sind; weil sie »erfahrene Geschäftsleute« sind; weil sie »in ihrer Branche top« sind). Doch damit beruhigen sie nur ihr moralisches Gewissen und bringen jene zum Schweigen, die Einwände erheben. Keinesfalls soll damit eine offene Diskussion darüber, ob die Vorteile, die sie aus dieser Position ziehen, wirklich gerechtfertigt sind, angestoßen werden. Dass sich das moralische Gewissen problemlos beruhigen lässt, liegt ohnehin eher an dem Grundgefühl für ihre »verdienten« Sonderrechte, nicht an den vorgebrachten Argumenten. Das erklärt auch, wieso Leute, die dieses Gefühl haben, ihren Anspruch so aggressiv und entrüstet verteidigen.

Wir gehen hier von dem Arschloch aus, wie wir es in Kapitel 1 definiert haben. Er erwartet und fordert Sonderrechte ein, die er in Wirklichkeit nicht hat, und ist immun gegen die Einwände anderer, die ihn auf diese Tatsache hinweisen. Im Allgemeinen wird das, worauf wir ein Anrecht haben, von der Moral definiert. Und natürlich sind Menschen unterschiedlicher Ansicht darüber, was die Moral erlaubt oder fordert. Doch für unsere Zwecke hier gehen wir einmal davon aus, dass unsere moralischen Rechte nicht das Recht auf immer mehr umfassen. Ganz im Gegenteil hängt das, worauf wir ein Anrecht haben, davon ab, was der Kapitalismus braucht, um seine sozialen Versprechungen zu erfüllen. Die Kultur des Anspruchskapitalismus vermittelt Menschen, dass sie Rechte haben, die sie in Wirklichkeit nicht besitzen.

In unserem Modell des Anspruchskapitalismus beschränkt sich das Gefühl des berechtigten Anspruchs nicht nur auf Arschlöcher. Natürlich sind diese für die Botschaft besonders empfänglich, da sie ihnen nur bestätigt, was sie ohnehin schon glauben. Entscheidend aber ist, dass andere, die im Normalfall nicht wie Arschlöcher denken würden, ebenfalls Teil des Systems werden, und die frohe Botschaft des »Rechts auf mehr« sich immer stärker ausbreitet. Dann beginnen plötzlich immer mehr Menschen, *aggressiv* und *entrüstet* Gesetze und Institutionen zu verteidigen, die ihnen ein immer größeres Stück vom Kuchen sichern, ohne Rücksicht auf soziale Erfordernisse und Kosten für andere. Das heißt nicht, dass das Arschlochtum nun plötzlich Einzug in alle Lebensbereiche hält. Möglicherweise bleibt dieses Denken nur auf den Beruf, die Politik oder auf die Wirtschaft im Allgemeinen beschränkt. (Eine Gesellschaft wird nicht untergehen, wenn die Population der Arschloch-Surfer außer Kontrolle gerät.) Es ist keineswegs gesagt, dass die Betroffenen diese Haltung »systematisch« in allen Lebensbereichen pflegen oder dass sie besonders tief darin »verwurzelt« sind. Wenn der Wind der Kultur sich plötzlich drehen und aus einer anderen, vielleicht gemeinschaftlich orientierteren Ecke blasen würde, würden sie wohl mit dem Strom schwimmen und wären später vielleicht selbst erstaunt darüber, dass sie vormals tatsächlich gedacht haben wie ein Arschloch.

Worum es hier geht, ist also ein kulturell bedingtes Arschlochmoral-*Denken.* Das kann sich ausdrücken in der Ablehnung, von einer Position aus zu denken, die durch den »Schleier des Nicht-Wissens«, wie John Rawls dies nennt, charakterisiert ist. Bei der Frage, wie gerecht die sozialen Institutionen sind, schlägt Rawls uns ein Gedankenexperiment vor. Wir sollen uns fragen, in welcher Gesellschaft wir leben wollen, ohne zu wissen, welche Stellung wir in dieser Gesellschaft einnehmen würden. Wir wüssten nicht, zu welcher Rasse wir gehören, welches Geschlecht wir hätten, welcher Schicht wir angehören und über welche Talente wir verfügen.

Dies versetzt uns in einen vollkommen unparteilichen Urzustand, in dem wir uns eine gerechte Gesellschaft für alle ausdenken könnten.[127] Doch weil das typische Denken des Arschlochs davon ausgeht, dass er etwas ganz Besonderes ist, wird er diese unparteiliche Perspektive ablehnen oder einschränken wollen. Und zwar auf der Grundlage seiner besonderen Ansprüche, die er gar nicht erheben könnte, wenn er nicht wüsste, welche gesellschaftliche Position er einnimmt und welche Perspektiven er hat.

Da das Recht auf eine Sonderrolle vorerst *nur im Kopf* besteht, ist es nicht von Belang, dass nicht jeder diese Sonderrolle auch *tatsächlich einnehmen* kann – außer natürlich in einer Fantasiewelt endlosen Wirtschaftswachstums und unbegrenzter natürlicher Ressourcen. Jeder kann sich hinter diese *allgemeine* Botschaft des Rechts auf mehr einreihen, da er ja davon ausgeht, dass die *anderen* – zu Recht übrigens – die Kosten für den eigenen Vorteil tragen werden. Jeder kann zumindest *annehmen*, dass er ein Recht auf diese Sonderrolle hat, auch wenn nicht jeder seine Ansprüche tatsächlich verwirklichen kann. Daraus folgt erst mal nur, dass einige Leute bitter enttäuscht sein und sich darüber wohl ziemlich aufregen werden.

Doch auch das Arschloch-Denken stößt an Grenzen. Nicht einmal komplette Arschlöcher werden bewusst auf den totalen Kollaps hinarbeiten. Wo es wie in Hobbes' Naturzustand keine Kooperation gibt, gibt es auch keine Sonderrechte, die das Arschloch beanspruchen könnte. Allerdings ist das Arschloch möglicherweise nicht so vorsichtig wie Hobbes' »Narr«, der

127 Siehe John B. Rawls, *Eine Theorie der Gerechtigkeit*, Frankfurt a. M. 1979.

schlaue Betrüger, der erkennt, dass sein Anteil steigt, wenn er die Tatsache, dass er betrügt, nicht publik macht, damit er nicht erwischt und dieses Verhalten nicht zur allgemeinen Praxis wird.[128] Das Arschloch hingegen verkündet jedem, der es hören will, dass er einen moralischen Anspruch auf Sonderbehandlung hat. Arschlöcher können nur dann einen Kollaps verursachen, wenn sie fälschlicherweise nicht damit gerechnet haben, dass die kooperativen Menschen irgendwann die Nase voll haben und die Kooperation verweigern könnten, wie ich gleich erklären werde. Da sie sich jedoch stets im Recht auf mehr fühlen, kann es durchaus geschehen, dass sie den Bogen überspannen. Für das System sind sie daher gefährlicher als der vorsichtige Egoist.

Der entscheidende Punkt am Anspruchskapitalismus ist – zumindest für unsere Argumentation –, dass er die Motivationskraft der Anreize, die Menschen in einem kapitalistischen System antreiben, noch einmal deutlich verstärkt. Dinge wie persönlicher Reichtum gelten plötzlich nicht mehr nur als attraktiv, sondern sie werden zum Grundrecht jedes Einzelnen. Man betrachtet die Sonderrechte als etwas absolut Eigenes, Verdientes, unabhängig von den Geboten der Fairness, die in dem kooperativen System herrschen, welches solche Sonder-

---

128 Tatsächlich geht Hobbes davon aus, dass dies nicht funktionieren würde. David Gauthier verfolgt in *Morals by Agreement* (Oxford 1986) einen ähnlichen Ansatz: Seiner Ansicht nach sind nur durch Eigeninteresse motivierte Menschen unfähig, andere über ihre selbstsüchtigen Motive hinwegzutäuschen, sodass sie nicht das Vertrauen erhalten, das für eine wechselseitig nützliche Kooperation nötig wäre. Daher müssen sie moralische Beweggründe vorgeben, um ihr allgemeines Eigeninteresse zu befriedigen. Das Arschloch dagegen hat von Anfang an moralische Beweggründe.

rechte ermöglicht. Eben dieses Gefühl macht den Anspruchskapitalismus so selbstzerstörerisch. Plötzlich ist die Gesellschaft voller Menschen, die ganz entschieden nicht willens sind, die Lasten eines auf das Wohl aller abzielenden Lebens zu tragen, weil sie das Gefühl haben, dass sie mehr verdienen. Der Anspruchskapitalismus braucht also besonders starke Mechanismen zur Eindämmung der Arschlochpopulation. Doch eben das Anspruchsethos vereitelt die Ausbildung von Systemen, die die Anzahl der Arschlöcher begrenzen könnten.

Die Schleusen öffnen

Diesen Prozess sollten wir nun etwas genauer unter die Lupe nehmen. Nehmen wir einmal an, dass verstärktes Anspruchsdenken nicht durch die üblichen Eindämmungsmechanismen in Schach gehalten wird. Dann ist die erste Frage, die wir uns stellen sollten, die, wie die ungebremste Arschlochentwicklung das kooperative Leben verdrängt.

Wie wir bereits festgestellt haben, kann der Kapitalismus seine sozialen Verheißungen nur mithilfe entsprechender sozialer Praktiken und Institutionen umsetzen. Doch solche partnerschaftlich ausgerichteten Beziehungen innerhalb der Bevölkerung lassen sich nur dann aufrechterhalten, wenn es genug Menschen gibt, die bereit sind, dafür auch Nachteile in Kauf zu nehmen. Es müssen sich genügend Bürger an das Gesetz halten, ihre Steuern zahlen, zum Allgemeinwohl beitragen und so weiter. Die Ausbreitung der Arschloch-Kultur in einem Anspruchskapitalismus kann aber zur Folge haben, dass es irgendwann nicht mehr genügend Leute gibt, die willens oder in der Lage sind, die entsprechenden sozialen Praktiken und Institutionen zu bewahren, sodass früher oder später auch solche Einrichtungen wegfallen, die der Kapitalismus braucht, um seine ursprünglichen Werte zu realisieren. Die verschiedenen Gründe, aus denen dies geschehen kann, werden wir uns jetzt einmal genauer ansehen.

Seitenwechsel

Möglicherweise stellt der kooperative Teil der Bevölkerung fest, dass es den Arschlöchern in diesem System besser ergeht als ihm selbst, und wechselt die Seiten. »Wen du nicht besiegen kannst, mit dem verbünde dich«, heißt es doch so schön. Unter Umständen mehrt ein derartiger Seitenwechsel sogar den Nutzen, wenn er von vielen praktiziert wird; ähnlich wie die Vorteile eines sozialen Netzwerks zunehmen, je mehr sich daran beteiligen. Sollte dies zutreffen, wird der Trend zum Seitenwechsel sich beschleunigen, sobald er einmal angestoßen ist.

Rückzug

Vielen wird es trotzdem unmöglich sein, sich auf die Seite der Arschlöcher zu schlagen, wenn auch der Wind in diese Richtung weht. Gut möglich allerdings, dass sie nicht mehr bereit oder imstande sind, sich weiterhin in vollem Umfang kooperativ zu verhalten. Statt die Seiten zu wechseln, ziehen sie sich zurück, weil sie nicht länger willens sind, unter den veränderten Bedingungen die gesellschaftlich notwendigen Aufgaben zu versehen. Dieser Rückzug kann wiederum verschiedene Formen annehmen.

Erschöpfung

Auch wenn sich die Kooperationswilligen weiter engagieren, werden sie an einem bestimmten Punkt feststellen, dass es die Arschlöcher sind, die reüssieren. Dies demotiviert sie, ihr Engagement fortzusetzen, selbst wenn sie nach wie vor an die Werte der Kooperationsgesellschaft glauben.[129] Eine sich nicht erschöpfende Motivation erfordert möglicherweise eine bestimmte Art von Korpsgeist, der früher vorhanden war, sich mittlerweile aber verbraucht hat (entweder durch Vernachlässigung oder Sabotage).

Verunsicherung

Es könnte auch sein, dass bei bestimmten Teilen der Bevölkerung zwar nach wie vor die Bereitschaft zur Kooperation vorhanden ist, doch dass sie davon abhängig gemacht wird, ob auch genügend andere sich kooperativ zeigen. Mehr und mehr Menschen haben das Gefühl, dass die anderen nicht den Beitrag leisten, den sie leisten könnten, und so kommt es ihnen immer sinnloser vor, ihr Engagement fortzusetzen. Selbst wenn nach wie vor die Zahl derer, die bereit sind, solche Bürden *tatsächlich* auf sich zu nehmen, groß ist, so reicht schon der allgemeine *Eindruck* aus, dass diese Lasten sich nicht mehr auf genügend Schultern verteilen, um die Kooperationsbereitschaft beim restlichen Teil zu lähmen. Dieser (falsche) Eindruck kann bereits entstehen, wenn es im Fernsehen von Arschlöchern wimmelt, wenn ehrlich und gut gemeinte Ab-

---

129 In seinem Hauptwerk spricht Rawls von »the strains of commitment«, in der deutschen Ausgabe wiedergegeben als »Pflicht und Verpflichtung«. John B. Rawls, *Eine Theorie der Gerechtigkeit*, Frankfurt a. M. 1979, S. 368ff.

sichten zu unglücklichen Ergebnissen führen, wenn Menschen nicht mehr durchblicken, schlecht informiert sind oder einer von Arschlöchern geführten gezielten Desinformationskampagne aufsitzen, die nur den Zweck hat, kooperative Menschen zum Rückzug zu drängen.

Steigender Einsatz
Standen die Werte, die durch Kooperation erzielt werden konnten, früher in einer akzeptablen Relation zu dem Einsatz, den die Kooperationswilligen zu leisten bereit waren, so wird mittlerweile der persönliche Einsatz als zu hoch empfunden. Ihre Bereitschaft, Verpflichtungen einzugehen, nimmt ab, weil der Nutzen nicht mehr klar erkennbar ist. (Entweder ist der geforderte persönliche Einsatz wirklich enorm gestiegen oder die allgemeinen Werte, die er sichern soll, haben ihren Stellenwert eingebüßt). Wenn sich aber viele Menschen aus dem System zurückziehen, sind auch jene verunsichert, die höhere Belastungen zwar grundsätzlich akzeptieren würden, doch es sinnlos finden, sich zu engagieren, wenn andere dies nicht tun.

Ungerechte Lastenverteilung
In anderen Fällen erscheint der gestiegene Einsatz unfair verteilt. Selbst wenn die Werte, die geschaffen werden können, die höheren Lasten der hierzu notwendigen Kooperation als gerechtfertigt erscheinen lassen, dürften diejenigen, denen man diese Lasten abzuverlangen gedenkt, sie gerecht auf die Schultern aller verteilt sehen wollen. Werden – warum auch immer – bestimmten Gruppen unfaire Lasten auferlegt, weigern sich die Betroffenen womöglich irgendwann, sie wie ge-

wohnt zu tragen. Wenn sich viele Menschen derartig überlastet fühlen und sich aus der Kooperation zurückziehen, sehen diejenigen, die sich bisher fair behandelt gefühlt haben, nun möglicherweise ebenfalls keinen Sinn mehr darin, die kooperative Bürde zu schultern oder fühlen sich durch die neue Situation jetzt ihrerseits unangemessen belastet.[130]

Es gibt also zahlreiche Gründe, warum ein partnerschaftliches Miteinander in der Gesellschaft abnehmen kann, während die Arschlochproduktion floriert. Wie schnell dieser Prozess abläuft, hängt weitgehend davon ab, wie die soziale Landschaft zuvor beschaffen war. Ein »Schicksalsschlag von außen« (eine Naturkatastrophe, ein Krieg, ein Schwarzer Freitag an der Börse) kann die Kooperationswilligen erneut auf den Plan rufen, sodass der Niedergang abgewehrt werden kann. Er kann aber auch bedeuten, dass der Erosionsprozess nur etwas verlangsamt vonstatten geht. (Ein Niedergang kann sich auch deswegen als unvermeidlich herausstellen, weil jede neue Erosionsstufe schnell zur Norm wird und daher der Protest der Kooperationswilligen ausbleibt.) Genauso gut kann dieser Abbauprozess aber relativ schnell vor sich gehen, wenn vielleicht auch nicht innerhalb von ein paar Jahren, so doch von ein paar Jahrzehnten. Letztlich hängen Geschwindigkeit und Ablauf von den jeweiligen Umständen ab. Der Abbauprozess

130 In anderen Fällen ist der Rückzug eine Form des Protests gegen grobe und grundlegende Ungerechtigkeit. Tommie Shelby sieht dies beispielsweise im Rückzug der afroamerikanischen Bevölkerung in Ghettos. Siehe: »Justice, Work, and the Ghetto Poor«, in: *Law & Ethics of Human Rights* (noch nicht erschienen).

geht umso schneller vonstatten, je lukrativer es ist, sich als Arschloch zu verhalten oder sich zu einem solchen zu entwickeln (zum Beispiel wenn Banker-Boni von mehreren Millionen Dollar gezahlt werden wie in den letzten Jahren üblich), oder wenn sich die kooperationswilligen Menschen schnell entmutigen lassen. Eine sich als zusammengehörig empfindende Gesellschaft leistet vermutlich mehr und länger Widerstand als eine in sich gespaltene.

Wenn die Eindämmungssysteme versagen

Doch selbst wenn ein System starke Kräfte entwickelt, die die Arschlochproduktion fördern, ist nicht zwangsläufig alles verloren: Theoretisch können verlässliche Arschloch-Eindämmungsmechanismen kooperative Menschen davor bewahren, dass die Arschlochpopulation außer Kontrolle gerät. Dadurch könnten genug kooperative Menschen weiterhin sicher sein, dass es ausreichend Menschen gibt, die ihren Teil dazu beitragen, damit das kooperative Gesamtsystem funktioniert. Im Anspruchskapitalismus ist das anders. In einem System, wie es hier beschrieben wird, sorgen die starken Anreize dafür, dass sogar die besten Mechanismen der Arschloch-Kontrolle außer Kraft gesetzt werden, denn sie lassen die Institutionen erodieren, die hierzu nötig sind.

In diesem Kapitel wollen wir klären, wie so etwas passieren kann. Dafür werden wir uns einige der wichtigsten Eindämmungsinstitutionen der Reihe nach ansehen.

Familie

Liebevolle familiäre Beziehungen fördern die persönlichen und sozialen Tugenden und setzen damit der Arschloch-Nettoproduktion automatisch gewisse Grenzen. Diesbezüglich ist die Familie wirklich unentbehrlich. Doch das soll nicht heißen, dass sie *allein* schon ausreichen würde, um für eine effektive Arschloch-Kontrolle zu sorgen. Denn die Familie unterliegt ihrerseits starken Einflüssen durch das System des Anspruchskapitalismus. Sie muss nicht vollständig erodiert sein, um ihre Funktion als Bollwerk gegen den Niedergang zu verlieren.

So könnten Eltern beispielsweise beschließen, ihre Kinder im Wertekanon des Arschloch-Kapitalismus zu erziehen. Tendenziell werden Arschloch-Eltern Arschloch-Kinder in die Welt setzen und potenzieren so das Problem. Selbst wenn sie nur im Berufsleben Arschlöcher sind, kann dies ihre Erziehung beeinflussen. Vor allem Arschloch-Chefs haben für gewöhnlich auch Arschloch-Kinder.[131] Doch auch Eltern, die nicht im Entferntesten zur Kategorie »Arschloch« zählen, werden vom machtvollen Anreizsystem des Anspruchskapitalismus beeinflusst. Eltern sorgen sich häufig sehr darum, wie sie ihrem Kind helfen können, innerhalb der bestehenden Ordnung zurechtzukommen. Deshalb erziehen sie das Kind

131 Allem Anschein nach legen Eltern, die im Beruf Befehlsempfänger sind, weniger Wert darauf, ihre Kinder zur Unabhängigkeit zu erziehen. Siehe Melvin Kohn et al., »Position in the Class Structure and Psychological Functioning in the U.S., Japan, and Poland«, in: *American Journal of Sociology* 95 (1990), S. 964 – 1008. Möglicherweise gilt dies auch umgekehrt: Eltern, die im Beruf Befehle erteilen, erziehen ihre Kinder zu mehr Unabhängigkeit.

nicht auf eine Gesellschaft hin, wie sie sein sollte, wenn sie nicht damit rechnen, dass diese Gesellschaftsform sich zu Lebzeiten des Kindes durchsetzt. Wenn es also starke ökonomische Anreize zur Entwicklung von wettbewerbsbetontem Verhalten gibt (um bessere Chancen auf Jobs, Abschlüsse oder Partner zu haben), dann lassen sich sogar wohlmeinende Eltern darauf ein und ermutigen ihre Kinder zu solchem Verhalten. Häufig bemerken sie gar nicht, dass ihre Kinder, sobald sie das Nest verlassen, unweigerlich zu Arschlöchern werden oder sich wie solche verhalten. Wenn der Anreiz nur groß genug ist, werden sich viele Kinder diese Chance nicht entgehen lassen – vielleicht auch nur, um ihre Eltern mit einem hohen Jahresgehalt zu beeindrucken.

Für diese elterliche Zwickmühle gibt es keine einfache Lösung. Der augenblickliche Trend, das Selbstwertgefühl eines Kindes zu stärken, indem man es vor Kritik oder Rückschlägen bewahrt, verstärkt narzisstische Tendenzen und kann die Arschloch-Nettoproduktion nur erhöhen. Allerdings sind traditionelle Erziehungsmethoden hier kaum besser. Gemäß der herkömmlichen Tugendlehre ist körperliche Gewalt beispielsweise nötig, um einem Kind Respekt beizubringen. Dass es so viele Arschlöcher auf der Welt gibt, liege daran, dass heute kein Kind mehr seine Tracht Prügel bekommt, heißt es.[132] Völlig abgesehen von der Frage, ob es moralisch vertretbar ist,

132 Diese Theorie wurde mir von dem 65-jährigen Surfer Bob Montgomery in einem persönlichen Gespräch dargelegt. Er behauptet, dass Liberale und Professoren (wie ich, fügte er an) zur Abschaffung der körperlichen Züchtigung beigetragen und so erst dafür gesorgt hätten, dass die Welt voller Arschlöcher ist.

ein Kind zu schlagen, möchte ich hier anführen, dass die klassische »Tracht Prügel« dem Gefühl des Kindes für Fairness und persönliche Integrität schadet. Auf diese Weise fallen die Hemmschwellen, andere schlecht zu behandeln, die für ein Eindämmungssystem unverzichtbar sind. Und selbst wenn es grundsätzlich funktionieren könnte, wäre es auf gesamtgesellschaftlicher Ebene kaum machbar. Ebenso wenig, wie der Heimunterricht der Verbreitung sozialer Tugenden nützen würde. Er ist auf gesellschaftlicher Ebene nicht praktikabel, vor allem nicht für Familien mit berufstätigen Eltern. Außerdem wäre er von der Einstellung der jeweiligen Eltern abhängig. Wenn sie abzuschätzen versuchen, was für ihr Kind angesichts der machtvollen Anreize der Gesellschaft »das Beste« ist, verstärken sie wie gesagt eine grundsätzliche Neigung zum Arschlochtum vielleicht eher, als sie erzieherisch zu korrigieren.

Religion

Aus dem Gesagten könnte man nun schließen, dass die Familie Unterstützung braucht – zum Beispiel durch die Sozialisierungsfunktion einer religiösen Gemeinschaft. Ohne Zweifel ist dies hilfreich. Doch auch hier stellt sich die Frage, ob Familie und Religion zusammen wirklich ein starkes Bollwerk gegen das Arschlochtum bilden können, wenn das gesamte Wirtschaftssystem dauernd gegenläufige Anreize setzt. Familie und religiöse Institutionen müssen nur stetig von diesen Anreizen beeinflusst werden, damit das Arschlochtum allmählich überhandnimmt. Und das kann schnell passieren. Die evangelikalen Christen beispielsweise, eine der am schnellsten wachsenden religiösen Gemeinschaften, sind ausgesprochen empfänglich für den Anspruchskapitalismus. Wer sagt schließlich, dass Arschloch-Kapitalisten nicht in die Kirche gehen? Sicher sagen ihnen bestimmte religiöse Gemeinschaften nicht zu, doch schließlich gibt es genügend andere. Sie können sich nach einer Kirche umsehen, in der ihre Marktorientiertheit geschätzt und als Zeichen für Gottes Segen gedeutet wird.[133]

Strafe

Auch wenn wir von der Prügelstrafe einmal absehen, stabilisieren Mechanismen der Strafe in manchen Fällen die Kooperation. Hobbes geht davon aus, dass die allgemeine Bedrohung durch Zwangsmittel vonseiten des Herrschers jedem Mitglied der Gesellschaft die Sicherheit gibt, dass genug andere Menschen sich ebenfalls an das Gesetz halten. Auch in kleineren sozialen Zusammenhängen bricht die Kooperation mitunter zusammen, wenn es keine Sanktionsmöglichkeiten gibt[134]. Ließe sich die Arschlochpopulation also mit Zwangsmitteln unter Kontrolle halten?

---

133 Joel Osteen zum Beispiel, Pastor der Lakewood Church in Houston, einer der größten evangelikalen Gemeinden des Landes, geht in seinen Fernsehpredigten sogar noch einen Schritt weiter. Er meint, wenn es zwei Versicherungsagenten gäbe, von denen der eine Christ wäre, der andere aber nicht, würde Gott dem Christen mehr Geschäfte zuschanzen. So stellt Osteen die Macht der Märkte in den Dienst des religiösen Unternehmertums. Offensichtlich stört Gott sich nicht daran, wenn der Glaube aus gewinnorientierten Motiven entsteht.

134 So geschehen beispielsweise in manchen Experimenten, bei denen man von den Probanden verlangte, zum Allgemeinwohl beizutragen. Siehe Samuel

Vermutlich nicht. Was das Arschloch vom Gesetzesbrecher unterscheidet, ist ja, dass er meist in Grauzonen aktiv ist, wo die Verletzung geltender gesellschaftlicher Verhaltensregeln kaum je so offen zutage tritt, wie es nötig wäre, um gemeinsame Anstrengungen zu entsprechenden Sanktionen zu unterstützen. Wie wir in Kapitel 5 gesehen haben, gelingt es dem Arschloch gerade dann, kooperative Menschen gegeneinander aufzubringen, wenn deren Zusammenhalt zum Zwecke der sozialen Sanktion wichtig wäre. Selbst wenn in manchen Fällen Sanktionen ergehen, muss das nicht heißen, dass diese allgemein anwendbar wären und damit ein gutes Mittel, um die Arschlöcher unter Kontrolle zu halten. In manchen Fällen sorgt eine Bestrafung sogar dafür, dass sich die negativen Tendenzen vermehren. So gibt es beispielsweise »Vertrauensexperimente«, bei denen ein Teilnehmer, der genossene Vorteile nicht ausreichend zurückgibt, mit einer Strafe belegt wird. Die Strafe aber *reduziert* seine Bereitschaft, überhaupt am System teilzunehmen. Ähnlich wie bei den Kindertagesstätten in Haifa führen Strafen dazu, dass die Menschen ihr Eigeninteresse noch mehr in den Vordergrund stellen.[135]

Scham

Eine Ausnahme ist die Kultur der Scham, die in Ländern wie Japan das Arschlochtum weitgehend einzudämmen scheint. Wo es dieses kulturelle Phänomen aber nicht gibt, ist nicht

---

Bowles, »Is Liberal Society a Parasite on Tradition?«, in: *Philosophy and Public Affairs* 39 (2011), S. 67.

135 Siehe Samuel Bowles, »Is Liberal Society a Parasite on Tradition?«, a.a.O., S. 60.

klar, welche Form des Beschämens eine ähnlich starke Wirkung entfalten könnte. Möglicherweise könnten die Medien diese Aufgabe übernehmen und haben dies mancherorts und zu verschiedenen Zeiten auch getan. Doch die Medien lassen sich leicht vereinnahmen, vielleicht mehr als Familie und Religion. Zum Beispiel im Italien Mussolinis oder Berlusconis. Oder in den USA von heute, wo es in Politik, Nachrichten und Reality-TV von Arschlöchern so wimmelt, dass sich eine allgemeine Kultur der Schamlosigkeit durchsetzt.

Die liberale Gesellschaft

Was aber ist mit den Institutionen der liberalen Gesellschaft? (Wobei wir hier »liberal« im weitestmöglichen Sinne verstehen, letztlich nur im Gegensatz zu autoritären Gesellschaftsformen.) Institutionen wie Marktorientierung oder Rechtsstaatlichkeit haben offensichtlich einen positiven Einfluss auf die Zivilgesellschaft.[136] Doch wie im Falle von Familie und Religion kann der positive Einfluss solcher Institutionen durch die starken Anreize des Anspruchskapitalismus unterminiert

---

136 In zahlreichen Untersuchungen hat sich gezeigt, dass das Ausmaß des freien Marktes mit der Ausbildung liberaler Werte korreliert, ja diese vielleicht sogar unterstützt. Siehe Samuel Bowles, »Is Liberal Society a Parasite on Tradition?«, a.a.O., S. 62 - 73. In Experimenten, die die Neigung zur Fairness messen sollten, zeigten sich Menschen aus marktorientierten Gesellschaften großzügiger als ihre Kontrollgruppen. In anderen Experimenten, in denen es um die Bereitschaft ging, sich für das Gesamtwohl einzusetzen, gaben Menschen aus reicheren Ländern mehr und längere Zeit als andere in weniger marktorientierten Kulturen. Diese Bereitschaft war auch in solchen Ländern ausgeprägter, in denen Rechtsstaatlichkeit, Demokratie, Individualismus, Chancengleichheit und Vertrauen stärker entwickelt waren.

werden. Wenn das Prinzip der Rechtsstaatlichkeit auch effektive Strafen zulässt, so haben wir doch bereits gesehen, wie das Arschloch der sozialen Sanktion häufig entkommt. Und die positiven Einflüsse des freien Marktes auf die Ausbildung bestimmter Tugenden können jederzeit enden und dem stärkeren Gefühl für »mein gutes Recht« weichen. Nicht einmal die demokratischen Institutionen bieten dagegen ausreichend Schutz. Wie wir alle wissen, kann ein Wahlkampf so ziemlich alles korrumpieren. Und sogar nach der Wahl werden nicht selten die Regeln des parlamentarischen Systems zugunsten kurzfristiger politischer Vorteile außer Kraft gesetzt.[137]

Wahrgenommene Fairness

Menschen, die in einem auf den Regeln der Fairness basierenden kooperativen System erzogen werden, werden wohl alles Nötige tun, um es aufrechtzuerhalten. Das kann die Kooperation über längere Zeit stabilisieren, von einer Generation zur nächsten, wenn wir davon ausgehen, dass es bereits eine faire Gesellschaft gibt.[138] Selbst eine kapitalistische Gesellschaft,

---

137 Der Journalist George Packer schreibt in »The Empty Chamber: Just How Broken ist the Senate«: »Wie die Investmentbanker der Wall Street verwenden Senatoren heute einen Großteil ihrer schöpferischen Energie darauf, die Regeln zu manipulieren und Schlupflöcher aufzutun, um kurzfristige Erfolge einzufahren, und tragen damit gleichzeitig zum mangelnden Funktionieren des Systems als Ganzem bei.« In: The New Yorker vom 9. August 2010, auf: http://www.newyorker.com/reporting/2010/08/09/100809fa_fact_packer.

138 Das jedenfalls ist die Idee der Stabilität, die John Rawls in *Eine Theorie der Gerechtigkeit* (Frankfurt a. M. 1979) entwickelt.

die nicht als absolut fair wahrgenommen wird, kann Unterstützer gewinnen, wenn jeder das Gefühl hat, es gehe ihm in einer solchen Gesellschaft besser, und er wenigstens einigermaßen fair behandelt wird. Das hilft aber natürlich nicht in einem Anspruchskapitalismus. Dieser verliert schnell die Unterstützung kooperativer Menschen, weil sie ihn als unfair und nicht ausreichend vorteilhaft empfinden. Das Gefühl, fair behandelt zu werden, kann den Prozess des Niedergangs bestenfalls verlangsamen.

Kooperatives Vertrauen

Eine weitere Möglichkeit wäre, dass genug Menschen ihr Vertrauen nicht in die Eindämmungssysteme setzen, sondern in ihre Mit-Kooperierenden. Obwohl es zwischen den Menschen enorme Unterschiede gibt, vertrauen wir darauf, dass die anderen – ebenso wie wir – tun werden, was nötig ist, damit das Ganze nicht vollkommen zusammenbricht. Unter günstigen Umständen kann dies durchaus funktionieren. Wenden die Umstände sich jedoch zum Negativen, kann dieses allgemeine Vertrauen erschüttert werden – aus den oben genannten Gründen (Erschöpfung, Verunsicherung, steigender Einsatz, unfaire Lastenverteilung). Dann können auch Gesellschaften, in denen vorher ein gesundes Vertrauen herrschte, auseinanderbrechen.

Wir haben nun ein paar mögliche Niedergangsszenarien durchgespielt. Wie und in welchem Maße die Eindämmungssysteme zusammenbrechen, ist von Gesellschaft zu Gesellschaft verschieden. Es hängt nicht zuletzt davon ab, inwieweit sich die Anspruchskultur durchgesetzt hat. Meine Ansichten dazu, wie es darum in verschiedenen Ländern bestellt ist, habe ich an einigen Beispielen aufgezeigt. (Japan ist gut dran, Italien ist bereits ein Arschloch-Kapitalismus-System, und die Amerikaner fühlen sich zu Recht davon bedroht.) Ich habe zwar eine ziemlich klare Vorstellung davon, welche politischen Strategien ich bevorzugen würde, um eine derartige Entwicklung zu verhindern, doch hier geht es eigentlich um eine allgemeinere Perspektive: Das Risiko ist in vielen kapitalistischen Gesellschaften enorm hoch. Auch wenn wir konstruktive und weitreichende Reformen dringend brauchen, gibt es kein Allheilmittel, das für alle passt. Wie beim persönlichen Arschloch-Management, das wir in Kapitel 5 vorgestellt haben, hängt auch hier der Erfolg von förderlichen Umständen und den beständigen, aus gutem Glauben erbrachten Bemühungen kooperativer Menschen ab. Das Arschloch-Problem ist nämlich nicht einfach ein Problem des Kapitalismus, ob nun in seiner Ausprägung als Anspruchskapitalismus oder nicht. Es handelt sich vielmehr, wie wir im letzten Kapitel dieses Buches sehen werden, um ein Problem der menschlichen Natur selbst.

7

Das Gegebene akzeptieren

Arschlöcher sind eine unumstößliche Realität. Sie sind eine Tatsache unseres Daseins, mit der wir irgendwie unseren Frieden machen müssen, wenn wir im Einklang mit dem Leben sein wollen. In einem seiner letzten veröffentlichten Aufsätze beginnt der verstorbene G. A. Cohen, seines Zeichens ein brillanter und schmerzlich vermisster politischer Philosoph, mit einem »Hegel'schen Vorspiel«:

> *Für mich ist es eine bedeutungsvolle Stelle des Neuen Testaments, wenn Jesus, der im Garten von Gethsemane seine Verhaftung erwartet und das kommende Unheil ahnt, voller Qual ausruft: »O Herr, lass diesen Kelch an mir vorübergehen«, sich dann aber korrigiert: »Doch nicht mein Wille geschehe, sondern der Deine.« Hier geht es darum, dass wir alles Streben aufgeben, alles Mühen um Verbesserung, und uns von der Strömung tragen lassen. Wie die Lilien auf dem Felde, die im Frieden mit der Welt und im Frieden mit sich selbst sind.*[139]

---

139 G. A. Cohen, »Rescuing Conservatism: A Defense of Existing Value«, in:

Cohen verbindet dies mit Hegels Vorstellung, dass der Geist absolute Freiheit erlangt, wenn er sich in seinem Objekt wiederfindet, sodass er in seinem Anderssein zuhause ist.[140] In Alltagssprache übersetzt heißt das: Wenn wir das Gegebene akzeptieren, das, was ist, dann können wir wie die Lilien auf dem Felde in Frieden mit der Welt und mit uns selbst leben.

Nehmen wir unsere bislang gemachten Feststellungen, scheint Frieden also möglich zu sein. Arschlöcher sind ein Bestandteil des Lebens. Sie sind aber nicht nur Teil eines individuellen Lebens, weil die wenigsten Menschen es vermeiden können, mit einem Arschloch in Berührung zu kommen, sondern auch Teil des menschlichen Daseins im Allgemeinen. In unterschiedlichem Maße sind sie an verschiedenen Orten und zu verschiedenen Zeiten ein unvermeidlicher Teil des sozialen Lebens. Jeder Versuch, sie vom Angesicht der Erde zu tilgen, wäre entweder zum Scheitern verurteilt oder würde auf eine despotische Gewaltherrschaft hinauslaufen.[141] Doch haben

---

Reasons and Recognition: Essays on the Philosophy of T. M. Scanlon, New York 2011, S. 203.

140 G. W. F. Hegel, *Die Enzyklopädie der philosophischen Wissenschaften*, § 385, in: ders., Werke in zwanzig Bänden, Frankfurt a. M., 1970, S.32f.

141 Wie könnte dieser Versuch aussehen? Würden wir eine »Drei-Verstöße-Regel« anwenden? Wenn Sie dreimal Ihren Mitmenschen die Vorfahrt nehmen, auf dem Behindertenparkplatz parken und den Barista im Coffeeshop blöd anmachen, werden Sie zu zehn Jahren Gefängnis verurteilt und darüber hinaus zu einem längeren Aufenthalt in einem Arschloch-Umerziehungscamp? Doch würde unser Verfolgungsapparat nicht automatisch auch »unschuldige« Blödmänner oder simple Idioten verschlingen? Und würden nicht gerade Arschlöcher die Hexenjagd auf Arschlöcher mit wahrer Leidenschaft betreiben?

wir ja gleichzeitig festgestellt, dass Arschlöcher nicht akzeptabel sind. Wir können oder sollten die Art und Weise, wie sie uns behandeln, nicht einfach dulden, selbst wenn wir uns damit abfinden könnten. Und wir können und sollten ihren destabilisierenden Einfluss auf das kooperative Leben nicht dulden. Moralisch betrachtet ist beides nicht hinnehmbar. Wir stecken also in einer Zwickmühle. Wenn Frieden davon abhängt, dass wir das Gegebene akzeptieren und die Existenz von Arschlöchern zwar eine gegebene, aber gleichwohl inakzeptable Tatsache darstellt, dann müssten wir, um unseren Frieden zu erlangen, *das Nicht-Annehmbare annehmen.* Wenn dies unmöglich oder nicht zu rechtfertigen ist, gilt das analog auch für den Frieden.

In diesem Schlusskapitel werden wir uns mit einer vielversprechenden Lösung unseres Problems beschäftigen. Es gibt einen Weg, das Leben zu akzeptieren, obwohl es allerlei moralisch Inakzeptables beinhaltet. Hegel nennt das die »Versöhnung« mit dem menschlichen Dasein. Die Frage ist also, wie wir uns mit einer Welt voller Arschlöcher versöhnen. Können wir unseren Frieden mit dem Leben schließen, obwohl Arschlöcher ihn so oft stören? Unsere Antwort lautet: Ja, wir können. Oder zumindest gibt es einige Argumente, die dafür sprechen. Wir haben nicht nur allen Grund, viele der Gegebenheiten des Lebens anzunehmen, die menschliche Natur bietet uns auch Raum für die begründete Hoffnung auf ein akzeptables Sozialleben. Wir dürfen darauf hoffen, weil die Explosion der Arschlochpopulation kein Naturphänomen ist, sondern in beträchtlichem Maße von uns und dem Gesellschaftsmodell abhängt, für das wir uns entscheiden.

Die stoische Akzeptanz

Wie wir schon in Kapitel 5 gesehen haben, empfehlen die Stoiker uns, das anzunehmen, was außerhalb unserer Kontrolle liegt. In dem Maße, wie sich das Arschloch-Problem in unserem persönlichen und sozialen Leben unserem Einfluss entzieht, sollten wir es als das akzeptieren, was es ist. Ist dies der Pfad des Friedens?

Die Stoiker sicherten sich diesen Frieden durch einen Kunstgriff: Sie nahmen an, dass die Welt vernünftig geordnet ist und wir daher erwarten können, dass alles zum Besten bestellt ist. Ähnlich wie Jesus im Garten Gethsemane nicht einfach die brutalen Tatsachen seines Lebens akzeptiert, sondern auf den Plan eines vertrauenswürdigen Kooperationspartners, nämlich Gottvater, vertraut. Es ist etwas völlig anderes, die Schrecken des Lebens samt zugehörigen Arschlöchern zu akzeptieren, ohne dass es auch nur den geringsten Hinweis darauf gäbe, dass all dies sich irgendwie – und sei es erst ganz zum Schluss – doch noch für alle als nützlich herausstellen könnte.

Wenn wir aber davon ausgehen, dass die Welt vernünftig geordnet ist, ob durch eine unpersönliche rationale Kraft oder durch einen persönlichen Heilsplan, dann akzeptieren wir eben *nicht* die Welt so, wie wir sie kennen oder wie sie uns erscheint. Wir machen nicht unseren Frieden *mit dem Leben selbst*, sondern richten uns das »Leben« gedanklich auf eine Weise ein, die dieses für uns akzeptabler macht als es ohne diesen Trick gewesen wäre. Wir vertrauen darauf, dass die Welt am Ende irgendwie akzeptabel *wird*, aber wir akzeptieren nicht die gegebene Welt wie sie ist – mit ihren Arschlöchern und allem Drum und Dran.

Wenn wir die Welt ernsthaft so nehmen wie sie ist, scheint uns die stoische Akzeptanz schon viel weniger attraktiv. Fröhlicher Gleichmut ist nicht mehr angemessen, wenn die Dinge so schrecklich werden, dass sie jeden Glauben auf eine harte Probe stellen, wenn Ereignisse und Erfahrungen nicht mehr als Teil eines guten und einsehbaren kosmischen Heilsplans erscheinen und nicht durch die guten Resultate gerechtfertigt werden können, die sie später bringen werden. In einem solchen Augenblick existenzieller Verzweiflung schrieb Kant, möglicherweise eingedenk des Hobbes'schen »Kriegs eines jeden gegen jeden«: »Denn wenn die Gerechtigkeit untergeht, so hat es keinen Wert mehr, dass Menschen auf Erden leben.«[142] Rawls hatte vermutlich den 2. Weltkrieg im Kopf, als er diesen düsteren Gedanken weiter entwickelte: Wenn eine »annehmbar gerechte« soziale Ordnung »nicht möglich ist, und Menschen im Großen und Ganzen amoralisch, wenn nicht unheilbar zynisch und egozentrisch sind, müsste man sich mit Kant fragen, ob es sich für Menschen lohnt, auf Erden zu leben.«[143] Wenn die Dinge schlecht stehen, weil die Absichten kooperativer Menschen bei jeder Gelegenheit durchkreuzt werden, wenn es darüber hinaus keine Hoffnung auf Besserung gibt, ist Resignation nur natürlich und vernünftig. Es ist richtig, sich nicht mit einer Welt zufriedenzugeben,

142 Immanuel Kant, *Die Metaphysik der Sitten*, Frankfurt a. M. 1982, S. 452.
143 John Rawls, *Das Recht der Völker*, Berlin-New York 2002, S. 163.

die unseren Vorstellungen, wie sie sein sollte, so wenig entspricht, auch wenn eine Veränderung nicht in unserer Macht liegt. Die angemessene Reaktion darauf wäre nicht stoische Akzeptanz, sondern Massenselbstmord wie in der Festung von Masada[144], vielleicht mit Orchesterbegleitung[145].

Damit wären wir also beim Problem des Bösen angekommen. Zum Glück ist das Arschloch-Problem nicht ganz so gravierend. Der gesellschaftliche Niedergang, den die weitere Ausbreitung der Arschlochpopulation mit sich bringen würde, ist nichts gegen die moralische Bedrohung, die beispielsweise das Dritte Reich darstellte. Die Existenz von Arschlöchern führt für gewöhnlich nicht dazu, dass die Menschen die Existenz eines guten und allmächtigen Gottes infrage stellen. Und doch ist das Problem des Arschlochs in gewisser Weise recht diffizil. Gegen das eindeutig Böse lassen sich konkrete Maßnahmen durchführen: die Einführung neuer Gesetze, ein militärischer Gegenschlag oder die Reorganisation sozialer Beziehungen vor dem Hintergrund dieser großen und existenziellen Bedrohung. Im 2. Weltkrieg zogen die Alliierten in den Krieg, obwohl sie wussten, dass er gigantische Verluste fordern würde. Nach dem Krieg unternahmen die Staaten bislang unge-

144 Als die Römer die alte hebräische Festung Masada belagerten und die Lage aussichtslos wurde, beschlossen die Hebräer, lieber kollektiv Selbstmord zu begehen, als sich von den Römern töten, vergewaltigen und versklaven zu lassen.

145 Wie zum Beispiel auf der Titanic, zumindest dem Film zufolge. Auch Nero zupfte die Lyra, während Rom brannte, obwohl er in seiner Position vermutlich auch etwas dagegen hätte unternehmen können.

kannte Schritte, um ein Rahmenwerk für politische und wirtschaftliche Zusammenarbeit aufzubauen, weil sie sich davon dauerhaften Frieden erhofften. Diese enormen Anstrengungen, die zum großen Teil Erfolg hatten, wurden möglich durch die Entfaltung des Bösen im Großen und den allfälligen Konsens darüber, dass dies inakzeptabel sei. Das Arschloch-Problem hingegen zeichnet sich durch seine definitorische Unschärfe und das Fehlen eines klaren Konsenses aus. Wie in Kapitel 5 gezeigt, treiben Arschlöcher vor allem in Grauzonen ihr Unwesen. Es ist daher schwer zu bestimmen, in welcher Form und bis zu welchem Ausmaß man dagegen einschreiten kann oder soll. Gerade kooperative Menschen sind häufig nicht fähig, geschlossen und mit den entsprechenden Mitteln vorzugehen, die für eine wirksame Antwort notwendig wären. Wenn die Quelle des guten Willens erst vergiftet ist, ist der Weg zurück zum kooperativen Vertrauen nicht mehr so leicht zu finden. Es ist ja nicht so, dass das Arschloch-Problem sich darauf beschränkt, dass man gelegentlich einen verdorbenen Nachmittag oder eine fruchtlose geschäftliche Besprechung zu beklagen hätte. Das Arschlochtum ist ein Hemmschuh für Fortschritt und soziale Gerechtigkeit. Es bedroht die hart erkämpften Anstandsmomente, die eine Gesellschaft sich erworben hat. Das Problem betrifft die Gesellschaft als Ganzes, aber auch ihre internationalen Beziehungen und somit die ganze Welt.

Außerdem gibt es neben der Tatsache, dass sie die Möglichkeit angemessener Anpassung an widrige Umstände verstellt, noch ein zweites Problem mit der stoischen Akzeptanz: Sie verhindert die kooperative Wachsamkeit, die nötig ist, um die Entwicklung unerwünschter Umstände zu vereiteln. Wir können hinnehmen, dass die Welt unvollkommen ist und dass der Großteil des sozialen Lebens sich unserer Kontrolle entzieht, und trotzdem mit anderen kooperieren, weil unser Bild von der Gesellschaft oder der Geschäftsbesprechung, *die wir haben wollen*, das gleiche ist. Natürlich haftet auch der Kooperation ein Hauch Kontingenz an. Möglicherweise entscheidet ja der Zufall darüber, ob sich ausreichend Menschen finden, die darauf vertrauen, dass auch noch genügend andere nicht aufgeben werden. Außerdem hängt Kooperation auch davon ab, wie aufmerksam die Menschen darüber wachen, ob noch genügend Vertrauen vorhanden ist, sodass ihre Mitmenschen auch unter widrigen Umständen nicht die Segel eines partnerschaftlichen Miteinanders streichen. Die stete Frage des kooperativen Vertrauens ist doch: Was können wir gemeinsam vollbringen, wenn jeder ausgehend vom gesunden Menschenverstand entscheidet, was Anstand und Gerechtigkeit erfordern? Wir werden diese Frage nicht beantworten können, wenn wir sofort aufgeben, sobald etwas außerhalb unserer Macht zu liegen scheint.

Das Gegebene respektieren

Glücklicherweise ist stoische Akzeptanz ja nicht der einzige Weg, um mit den Grundbedingungen des menschlichen Daseins Frieden zu schließen. John Rawls entwickelt Hegels Idee der »Versöhnung« weiter. Ihm zufolge können wir uns trotz aller Kälte, Bosheit und Ungerechtigkeit mit unserer

Existenz abfinden, wenn wir die Schaffung einer halbwegs sozialen Ordnung für möglich halten. Eine begründete Hoffnung reicht schon aus, damit wir der Gefahr widerstehen, in Zynismus oder Resignation zu verfallen. Dann unterstützen wir Reformbestrebungen, die am Ende sogar zu dauerhaftem Frieden führen können.[146] Solange wir also die Hoffnung auf eine eindeutig bessere, gerechtere und friedlichere Welt hegen, können wir uns mit unseren aktuellen Lebensumständen abfinden, selbst wenn dieser deutlich verbesserte Staat noch in weiter Ferne liegt und wir selbst ihn vielleicht nie erleben werden.

In diesem Zusammenhang ist es von Bedeutung, dass »begründete Hoffnung« keinen *Optimismus* im Hinblick auf die Zukunft voraussetzt. Sie könnten sogar davon überzeugt sein, dass die Wahrscheinlichkeit, mit der Arschlöcher sich weiter verbreiten, höher ist als ihr Gegenteil. Allerdings ist eine begründete Hoffnung auch kein Wunschdenken. Wunschdenken braucht keine begründete Basis, eine *begründete* Hoffnung hegt man hingegen, wenn genügend gute Gründe vorhanden sind, um sich auf lange Sicht für Reformen einzusetzen. Sind nicht genügend gute Gründe vorhanden, ist Resignation gerechtfertigt.

Das klingt so weit zwar recht vernünftig, kann aber doch unmöglich alles sein, was wir vom Leben erwarten dürfen. Wenn das Leben wirklich so durch und durch schrecklich wäre, können wir uns damit doch nicht »versöhnen«, nur weil

---

146 Diese Ideen finden sich in *Das Recht der Völker* ebenso wie in *Politischer Liberalismus* (Frankfurt a. M. 2003), weniger in seinem Hauptwerk *Eine Theorie der Gerechtigkeit* (Frankfurt a. M. 1979).

eine minimale Chance besteht, dass die Dinge sich irgendwann einmal, vielleicht lange Zeit, nachdem wir (und unsere Kinder und Kindeskinder) tot sind, ändern. Eine begründete, aber schwache Hoffnung reicht sicher nicht aus, um der Resignation zu widerstehen, die angesichts einer inakzeptablen und trostlosen Situation aufkommt. Wenn es tatsächlich *nichts* gäbe, was für unser aktuelles Dasein spricht, wenn es keinerlei Grund gäbe, das Gegebene auch für ein *gutes Gegebenes* zu halten, dann wäre es ja nichts weiter als ein gewaltiges *Hindernis* für den Fortschritt. Die hässliche Wirklichkeit – Ressourcenknappheit, mangelnde Großzügigkeit, fehlende Bereitschaft, den Mitmenschen zu verstehen, schlechte Zukunftsaussichten – würde dann nur den moralischen Fortschritt behindern, begrenzen, stören und verlangsamen.

Hier wird nun Cohens Beurteilung der Ereignisse im Garten von Gethsemane wichtig: die Vorstellung, dass wir »einiges vom Gegebenen akzeptieren müssen, keineswegs alles, aber doch vieles …«, dass »manche Dinge so genommen werden müssen, wie sie kommen: Sie können weder beeinflusst noch kontrolliert werden«.[147] Cohen betrachtet dies als Kern einer wertkonservativen Einstellung.[148] Damit ist nicht ein-

147 G. A. Cohen, »Rescuing Conservatism« in: *Reasons and Recognition: Essays on the Philosophy of T. M. Scanlon*, New York 2011, S. 207 - 209.

148 Genauer gesagt als einen von drei Kernpunkten einer konservativen Überzeugung. Der erste ist »eine Neigung, das zu bewahren, was von [wesentlichem] Wert ist, auch wenn es gegen etwas anderes von größerem Wert ausgetauscht werden könnte«. Der zweite ist ein persönlicher Wertekanon. Der dritte, und um diesen geht es uns hier, ist »die Idee, dass einige Dinge als gegeben akzeptiert werden müssen, dass nicht alles nach unseren Vorstellungen und Bedürfnissen gestaltet werden kann oder sollte; die Haltung, die

fach gemeint, dass es weise ist, die eigenen Grenzen zu akzeptieren, was ja impliziert, dass wir die Dinge ändern würden, wenn wir nur könnten und unsere Einflussmöglichkeiten entsprechend größer wären. Cohen geht vielmehr davon aus, dass wir nur »unsere Hybris verstärken, wenn wir versuchen, alles unter Kontrolle zu bringen«. Damit will er nicht sagen, dass wir dies auf psychologischer Ebene nicht bewältigen würden. Er denkt vielmehr, dass dies aus werttechnischen Gründen heraus gar nicht erst unser Wollen sein sollte, denn »die Haltung des Alles-Beherrschen-Wollens ist abstoßend und, zum Äußersten getrieben, sogar krankhaft«. Er veranschaulicht das Abstoßende dieser Haltung mit folgender Allegorie:

> *Da sitzt ein Mann, der über seine fleischliche Existenz wacht, das heißt, über jene Teile seiner Selbst, die noch fleischlich sind, dazu gehört auch sein fleischliches Gehirn. Er ersetzt die fehlerhaften Teile seines Körpers durch perfekte künstliche Organe, die aus dem gemacht werden, was gerade da ist: Silikon, Wolfram, recycelter Dung und so weiter. Das macht der Mann schon eine ganze Zeit, und so ist ein großer Teil seines Körpers bereits künstlich. Das ist ein schrecklicher Anblick.*

Dieses Szenario erscheint uns deshalb schrecklich, weil wir der Auffassung sind, dass »bestimmte Dinge so angenommen

---

versucht, alles auf unsere Bedürfnisse hin zu gestalten, beschädigt wesentliche Werte und widerspricht unseren spirituellen Bedürfnissen.«

werden müssen, wie sie von Natur aus sind, wozu auch Aspekte von uns selbst gehören.«

Wir könnten diesen Gedanken auch so formulieren: Vieles von dem, was gegeben ist, unsere körperliche Natur eingeschlossen, muss in gewisser Weise *respektiert* werden. Wir sollten es respektieren, wie es ist, ohne es beeinflussen oder kontrollieren zu wollen (zumindest, wenn wir dafür keine gute Begründung haben). Der Körper ist nicht das Gefängnis der Seele, wie Platon dachte. Und wir müssen gegen das Fleisch auch nicht ankämpfen, wie es uns der Heilige Augustinus nahelegte. Der soziale Körper ist zwar kein fleischlicher, doch er besteht im Wesentlichen aus fleischlichen Geschöpfen. Daher sollte auch er in der gegebenen Form akzeptiert werden, als grundlegende Form unserer menschlichen Natur, Kultur und Beziehung; als grundlegende Einheit jener zwischenmenschlichen Beziehungen, die das Arschloch ausnützt: Wir sollten dieses Gegebene als Gegebenes akzeptieren, es so akzeptieren, wie es ist.[149]

---

149 Dazu muss man vielleicht noch erwähnen, dass Cohen einer der berühmtesten linken Kritiker von Rawls ist. Er kritisiert den heutigen Konservativismus als Perversion der ursprünglichen konservativen Werte. Das klingt bei ihm so: »Die parteilich organisierten Konservativen opfern willig die konservativen Überzeugungen, um Besitz und Macht der großen Vermögen zu schützen. Sie faseln (wie Großbritanniens Premierminister John Major) dauernd etwas über warmes Bier und widerstandsfähige alte Jungfern, die auf dem Fahrrad zur Kirche kommen, und drücken dann Wal Mart den Schlüssel zum Königreich in die Hand.«, in: G. A. Cohen, »Rescuing Conservatism«, a.a.O., S. 225. Doch die üblichen politischen Einstufungen als »liberal« oder »konservativ«, wie sie in Großbritannien und den USA vorgenommen werden, haben in philosophischer Hinsicht ohnehin nicht viel zu bedeuten.

Das soll nicht heißen, dass wir es hinnehmen müssen, wenn wir von Arschlöchern *ungerecht* behandelt werden oder wenn sie zwischenmenschliche Beziehungen beschädigen. Ungerechtigkeit und Herabsetzung sind nichts, was man respektieren müsste. Doch auch der Respekt vor den Gegebenheiten des sozialen Miteinanders könnte uns nicht mit unserer menschlichen Natur versöhnen, wenn diese unerträglich wäre. Wir brauchen weiterhin begründete Hoffnung.[150] Für unsere Zwecke wollen wir die Theorie wie folgt formulieren: Wir können mit unserer Natur versöhnt werden, wenn wir Grund haben, sie so zu akzeptieren, wie sie ist, *und* begründete Hoffnung darauf, dass sie ausreichend verbessert werden kann. Das ist eine gute und geeignete Grundlage, um nicht zu resignieren und das Vertrauen aufrechtzuerhalten.

Können wir uns mit einer Welt der Arschlöcher versöhnen?

Wie also sieht unsere Welt aus, wenn wir sie diesem Lackmustest unterwerfen? Das endgültige Urteil darüber möchte ich dem Leser überlassen. Doch ein paar Gründe dafür, warum trotz der jetzt schon alarmierenden und noch immer wachsenden Zahl der Arschlöcher unsere Aussichten auf Versöhnung ganz gut sind, möchte ich Ihnen hier nennen.

150 Rawls kann Cohens Ideen als eine geglückte Weiterführung seiner eigenen betrachten. Cohen macht seine Vorstellung vom Konservativismus zur Grundlage für seine Ablehnung eines wohlstandmaximierenden Fetisch-Kapitalismus, den auch Rawls ablehnte.

Da sind zum Beispiel unsere Gründe, viele Gegebenheiten des Lebens zu akzeptieren, seien es nun unsere fleischliche Natur oder die grundlegend soziale Neigung des Menschen. Wir können auch Gründe hinzufügen, weshalb das Leben schön und gut ist. Denn auch der Ärmste der Armen wird dies finden, wenn er sein Kind lächeln sieht. Da das Leben auch schrecklich sein kann, vor allem für die Ärmsten der Armen, können wir Ungerechtigkeit als solche benennen und uns dafür einsetzen, dass sie beseitigt wird. Das Leben in dieser Welt des relativen Wohlstands ist für viele Menschen gut – unsere Herausforderung besteht darin, es für alle gut zu machen. Wir können danach streben in der begründeten Hoffnung darauf, dass diese und andere Formen des moralischen Fortschritts sich vielleicht nicht nächste Woche verwirklichen lassen, doch irgendwann in absehbarer Zeit.

Nimmt man das große Ganze in den Blick, dann scheint die Geschichte zu mehr Gerechtigkeit hinzustreben, auch wenn der Fortschritt elend langsam vonstattengeht.[151] Allein für das

---

151 Steven Pinker schreibt in *Gewalt* (Frankfurt a. M. 2013), dass Gewalt im Laufe der Geschichte immer mehr abgenommen hat. Pinker meint, der Schlüssel zur weiteren Reduktion der Gewalt sei, nicht nach Gerechtigkeit zu streben, sondern nach Frieden, da die Menschen in ihrer unterschiedlichen Interpretation der Gerechtigkeit immer noch ausreichend Grund zu Auseinandersetzung und Krieg finden. Rawls geht (zum Beispiel in *Das Recht der Völker*) davon aus, dass ein sinnvolles Maß (nicht-retributiver) sozialer Gerechtigkeit, das einen »begründeten Pluralismus« akzeptiert, eine notwendige Voraussetzung für einen stabilen, dauerhaften Frieden ist. Alle Menschen müssen das Gefühl haben, fair behandelt zu werden, wenn ihre Kooperationsbereitschaft aufrechterhalten werden soll.

20. Jahrhundert können wir doch allerhand Positives vermerken: den Aufstieg der Demokratie, das vermutliche Ende weltweiter kriegerischer Auseinandersetzungen, die gelungene Vermeidung einer atomaren Massenvernichtung, die vermehrte Diskussion der Menschenrechte und enorme Fortschritte in der Verminderung der weltweiten Armut. Zu Beginn des 21. Jahrhunderts, mitten in der großen Konjunkturflaute, wo dieses Buch geschrieben und gelesen wird, sieht die Zukunft schon weniger rosig aus. Doch die Finsternis war vor nicht allzu langer Zeit noch viel tiefer, während der beiden Weltkriege und in der Zwischenkriegszeit mit der Weltwirtschaftskrise. Es mag noch eine gewisse Zeit dauern, doch der Nebel der Krisen wird sich lichten, und es ist Raum für Hoffnung (wenn vielleicht auch nicht für mehr), dass einige Akteure ihre Lektion über die nötige Vorsicht an den Märkten gelernt haben oder sie zumindest nicht so schnell vergessen werden. Im Moment scheint es keine Möglichkeit zu geben, die Bedrohung der Klimakatastrophe wirklich zu verringern oder abzuwenden. Doch wir können immer darauf *hoffen*, dass der eingefrorene politische Wille wieder auftaut. (Auch wenn das vielleicht nicht rechtzeitig genug geschieht, um die Katastrophe aufzuhalten, können wir es zumindest hoffen.) Die Gründe für eine »begründete« Hoffnung müssen ja nicht hinreichend oder ausschlaggebend sein. Begründete Hoffnung ist wie gesagt kein blindes Vertrauen, dass das, was kommen wird, sich mit unseren Wünschen deckt.

Rousseau schlägt Hobbes

Auf den ersten Blick mag all das wie Wunschdenken aussehen, Utopismus der schlimmsten Art, ausgehend von einem höchst trostlosen Bild der Menschheit. In Kapitel 6 sagten wir, dass Hobbes Recht und Marx Unrecht hatte, wo es um die Zerbrechlichkeit der Kooperation und deren Fortschritte geht. Doch Hobbes' Sicht der Instabilität der Gesellschaft geht davon aus, dass es dem Menschen *grundsätzlich* unmöglich ist, seine Arschloch-Motivation zu überwinden. Hobbes hält »ein fortwährendes und rastloses Verlangen nach immer neuer Macht für einen allgemeinen Trieb der gesamten Menschheit, der nur mit dem Tode endet.«[152] Der Mensch versucht von Natur aus, für sich das Beste zu erreichen, indem er sich besser stellt als andere. Ein fragiler Friede unter den Menschen, die in diesem erbarmungslosen Wettkampf um ihr relativ besseres Abschneiden – »eitlen Ruhm«, wie Hobbes meint – gefangen sind, ist nur dann möglich, wenn eine starke, autoritäre Hand mit Strafe droht. Ist die menschliche Natur wirklich so schlecht, so gefallen oder sündig, um es religiös auszudrücken, dann hat jede Hoffnung auf Fortschritt keine Basis: Sie würde einfach nicht zu dem passen, was wir über die Natur des Menschen bereits wissen.

Aber wird man zum Arschloch wirklich geboren und nicht erst dazu gemacht? Wird das Arschloch nicht von der Gesellschaft hervorgebracht und geprägt, wie wir bereits sehen konnten? Rousseau, unser Held aus Kapitel 1, argumentierte

152 Thomas Hobbes, *Leviathan*, Kap. 11, Neuwied/Berlin 1966, S. 75.

gegen Hobbes, dass unser zwanghaftes Streben, besser abzuschneiden als die anderen, nicht normal ist. Der exzessive *amour propre*, wie er das nennt, entsteht aus dem Versagen der Gesellschaft, jeden Menschen als moralisch und politisch gleichwertig anzuerkennen. Dies zwingt Menschen dazu, aus einem guten und natürlichen Selbstwertgefühl heraus, Anerkennung im gegenseitigen Wettbewerb zu suchen – reicher, klüger oder sexyer sein zu wollen als ihre Mitmenschen. Würde die Gesellschaft dieses Bedürfnis erfüllen, könnten die Menschen zufrieden sein, auch ohne *besser* als andere sein zu müssen. Dann wären sie auch zur Kooperation auf einer fairen Basis bereit, die der wahre Ausdruck der moralischen Gleichheit aller ist.

In diesem Fall, selbst wenn eine arschlochfreie Welt vielleicht nur wenig wahrscheinlich ist, ist sie doch mit der menschlichen Natur vereinbar und daher etwas, was wir erhoffen und erstreben können. Zwar beschränkte sich Rousseau auf eine theoretische Annahme, die natürlich durch die historische Wirklichkeit widerlegt werden kann, doch es scheint tatsächlich so, als würde die Geschichte seine Überlegungen bestätigen. Wie ich bereits vorher anführte, können wir davon ausgehen, dass der Aufstieg der Demokratie, die auf der Gleichheit aller beruht, einherging mit der verminderten Bereitschaft zum Krieg.[153]

Hobbes' Sicht der Dinge, die wir in Kapitel 6 dargelegt haben, lautet, dass kooperativer Fortschritt nicht automatisch zu

---

153 Das ist zumindest Rawls Rousseau-Argumentation, wie er sie in *Das Recht der Völker* darlegt.

haben ist. Das Ausmaß, in dem Arschlöcher unser gesellschaftliches Miteinander unterminieren, hängt zum großen Teil von uns selbst ab. Arschlöcher werden von der Gesellschaft hervorgebracht, doch wir sind es, die diese Gesellschaft schaffen und erneuern. Ob unsere soziale Welt annehmbar ist, hängt nicht einfach davon ab, ob wir fähig sind, das Gegebene zu akzeptieren. Wie diese Welt aussieht, liegt in unseren Händen. Gemeinsam können wir den Arschloch-Kapitalismus in seine Schranken weisen und beschließen, eine stabilere, anständigere und gerechtere kapitalistische Ordnung anzustreben, auf nationaler und globaler Ebene.

Wenn wir dies nicht tun, dann weil wir uns kollektiv dagegen entschieden haben, und nicht, weil wir ein uns auferlegtes Schicksal resigniert hinnehmen müssen. (Dies ist die paradoxe Situation Italiens: Es entscheidet sich stets aufs Neue für den Arschloch-Kapitalismus. Trotzdem können wir immer noch hoffen, dass Berlusconis Rücktritt dem ein Ende gesetzt hat und es bei diesem Ende bleibt.) Obwohl wir gesehen haben, dass der Erfolg dieser kollektiven Entscheidung auch von günstigen Umständen abhängt und dass keine Einzelmaßnahme zur Eindämmung der Arschlochpopulation ausreicht, ist da doch so einiges, was wir tun können, um uns selbst in eine günstige Position zu bringen und gemeinsam die Momente der Gnade zu genießen.

Wer bereits kooperativ orientiert ist, kann sein Vertrauen in das Funktionieren einer kooperativen Gesellschaft aufrechterhalten und Verhaltensweisen pflegen, die diese fördern – beispielsweise Toleranz, Verständnis und Geduld. Wer sich diesem kooperativen Teil der Gesellschaft noch nicht angeschlossen hat, braucht vielleicht ein bisschen Unterstützung. Rousseau betonte diesbezüglich immer wieder die überragende Bedeutung der moralischen Erziehung.[154] So, wie die meisten Gesellschaften dieser Tage beschaffen sind, müssen wir hier nicht ganz von vorn anfangen. Die Frage ist, ob die Institutionen des moralischen Lernens bewahrt und verbessert werden können. Dazu müssten wir uns vermutlich mehr auf die öffentliche Erziehung konzentrieren, mehr humanistische Studien betreiben und weniger Wirtschafswissenschaften (zumindest auf universitärem Niveau, wo sich gezeigt hat, dass dies Menschen selbstsüchtig werden lässt). Und möglicherweise müssen wir auch die religiöse Kultur stärken. Man könnte die Katholiken unter uns dazu anhalten, sich vermehrt Gedanken über die Todsünde des Stolzes zu machen. Und den evangelikalen Christen beibringen, im Streben nach sozialer Gerechtigkeit weniger selektiv zu sein. Man könnte sogar die Vorstellung vom Intelligenten Design in der Schule lehren – allerdings im Ethikunterricht und nicht in Physik. (Ohnehin sollte der Ethikunterricht für alle eingeführt werden.) Da wir alle im sinkenden Schiff des Arschloch-Kapitalismus sitzen, sind Kulturkämpfe (wie in den USA üblich) eine echte Bedrohung. Die einzig richtige Haltung dazu lautet: »Alle Mann an Deck!«

Hätte die Menschheit einen Körper, hätte dieser eine Öffnung im Allerwertesten. Dies wäre dann unser Arschloch. Das Leben ist manchmal Scheiße, und er transportiert sie. Aber geht

154 Vor allem natürlich in *Emil oder Über die Erziehung*, Paderborn 1998.

nicht gerade der Arschloch-Kapitalismus davon aus, dass man auch aus Scheiße Gold machen kann? Dann ist gut böse, und bös' ist gut, wie die Hexen in Shakespeares *Macbeth* murmeln. Die Hexen des sozialen Lebens können unser Schicksal nicht vorhersagen. Denn im sozialen Leben wird nur dann aus Scheiße Gold, wenn die Kooperationswilligen der Menschheit sich zusammentun.

8

Brief an ein Arschloch

Geschrieben im Geiste der horazischen *Briefe*:

> *Jetzt denn leg' ich die Verse beiseit und anderes Spielwerk,*
> *Wahres und Ziemendes forsch' ich und frag' und lebe darin ganz.*[155]

Mein Freund,

ich schreibe in der Hoffnung, Sie zu überzeugen, Ihre Lebensart zu ändern. Ich nehme nicht an, dass Sie mit mir übereinstimmen, was die mangelnde Berechtigung Ihrer Ansprüche angeht. Nichts, was ich sagen, keine Vernunftgründe, die ich anführen könnte, kann Sie veranlassen, eine Meinung zu übernehmen, die Sie schlicht nicht teilen wollen. Doch ich möchte Ihnen zumindest einige Gründe nennen, weshalb Sie Ihre sture Haltung möglicherweise überdenken sollten. Natür-

---

155 Horaz, *Brief an Mäcenas*, Buch 1.1, in: Horaz, *Werke*, Berlin 1983.

lich müssen Sie mir nicht glauben. Doch ich hoffe, Sie hören mich wenigstens an.

Ich bin sicher, Sie haben die einzelnen Kapitel, in denen es um Sie ging, reichlich unfair gefunden. Ich habe dauernd über Sie geschrieben, aber das Wort nicht einmal direkt an Sie gerichtet. Ich behaupte einfach, Sie würden ohnehin nicht zuhören, aber ich habe Ihnen nie Gelegenheit zur Auseinandersetzung gegeben. Ich sage, dass Sie falsch liegen, und gehe davon aus, dass die Gründe, die meine Position stützen, richtig sind. Natürlich fragen Sie sich, welche Motive ich bei dem Ganzen verfolge. Glaube ich, dass ich ernstzunehmende Argumente habe oder nicht? Warum kann ich nicht einfach offen und ehrlich mit dem herausrücken, was mich bewegt, statt dauernd so weichgespült herumzulabern und -zudisputieren? Bin ich zu faul oder zu feige, um meine Beweisführung ganz zu Ende zu führen? Oder ist mir nur allzu sehr bewusst, dass sich dann meine Argumente schnell als unhaltbar erweisen?

Ich verstehe Ihren Standpunkt. Und so werde ich Sie nun direkt ansprechen, um Ihnen auseinanderzusetzen, worum es mir geht: Ich bin nämlich der Auffassung, Sie *sollten* andere Menschen als gleichgestellt anerkennen, und Sie *sollten* damit Ihre Haltung grundlegend ändern.

Ich gebe ja zu, dass ich meine Argumente in Schriftform vortrage, weil ich Angst habe, mich persönlich an Sie zu wenden. Als Kafka an seinen Vater schrieb, hatte er zwar einiges zu sagen, doch er fürchtete, ihm würde das Wort im Halse stecken bleiben, wenn sein Vater erst seinen ungeheuer selbstsicheren Blick auf ihn richtete. Auch ich habe Bedenken, ob ich in Ihrer Gegenwart überhaupt zu Wort kommen würde.

Doch während Kafka immerhin hoffte, dass er und sein Vater sich letztlich würden akzeptieren können, sehe ich zwischen uns diesen Weg zum Frieden nicht. Ich bleibe nämlich dabei, dass Sie – auch in einer persönlichen Auseinandersetzung – derjenige sind, der falsch liegt. Auch wenn Sie mir am Ende nicht zustimmen werden, habe ich, wie Sie vielleicht in Kapitel 7 gemerkt haben, damit meinen Frieden gemacht: Ich akzeptiere es als gegeben, dass Sie sich vermutlich nicht ändern werden.

Warum aber sollten Sie mir dann zuhören? Nun, ich nehme an, ich errege Ihre Neugier. Ob ich vielleicht sogar einsehe, dass man Menschen wie Ihnen stets Unrecht tut? Ich habe mich – voller Zorn, aber auch voller Mitgefühl – wirklich bemüht, Ihre Position zu verstehen. Ich bin Ihnen sogar in gewisser Weise dankbar für alles, was ich dabei gelernt habe. Ich habe das unangenehme Gefühl, dass ich vielleicht auch ein Arschloch geworden wäre, wenn die Umstände anders gewesen wären. Denn ich kenne die intellektuellen Fundamente, auf denen Sie bauen können, nur allzu gut: Ich habe Nietzsche gelesen und weiß daher, dass man Moral auch als den Neid der Menge deuten kann, als verunsicherten Stolz, der sich der Sprache der Moral bedient, als verzweifelten Versuch des Heeres der Schwachen, die Großen und Starken zu unterdrücken. Nach dieser Auffassung von Moral, mit der Sie vielleicht sogar übereinstimmen, sind Sie der wahre moralische Held, während meine Argumente nur dem Zweck dienen, die Unterdrückung der Großen durch die Kleinen zu fördern. Ich weiß also, worauf ich mich da einlasse. Und schließlich ist mir auch bewusst, dass man den verbohrten Skeptiker, der alle objektiven Werte, alles Wissen um äußere Dinge einfach verneint, nicht überzeugen kann. Descartes zeigte uns, wie verrückt es ist, für das allzu Menschliche Beweise zu fordern, so klar und unabweisbar, wie sie in der Mathematik üblich sind. Die Vernunft ist eine sanfte Methode, der man Gehör schenken kann oder auch nicht. So fragen Sie sich also vielleicht, was man mit dieser neidischen und bedeutungslosen Menge schon anfangen kann, wenn sie die Vernunftgründe nicht begreift, aus denen sie sich vor wahrer Größe verneigen sollte, und wenn sie Ihnen die Sonderbehandlung, die Ihnen zusteht, verweigert? Warum sollte man ihnen überhaupt Gehör schenken?

Doch bevor ich Ihnen hier meine eigenen Argumente anführe, möchte ich für Sie noch einmal ein paar Worte des klugen, wenn auch ein wenig zur Plauderei neigenden Horaz zitieren, der Ihre Vorstellungen von der Überlegenheit einzelner Menschen durchaus teilt. Er schreibt an Mäcenas:

> *Der Weise ist unter dem einzigen Jupiter,*
> *edel und frei, bildschön und geehrt, ja der Könige König,*
> *auch vorzüglich gesund,*
> *nur nicht, wenn der Schnupfen ihn plaget.*[156]

Wie in den Zeilen von Horaz stilisieren Sie sich selbst zum König der Könige in Ihrem Umfeld, aber nicht nur, weil Sie andere *tatsächlich* dominieren. Sie sind es *wert*, andere zu beherrschen, weil Sie besser sind als diese. Wenn dem so ist,

156 Horaz, *Brief an Mäcenas*, Buch 1. 1, a.a.O.

dürfen Sie sich allerdings nicht benehmen wie die schlechten Dichter, von denen Horaz sagt: »Zwar belacht man elender Gedichte Schreiber, gleichwohl schreiben sie fröhlich fort und verehren sich hoch und gradaus. Schweigst du, loben sie sich selbst.«[157] Sie sollten auf guten Rat hören, wenn nicht auf meinen, dann doch auf den des Dichters: »Schwillst du von Ruhmsucht auf?« Auch dafür hat Horaz eine spöttische Anmerkung parat:

Sei missgünstig und zornig und faul,
Weintrinker und Buhler,
so verwildert ist keiner, dass nichts ihn bändigen könnte,
falls er nur der Erziehung mit duldsamem Ohr sich
unterzieht.[158]

Welchen Rat würde Horaz Ihnen wohl ans Herz legen? Als Erstes würde er vermutlich sagen: Nimm die Dinge doch mal ein bisschen leichter. Du bist immer so angespannt. Dauernd auf dem Sprung, um deine Sonderrolle zu verteidigen, auf den Putz zu hauen, damit dich nur ja keiner infrage stellt. Das macht doch sicher nicht viel Spaß. Du möchtest dich doch bestimmt auch mal entspannen, locker lassen, ob für dich allein oder mit Freunden. Wenn du mit einem Freund zusammen bist, darf der ruhig auch mal Recht haben. Und einen kleinen Fehler dann und wann lässt du ihm ja sogar mal durchgehen. Wie wäre es, wenn du diese Haltung hin und wie-

157 Horaz, *Brief an Julius Florus*, Buch 2.2, a.a.O. (modernisiert von E. Liebl).
158 Horaz, *Brief an Mäcenas*, Buch 1.1, a.a.O. (modernisiert von E. Liebl).

der auch auf andere ausdehntest, vor allem, wenn du falsch liegst? Warum nicht einfach mal den Fehler zugeben, statt anderen die Schuld zuzuschieben? Damit überzeugst du ja sowieso nur dich selbst. Einen Fehler einzugestehen ist keine große Sache, schnell wieder vergessen, und schon kannst du dich wieder dem Vergnügen zuwenden, statt im eigenen Saft vor dich hinzuschmoren. Horaz und ich sind da ganz einer Meinung: Du solltest dich einmal eingehend mit dem Phänomen des Vergnügens auseinandersetzen. Es tut nur dir weh, wenn du es mit Schmerz erkaufst. »Wer nicht im Zorn sich mäßigt, ungeschehen bald wünscht er, was Schmerz ihm geraten und Unmut.«[159] Einen Wutanfall vergleicht Horaz mit einem Wahnsinnsschub. So oder ähnlich würde Horaz' Rat wohl lauten.

Nun werden Sie natürlich einwenden, dass Sie Gründe haben, wütend zu sein, Gründe, die mit Vergnügen oder Glück nichts zu tun haben. Sie verteidigen Ihre uneingeschränkte Freiheit. Wahnsinn, so führen Sie vermutlich an, ist ein geringer Preis für die Freiheit, das zu bekommen, was einem wirklich zusteht.

Aber haben Sie je die einzelnen Preise dieser Freiheit zusammengerechnet? Horaz würde Sie darauf hinweisen, dass Sie nur dann entscheiden können, worauf Sie Anspruch haben, wenn Sie sich permanent mit anderen vergleichen: »Hagerer härmt sich der Neid bei fetterer Habe des anderen.«[160] Das Leben ist nun einmal so, dass es immer jemanden gibt,

---

159 Horaz, *Brief an Mäcenas*, Buch 1.1, a.a.O.
160 Horaz, *Brief an Mäcenas*, Buch 1.1, a.a.O.

der es »besser« hat, wenn nicht unter Ihresgleichen, dann unter den Größen vergangener Tage. Wie schnell Sie auch laufen, wie viele Reichtümer Sie auch ansammeln, es wird immer jemand geben, der vor Ihnen ist und den Sie unbedingt überholen möchten, oder einen, der hinter Ihnen steht und gegen den Sie Ihre Führung verteidigen müssen. Zweifellos ist die Welt genau so beschaffen. Wenn das Ihre Überzeugung sein sollte, so denken Sie in hergebrachten Bahnen, oder wie Horaz schreibt:

> *Gibt dir guten Rat, wer will, dass du Geld dir erwirbst?*
> *Geld: Wenn du es kannst, rechtmäßig, doch nicht zu*
> *jeder Bedingung.*
> *Geld, um im Theater in der ersten Reihe zu sitzen?*[161]

Was aber hat das mit Freiheit zu tun? Sind Sie nicht vielmehr Sklave der Konvention, des Wettlaufs um Status, der in dieser Gesellschaft so häufig geführt wird? Wie sollten Sie so besser sein als der Sklave, der seiner Natur entsprechend Sklave der Angst ist?[162]

Hier können wir eines lernen, nämlich: Jede Form von »unumschränkter Freiheit« beginnt mit Selbstdisziplin. Horaz empfiehlt als Mittel zum Zweck die Übung der Tugend. Beginnen wir also mit Ihrer Tugend. Sie sind stolz auf Ihre geistigen Fähigkeiten und Ihren handverlesenen Geschmack. Sie regen sich über die Dummheit und Trägheit der arbeitslosen

161 Horaz, *Brief an Mäcenas*, Buch 1.1, a.a.O. (modernisiert von E. Liebl).
162 Horaz, Brief an Quintius, Buch 1.16, a.a.O.

Massen auf. Aber lassen Sie mich Ihnen verraten, was jeder gute Freund Ihnen an dieser Stelle sagen würde: Die meisten Menschen empfinden Ihre Gesellschaft als ausgesprochen unangenehm. Ihre Begegnungen mit anderen Menschen hinterlassen bei diesen einen unangenehmen Nachgeschmack, als hätten Sie Körpergeruch.

Uns wäre schon gedient, wenn Sie Ihre innersten Neigungen verborgen hielten. Bei anderen schätzen Sie Bescheidenheit doch auch, eben weil sie im Umgang miteinander von Selbstachtung zeugt. Also folgen Sie dem horazischen Exempel. Zum Beispiel, als er Augustus erklärt, weshalb seine Dichtung sich an die kleinen Dinge hält:

Weder als Fratze im nachbildenden Wachse
mich wo aufstellen zu sehen,
noch in missratenen Versen mein Lob zu vernehmen,
begehr ich.
Dass nicht feiste Verehrung mich schamrot färbe
und gemeinsam ich mit meinem Poeten,
in offener Kiste gelagert,
wandere nach dem Bezirk,
wo Gewürz und Pfeffer und Weihrauch feil ist,
oder was sonst einhüllt unnützer Papierwust.[163]

Ruhm und Schmach liegen manchmal beunruhigend nahe beieinander. Da scheint Bescheidenheit doch die bessere Strategie zu sein.

---

163 Horaz, *Brief an Julius Florus*, Buch 2.2, a.a.O.

Ich vermute, Sie denken jetzt, dass alles, was ich hier anführe, ja nichts mit unserer Diskussion zu tun hat oder bestenfalls den Kern nicht wirklich trifft. Und damit haben Sie gar nicht mal Unrecht. Es gibt triftige philosophische Gründe, weshalb die alte Verknüpfung von Glück und Moral, die ich hier vornehme, zu beanstanden ist. Hier eilt Ihnen seltsamerweise Kant zu Hilfe, der, im Namen der Grenzen der Vernunft, Glück und Moral streng scheidet. Wenn Sie also behaupten, dass Sie schließlich Ihre Ansprüche haben und ich meine Pflichten Ihnen gegenüber, dann könnten Sie darauf verweisen, dass die Tatsache, ob wir durch dieses Handeln erfolgreich oder erfolglos, glücklich oder verhasst werden, nichts mit unserer Debatte zu tun hat. Denn unsere Frage ist ja zuallererst eine der Moral: Dürfen Sie, moralisch gesehen, für sich eine Sonderrolle beanspruchen?

Es liegt eine gewisse Ironie darin – die Sie sicher auskosten werden –, dass ausgerechnet der Moralist Kant Ihnen und Ihrer Position hier Schützenhilfe leistet. Kein Philosoph lehnt Ihre Haltung mit größerer Entschiedenheit ab, und doch können Sie sich hier einen dialektischen Vorteil sichern. Kant geht ja bekanntermaßen davon aus, dass wir als rationale Geschöpfe den Gebrauch der Vernunft erlernen können: Wir erkennen, dass wir uns an das moralische Gesetz halten können, weil wir das Gefühl haben, wir müssten es, obwohl wir diesem Gefühl vielleicht sogar bewussten Widerstand entgegensetzen. Das würden Sie natürlich sofort unterschreiben. Sie finden das moralische Gesetz sogar sehr wichtig. Nur dass Sie es eben so anwenden, dass es Ihre Privilegien stützt. Wenn Sie wütend werden, dann berufen Sie sich dabei auf das Sittengesetz: Sie sind im Recht und fordern von anderen nur jene Achtung, die Ihnen von Rechts wegen zusteht.

Wie wir bereits in Kapitel 1 gesehen haben, scheint Kant sich dieses Problems bewusst gewesen zu sein. Er nannte solch eine Haltung »Eigendünkel«. Darin sehen Sie nun sicher einen ungerechtfertigten Vorwurf, denn natürlich geht aus dem Begriff zunächst einmal nicht hervor, weshalb Sie im Unrecht sind. Kant aber besteht darauf, dass Sie falsch liegen. Er beruft sich auf Rousseau und schreibt: »Keiner kann verlangen, dass ich mich erniedrigen und geringer als andere halten soll, jeder aber hat Recht zu fordern, dass sich der andere nicht erhebe.«[164] Aber Ihre Frage ist ja, *warum* man die Selbsttäuschung vermeiden sollte, und Kant scheint darauf keine klare Antwort zu haben.

Alles, womit er an dieser Stelle aufzuwarten hat, ist sein frommes Lob der Reinheit des moralischen Gesetzes, als würde dies schon ausreichen, um Sie aus Ihrer Haltung herauszuholen: »Allein es kann dieser Eigendünkel durch die Reinigkeit des Gesetzes verhindert werden, denn wenn das Gesetz in seiner völligen Reinigkeit vorgetragen wird, so wird keiner ein solcher Tor sein zu glauben, er könne das Gesetz durch seine Kräfte völlig rein erfüllen.«[165] Doch der bloße Hinweis auf die Reinheit des moralischen Gesetzes wird Sie mit Sicherheit nicht in Ihrer Grundhaltung erschüttern. Sie werden sich aller Wahrscheinlichkeit nach nicht ändern, nur weil Sie feststellen, dass Sie dem Gesetz vielleicht nicht genügen. In

164 Immanuel Kant, »Von der geziemenden Selbstschätzung«, in: ders., *Eine Vorlesung über Ethik*, Frankfurt a. M. 1990, S. 140.

165 Ebd. S. 141.

Ihrer Sicht der Dinge werden Sie dem Gesetz ja nur in Ausnahmefällen nicht gerecht, nämlich dann, wenn es um die Verteidigung Ihrer Ansprüche geht. Von anderen, so Ihre Argumentation, können Sie schließlich lernen, wozu Ihre Überlegenheit Sie berechtigt. Ihre Frage ist, was daran nun falsch sein soll. Was Kant dazu zu sagen hat, kommt fast einer Schimpfkanonade gleich: Er nennt Sie einen »Rabulisten«, der so »betrügerisch« ist, »das Faktum zu leugnen«, einen »Rechtsverdreher«[166]. Ja, er bezeichnet Sie sogar als böse:

> *Es ist nichts ärger und abscheulicher, als sich ein falsches Gesetz zu erkünsteln, nach welchem man unter dem Schutz des wahren Gesetzes Böses tun kann. So lange der Mensch das moralische Gesetz übertreten hat, allein es noch in seiner Reinigkeit erkennt, der kann noch gebessert werden, weil er noch ein reines Gesetz vor sich hat; wer sich aber ein günstiges und falsches Gesetz erkünstelt hat, der hat einen Grundsatz zu seiner Bosheit, und bei dem ist keine Besserung zu hoffen.*[167]

Kurz gesagt: Kant zählt Sie zu den Psychopathen, obwohl Sie eigentlich keiner sind. Sie stellen also ein ernsthaftes moralisches Problem dar, das noch der Lösung bedarf.

Ich hoffe, Sie können aus dem zuvor Gesagten erkennen, dass ich die Stärke Ihrer Position würdige. Ich nehme Sie sehr ernst. Und doch glaube ich, dass wir eine Antwort finden wer-

---

166 Immanuel Kant, »Über die Eigenliebe«, in: ders., *Eine Vorlesung über Ethik*, a.a.O., S. 150.

167 Ebda.

den. Sie stecken, wie ich glaube, in einem Dilemma, das man wie folgt umreißen könnte:

Wenn wir davon ausgehen, dass Sie nicht einfach nur ein Psychopath sind, müssen Sie in der Lage sein, Ihren Anspruch auf eine Sonderrolle irgendwie moralisch zu rechtfertigen. Das heißt, Sie müssen die Forderung, grundlegende, nachvollziehbare Formen moralischer Rechtfertigung anzubieten, akzeptieren. Sonst wäre Ihre Behauptung, dass Ihr Handeln moralisch zu rechtfertigen ist, ja nur ein Vorwand, schlichte Augenwischerei. Damit wäre unsere moralische Diskussion zu Ende. Sie würden Ihren Sonderstatus nicht wirklich verteidigen. Sie wären ein Psychopath, nichts weiter, sprich, Sie würden sich aus jeder Moraldiskussion heraushalten und nicht mit eigenen Moralvorstellungen operieren.

Andererseits würden Sie sich in eine äußerst angreifbare Position bringen, wenn Sie behaupten, Ihre angeblichen Sonderrechte seien moralisch zu rechtfertigen. Sie können den Vorwand der moralischen Rechtfertigung nur aufrechterhalten, wenn Sie jede Diskussion über die moralischen Aspekte Ihres Tuns vermeiden. Sie stecken also in der Zwickmühle: Sie bauen sich aus moralisch angreifbaren Argumenten einen Schutzwall auf.

Lassen Sie mich das weiter ausführen. Sie sind kein Psychopath, eben weil Sie auf moralische Argumente zurückgreifen und zwar nicht nur zur Verteidigung Ihrer Sonderrechte. Wäre Ihre Frau von ihrem Geschäftspartner hereingelegt worden, würden Sie sich entrüsten. Das ist eine durch und durch moralische Reaktion. Genau dieses Gefühl empfinden Sie, wenn anderen Unrecht geschieht, selbst wenn Sie zu diesen

Menschen keine engere Verbindung haben. Sie empören sich, weil der Nachbar sein Kind misshandelt und im Krieg unschuldige Zivilisten sterben. Sie sind mehr oder weniger moralisch besorgt wegen Dingen, die anderen Menschen widerfahren. Von Ihrem Standpunkt betrachtet sieht das so aus: Natürlich steht diesen Menschen weniger zu als Ihnen, doch das heißt noch nicht, dass sie auf gar nichts Anrecht hätten. In der Moral geht es ja letztlich darum, was jedem Einzelnen zusteht.

Jetzt aber wollen wir einen Schritt weiter gehen. Wir sollten den Sonderstatus, den Sie sich selbst zubilligen, einmal genauer unter die Lupe nehmen. Sie gehen davon aus, dass Sie ein Sonderfall sind, dass Sie über den anderen stehen. Wir müssen also untersuchen, ob es dafür Gründe gibt, solche, die nicht schon beim ersten Abklopfen wie ein Kartenhaus in sich zusammenfallen. Und meiner Ansicht nach stehen Sie an diesem Punkt ziemlich schlecht da. Sie haben keine guten Argumente. Keine Argumente, die Sie selbst akzeptieren würden, befänden Sie sich nicht gegenüber den hier vorgetragenen Gedankengängen in einer Verteidigungsposition – schließlich weiß man ja, nie worauf solche Diskussionen am Ende hinauslaufen. Eben weil Sie durchaus klare Vorstellungen von »richtig« oder »falsch« haben, muss Ihnen klar sein, dass *Sie* sich moralisch auf dem Holzweg befinden. Es müsste Gründe geben, weshalb Ihre *Situation* eine andere sein sollte als die anderer Menschen, Gründe, die anhand von Kriterien überprüft werden können, die wir alle verstehen und akzeptieren. Und genau an diesem Punkt verliert Ihre Argumentation an Überzeugungskraft.

Ist Ihnen schon mal aufgefallen, dass Sie das Pronomen »ich« quasi als Zauberwort verwenden? Als wir uns letztes Mal zum Mittagessen trafen und warten mussten, bis ein Tisch frei wurde, fragten Sie zum Beispiel den Oberkellner: »Wissen Sie eigentlich, wer ich bin?« Sie nahmen einfach an, dass jedermann das wissen müsse und dass Ihre Stellung Ihnen irgendwie schneller einen Platz verschaffen würde. Dabei verweist das Pronomen »ich« nicht automatisch auf einen derartigen Sonderstatus. »Ich« heißt für alle erst einmal dasselbe. Kompetente Sprecher, also solche, die die Sprache korrekt verwenden, benutzen das Wort, um sich auf sich selbst zu beziehen. So gesehen sind Sie ein Angehöriger der breiten Masse. Wenn es also Gründe für den Oberkellner gibt, uns einen Platz zu geben, während andere warten, dann liegen diese jedenfalls nicht im Zauberwort »ich« begründet. Dafür müssen Sie bessere Argumente vorbringen können.

Mit welcher Begründung wollen Sie dieses Privileg also rechtfertigen? Sie könnten zum Beispiel auf Ihren wichtigen Job verweisen. Doch die anderen Wartenden haben ebenfalls Jobs und halten diese zweifelsohne für nicht minder wichtig. Also müssen Sie erklären, warum Sie Ihren Job für so besonders wichtig halten. Nun erfolgt vielleicht der allfällige Hinweis auf Ihr recht üppiges Gehalt. Doch auch dies ist kein zwingender Grund, warum man ausgerechnet Sie nicht warten lassen darf. Hier wäre es besser, Sie wären *unterbezahlt*. Dann wären Sie auf eine bevorzugte Platzvergabe angewiesen, um Ihr niedriges Gehalt wettzumachen oder Ihren Scheißtag im Büro oder andere allseits akzeptierte Gründe. Wenn wir aber die Argumente betrachten, die Sie vermutlich vorbringen werden, lässt sich darin keine nachvollziehbare Moral erkennen: Sie verlangen nämlich zusätzliche Privilegien, eben weil Sie schon eine erkleckliche Anzahl an Privilegien besitzen. Wenn Sie dieses Argument in einer Diskussion vorbrächten, während andere warten, würden Sie damit nur Ihre moralische Inkompetenz beweisen. Ich bin zwar ziemlich sicher, dass Sie etwaige Einwände vehement und lautstark zurückweisen würden, doch das hätte noch lange nicht zur Folge, dass Ihr Anspruch deswegen aus der Perspektive eines der Anwesenden eher akzeptiert würde. Er wäre moralisch nicht gerechtfertigt.

Und dies ist genau die Zwickmühle, in die Sie sich mit jedem Ihrer unendlich überstrapazierten Argumente zur Rechtfertigung Ihrer Sonderrolle bringen. Meine ersten Einwände gegen Ihr Verhalten haben diese Argumente hinlänglich deutlich gemacht, wobei ich noch gar nicht auf deren Problematik eingegangen bin. Doch das war nur das erste Glied meiner Argumentationskette, nicht das letzte. Denn wenn man sich Ihre Begründungen eine nach der anderen systematisch vornimmt, dann bleiben Ihnen am Ende nur noch beschämende Verteidigungsstrategien. Ich nehme an, dass Sie selbst wissen, wie schlecht Ihre Erfolgsaussichten sind, wenn man Ihre moralischen Erwägungen in Bezug auf Ihre Sonderrolle sorgfältig analysiert. Und daher ziehen Sie sich sofort hinter Ihren Verteidigungswall zurück und würgen jede Diskussion ab, ehe Sie in moralischer Hinsicht nackt und bloß dastehen.

Kant und Horaz sind in gewisser Hinsicht also doch verwandte Seelen. Wie ich bereits erwähnte, hält Kant die Selbsttäuschung für einen Felsen, an dem der Mensch zerschelle.[168] Ihre heikle Position macht Ihnen das Leben schwerer als es sein müsste. Es ist anstrengend, sich vor dem Licht der eigenen Vernunft zu verbergen, den eigenen Geist von der Richtung abzubringen, in welche die Intelligenz ihn notwendig lenken muss. Noch schlimmer allerdings ist es, dass ein Mensch an sich scheitern kann, weil er sich in der Selbsttäuschung von seinen tiefsten Sehnsüchten nach sinnerfüllten Beziehungen zu anderen Menschen entfremdet. Das moralische Denken ist letztlich auch eine Form, sich selbst zu transzendieren. Es schwebt über der eigenen Erfahrung, hebt uns aus der engen Ich-Perspektive heraus, führt uns in das Leben anderer und zu einer anderen Seite der Wirklichkeit. Diese Wirklichkeit umfasst Ihre Mitmenschen ebenso wie Sie selbst. Sie können sich selbst von deren Standpunkt aus sehen und diese sehen Sie aus Ihrer Perspektive. Erst zusammen bilden sie ein Ganzes. Dieser gegenseitige Perspektivenwechsel ist die Grundlage nahezu aller menschlichen Beziehungen. Das, was wir an Beziehungen zu anderen wertschätzen, hängt zum Großteil davon ab, ob wir zu dieser Art moralischer Erkenntnis fähig sind.[169] Sie aber verschließen sich ihr.

Falls das zutrifft, gehen Sie ein großes Risiko ein. Sie führen dann, wenn ich das so sagen darf, ein Leben, als versteckten Sie sich ängstlich und hungrig in einer finsteren Höhle, die

168 Immanuel Kant, *Eine Vorlesung über Ethik*, a.a.O. Christine Korsgaard entwickelt in *The Sources of Normativity* (Cambridge 1996) diese Idee weiter und stellt die These auf, dass die Selbsttäuschung die eigenen Fähigkeiten und die gesamte Persönlichkeit zerfallen lässt.

169 Wie Sartre diese Möglichkeit des Perspektivenwechsels sieht, erklärt Thomas Nagel in: »Sexuelle Perversion«, in: *Über das Leben, die Seele und den Tod*, Hain 1984, S. 59ff.

Sie selbst geschaffen haben. Sie ziehen es vor, gefürchtet statt respektiert zu werden. In diesem Sinne streben Sie also nach der schäbigen Kopie echter moralischer Anerkennung. Sie könnten es doch viel einfacher haben. Doch darum geht es letztlich gar nicht. Ich fürchte für Sie, wenn es ans Sterben geht. Erinnern Sie sich an Charles Dickens' Worte über den Geizhals Ebenezer Scrooge: »Kein Mann, kein Weib, kein Kind war da, um zu sagen: ›Er war gütig gegen mich in dem und jenem, und dieses einen gütigen Wortes gedenkend will ich seiner warten.‹«[170]? Tief im Herzen begrüßen selbst die edelmütigsten Menschen seinen Tod. Es fällt mir schwer, Ihnen das sagen zu müssen, doch viele Menschen, die Sie kennen, werden auch Ihren Tod als Erleichterung empfinden. Es wird eine Beisetzung im kleinsten Kreis geben. Ich kann mir vorstellen, dass Sie das nicht kalt lässt. Und die Grabinschrift, die ich für Sie ausgesucht habe, wird Ihnen wohl auch nicht so gefallen. Aber vielleicht ist Ihnen das doch vollkommen egal. Wie auch immer: Bitte erlauben Sie mir den Ausdruck meiner ernsthaften Sorge um Ihre Sicherheit und Gesundheit. Man hat allen Grund, Sie für Ihr Wesen zu bedauern, und daher hoffe ich, dass Sie sich ändern werden.

Mit freundlichen Grüßen
A. J.

---

170 Charles Dickens, »Ein Weihnachtslied in Prosa«, in ders. *Weihnachtserzählungen*, München 2006, S. 93.

Anhang zur Spieltheorie

Die Geschichte vom Niedergang im Arschloch-Kapitalismus, die wir in Kapitel 6 erläutern, ist inspiriert von der Spieltheorie. Ich holte mir daher Rat bei Jean-Paul Carvalho, dem in Oxford ausgebildeten Spieltheoretiker der Universität Irvine, wie man diesen Prozess am besten modellhaft darstellen könnte. Wir diskutierten beim Mittagessen über das Thema, dann dachte Carvalho einen Augenblick nach und entwarf (mit den Mitteln einfacher, meist recht anschaulicher Mathematik) ein mögliches Modell, das zeigt, wie der Arschloch-Kapitalismus sich selbst den Ast absägt, auf dem er sitzt. In diesem Anhang möchte ich dem interessierten Leser das Modell präsentieren und ihm gleichzeitig ein wenig von dessen spieltheoretischen Hintergründen nahebringen. (Beim Verfassen dieses Kapitels half mir Jennifer Herrera, eine talentierte Studentin aus dem Graduiertenkolleg für Logik und Philosophie der Wissenschaften an der UC Irvine).

Die Spieltheorie untersucht, wie verschiedene Akteure strategisch interagieren und dabei auf die Entscheidungen anderer Akteure reagieren. Jeder Spieler hat Präferenzen im Hinblick auf den von ihm favorisierten Lauf der Dinge. Er handelt gemäß diesen Präferenzen, doch stets in Abhängigkeit davon, wie die anderen Akteure sich entscheiden. Der Theoretiker überlegt sich nun, welche Handlungsmuster sich in einer oder mehreren Spielrunden ergeben, wenn solche Akteure zusammenwirken.

Ein klassisches Beispiel dafür ist ein Gedankenexperiment, das auf Jean-Jacques Rousseau zurückgeht: die Hirschjagd. Dabei kann jeder Spieler – »Sie« oder »ich« – entweder einen Hirsch jagen oder einen Hasen. Wenn wir beide gemeinsam einen Hirsch jagen, haben wir mehr zu essen, als wenn jeder von uns für sich einen Hasen jagen würde. Also haben wir beide eine Präferenz für die Hirschjagd. Allerdings müssen wir den Hirsch gemeinsam jagen – wir müssen kooperieren –, damit jeder von uns diesen eindeutig größeren Vorteil aus der Jagd ziehen kann. Doch natürlich können weder Sie noch ich wissen, ob der jeweils andere zur Jagd auftaucht. Wenn Sie sich entscheiden zu kommen, ich aber nicht, haben Sie die Gelegenheit zur Hasenjagd, vielleicht sogar zur Jagd überhaupt, verpasst und stehen am Ende mit leeren Händen da.

Was also sollen Sie tun? Das Risiko eingehen, weil Sie am Ende mehr zu essen haben könnten? Oder auf Nummer sicher gehen und einfach von Anfang an den Hasen jagen? Die Antwort hängt ganz davon ab, wie Sie mein voraussichtliches Handeln einschätzen, wie sicher Sie sich bei dieser Einschätzung sind und welche Risiken Sie bereit sind einzugehen. Offensichtlich ist es für uns beide die beste Option, einen Hirsch zu jagen, und sie umzusetzen ist problemlos möglich. Aber möglicherweise wird die beste Option nicht gewählt, einfach weil wir beide nicht sicher sein können, was der jeweils andere tun wird. Wenn Sie so veranlagt sind wie das Gros der Menschheit, werden Sie einen geringen, aber sicheren Vorteil nicht für eine bessere, aber unsichere Ertragsmöglichkeit eintauschen. Also werden Sie lieber allein auf die Hasenjagd gehen, statt sich auf das Risiko einzulassen, dass ich zur Hirschjagd vielleicht nicht erscheine. Der Spieltheoretiker würde dies so ausdrücken: Weil wir ja beide unsicher sind, was der jeweils andere tun wird, ist die Situation, in der wir beide Hasen jagen, weniger risikoreich; die Hasenjagd ist daher die »risikodominante« Strategie.

Der Spieltheoretiker untersucht verschiedene Spielmuster nach möglichen »Gleichgewichten«. Der Mathematiker John Nash hat für diese Zustände folgende Definition gefunden: Gleichgewicht herrscht, wenn jeder Spieler seine beste Antwort unter Berücksichtigung des Verhaltens seiner Gegenspieler wählt (wobei der Spieler sich nach seinen Präferenzen entscheidet, zum Beispiel für die Hirschjagd optiert statt für die Hasenjagd, und zwar aus der Annahme heraus, was der jeweils andere wahrscheinlich tun wird). In dieser Situation hat kein Spieler einen Anreiz, aus einer gegebenen Gleichgewichtssituation auszuscheren – wenn es keine Änderung im Verhalten der anderen gibt. Solange keine Krise das System erschüttert, ist das Gleichgewicht stabil, so ähnlich wie ein großes Objekt (etwa ein Balken oder der Eiffelturm) in seinem Dreh- und Angelpunkt ruht, weil eine Seite die andere ausgleicht. (Ein Windstoß – ein »Krise« – kann das System stören, sodass entweder das Gleichgewicht verloren geht oder durch eine Gegenbewegung wiedergefunden wird.)

Ein sozialer Gleichgewichtszustand erfordert nicht unbedingt Kooperation. Bei der Hirschjagd gibt es zwei Arten von Gleichgewicht: ein kooperatives Gleichgewicht (beide jagen Hirsch) und ein nicht-kooperatives Gleichgewicht (beide jagen Hase). Jeder tut, was für ihn am besten ist, wenn er den Hirsch jagt, falls die anderen kooperieren. Wenn aber jeder für sich einen Hasen jagt, dann tut er ebenso für sich das Beste, da der andere ja nicht kooperiert. Es gibt also zwei Möglichkeiten, angesichts des Verhaltens anderer das eigene Beste zu tun, auch wenn die Spieler das absolut Beste tun, wenn sie gemeinsam einen Hirsch jagen. Hat sich das kooperative Gleichgewicht noch nicht eingestellt, besteht die Herausforderung darin, es anzustoßen. Dazu brauchen die Mitglieder genug Vertrauen, dass die anderen kooperieren werden, sodass alle auf kooperativer Grundlage interagieren. Hat sich ein kooperatives Gleichgewicht eingestellt, muss das Vertrauen in die Kooperation der anderen erhalten werden, damit das kooperative Gleichgewicht nicht in ein nicht-kooperatives umschlägt.

Ein Beispiel für den Umschlag eines kooperativen Gleichgewichts in ein nicht-kooperatives ist der klassische Bankenrun, eine finanzielle Krise also, die letztlich eine »Vertrauenskrise« ist. Solange jeder sein Geld angelegt lässt (indem er es auf der Bank lässt oder als Kapitalgeber in Projekte und Unternehmen finanziert), herrscht eine Kooperationssituation, von der alle profitieren. Doch wenn jeder sein Geld zurückzieht, also nicht kooperiert, dann ist es für jeden das Beste, nicht länger zu investieren. In beiden Fällen handelt es sich um Gleichgewichtssituationen. Ob die Gruppe jedoch im kooperativen Gleichgewicht bleibt, hängt davon ab, wie viel Vertrauen die Mitglieder in die Kooperationsbereitschaft der anderen setzen. Wenn dieses Vertrauen plötzlich nachlässt, weil es irgendeinen Systemschock gegeben hat (Investitionen erscheinen plötzlich weniger attraktiv und jeder Einzelne setzt nun darauf, dass die anderen ihr Geld zurückziehen werden), schlägt die Situation in ein nicht-kooperatives Gleichgewicht um.

Dies ist – mit ein paar zusätzlichen Komplikationen – in etwa das, wovon wir ausgehen, wenn es um den Niedergang des Arschloch-Kapitalismus geht. Wie das genau aussehen könnte, möchte ich Ihnen hier an einem weiteren Beispiel veranschaulichen: Stellen Sie sich eine nette Party vor. Der Abend ist noch nicht allzu weit fortgeschritten, die meisten Gäste sind nicht gerade hip, aber das tut nichts zur Sache, solange genug Bier fließt. Das Bier fließt aber nur dann weiter, wenn alle halbe Stunde neues geholt wird. Zu diesem Zweck geben alle Partygäste eine kleine Summe. Die Menschen mögen gute Partys, daher zahlen sie gern, doch ihre Haltung ist an eine Bedingung gebunden: Damit jeder seinen Beitrag für gut investiert hält, müssen die anderen Partybesucher ebenfalls ihren Obolus entrichten. Wenn die Summe für den Bier-Nachschub also unter eine kritische Grenze fällt, wird niemand mehr etwas geben. Dann ist Schluss mit lustig. (Wenn die Alkoholwirkung nachlässt, wird eine Party mit so vielen uncoolen Leuten schnell unangenehm.)

Am Anfang klappt alles noch wie am Schnürchen. Jeder fühlt sich wohl und zahlt fürs Bier. Jeder macht mit, weil sein Beitrag schließlich sichert, dass er sich selbst amüsiert. Die

Situation stellt ein kooperatives Gleichgewicht dar: Der kleine Beitrag zur Bierkasse ist für alle die beste Antwort, da genug andere ebenso dazu beitragen. Solange diese Situation sich nicht ändert, wird die Party weitergehen.

Da aber erfolgt die Systemkrise: Neue Partygäste kommen. Das sind so richtig hippe Leute, so hip, dass sie das Gefühl haben, es sei unter ihrer Würde, ihren Obolus in die Bierkasse zu legen. Ihre Präsenz ist schließlich Beitrag genug. Da die Hipster nicht mitzahlen, stellt sich auch bei anderen Partygästen das Gefühl ein, nichts zahlen zu müssen. Die Party geht zwar weiter, doch immer weniger Leute zahlen in die Bierkasse ein. Und schließlich ist die kontributive Party vorüber. Jeder profitiert also weniger, während sich allmählich ein nicht-kontributives Gleichgewicht einstellt.

Der Niedergang im Arschloch-Kapitalismus läuft mehr oder weniger genauso ab. Wie bei der Party sind auch hier anfangs noch alle willig, die Institutionen und Praktiken gemeinsam aufrechtzuerhalten, die der Kapitalismus braucht, um seine sozialen Verheißungen zu erfüllen. Dies ist ein kooperatives Gleichgewicht. Die Menschen werden weiter kooperieren, solange ihre Mitmenschen dasselbe tun. Dann kommt eine Systemkrise, meinetwegen der Übergang zur Anspruchskultur, der dem System mehr Arschlöcher zuführt. Die Anspruchskultur setzt Anreize für gesteigertes Arschlochtum. Sie vermittelt die Botschaft, es sei moralisch in Ordnung, die Vorteile der Kooperation abzugreifen und ihre Kosten zu vermeiden. Wenn die Arschlöcher dann immer mehr werden, verlieren die kooperativen Menschen die Bereitschaft, sich für die sozial förderlichen Praktiken und Institutionen einzusetzen. Damit aber verliert der Kapitalismus immer mehr die Fähigkeit, seine Versprechungen zu erfüllen. Nun wird die nicht-kooperative Beziehung das neue Gleichgewicht – zum Schaden aller.

Die Frage ist nun, wie sich diese Idee spieltheoretisch formalisieren lässt. Was wir brauchen, ist eine exakte Kennzeichnung der Präferenzen der verschiedenen Spieler. Carvalho hat dazu nun einen Vorschlag gemacht. Stellen Sie sich vor, die »Auszahlung«, die jemand von seiner Kooperation erwartet, wird wie folgt dargestellt.

$$xp - c$$

In diesem Fall wäre p die Quote der kooperierenden Menschen, die der Betreffende erwartet, c die Kosten der Kooperation und x eine positive Konstante. Die positive Konstante realisiert die Quote der Kooperierenden und spiegelt somit den Wert wider, den jeder Spieler der Kooperation der anderen zuordnet.[171] Nun setzen wir den Gewinn aus der Nicht-Kooperation einmal auf null. Ein Mensch kooperiert also, wenn

171 Wir passen also den Wert von x dem Wert an, den die Spieler in der fraglichen Situation der Kooperation der anderen zuordnen. Wenn wir möchten, dass die Kooperation der anderen bei unserer Entscheidung, ob wir kooperieren sollen, eine große Rolle spielt, nimmt x demnach einen sehr hohen Wert an. Wenn wir umgekehrt möchten, dass die Quote der Kooperierenden keine so große Rolle bei der Entscheidung spielt (wenn wir wollen, dass c wichtiger ist als p), dann hätte x einen geringeren Wert.
Mit diesen Werten lassen sich viele verschiedene Szenarien ausdrücken. Stellen Sie sich vor, was passiert, wenn wir den Wert von x so reduzieren, dass jeder Spieler von der Kooperation der anderen vergleichsweise unbe-

$$xp - c = > 0$$

Oder (anders ausgedrückt), wenn:

$$p > \frac{c}{x}$$

Darüber hinaus können wir eine gewisse innere Verpflichtung zur Kooperation als negative Kosten formulieren $c < 0$. (Dasselbe gilt übrigens für die Vorliebe für Partys mit ungehindertem Biernachschub. Sogar wenn jemand eigentlich gar kein Bier trinkt, leistet er vielleicht seinen Beitrag.) Jeder Spieler/Partygänger sieht also einen moralischen Grund gegeben, zur Sache um ihrer selbst willen beizutragen. In diesem Modell wäre die Kooperation eine »dominante« Strategie (d.h. jeder Spieler hat mehr davon, wenn er dieser Strategie folgt statt einer anderen). In dem Fall kooperiert ein Akteur, ohne auf die Zahl der anderen Kooperatoren zu achten, also für alle p. Wenn die Kooperation keine Kosten hat, weil $c < 0$ für alle Akteure, dann ist die allgemeine Kooperation das einzige (Nash) Gleichgewicht (also ist Kooperation die beste Antwort, da andere ebenfalls kooperieren).

---

lastet bleibt. In diesem Fall würde sogar ein kleiner Anstieg der Kosten dafür sorgen, dass die Menschen nicht mehr kooperieren. Ein konkretes Beispiel: $c = 1$, $x = 1$ und $p = 80$ Prozent. Dann ist $xp - c = 0{,}8 - 1{,}00 = - 0{,}20$. Da der Gewinn weniger als Null ist, wird niemand kooperieren. Doch das scheint in vielen Fällen nicht zuzutreffen, zum Beispiel, wenn die Kosten der Kooperation niedrig sind und viele Menschen kooperieren. In dieser Situation kooperieren andere ebenfalls gerne. Nehmen wir zum Beispiel für x einen Wert von 10 an. Dann wäre $xp - c = 79$. In diesem Fall verhieße die Kooperation einen attraktiven Gewinn.

Das System ist stabil, solange es nicht unterbrochen wird. Doch stellen wir uns nun eine Krise vor, bei dem Nicht-Kooperierende – Arschlöcher oder hippe Leute – ins System eindringen. Die Erfahrung der Spieler mit den Arschlöchern verdrängt ihre ursprüngliche moralische Motivation. Das Gefühl der inneren Verpflichtung weicht einem Anspruchsdenken, in dem jeder glaubt, er habe ein Recht darauf, weniger zu tun als das, was die Kooperation erfordert. Also steigt c an, die Kosten der Kooperation. Wenn die Erwartungen im früheren kooperativen Gleichgewicht verankert sind und von diesem geprägt werden, wird die Kooperation trotzdem noch eine Weile weitergehen. Doch sobald die Kosten hoch genug sind – wenn c zum Beispiel mehr ist als die Hälfte von $x/2$ –, wird das Gleichgewicht, in dem keiner der Akteure mehr kooperiert, risiko-dominant, das heißt, alle tun besser daran, nicht zu kooperieren. Oder wie ein evolutionäres Modell es ausdrücken würde: »Mutationen« mit nicht-kooperativen Strategien werden sich in der Population vermehren und die Gesellschaft in ein nicht-kooperatives Gleichgewicht versetzen.

Das ist der grundsätzliche Gedankengang. Warum dies so interessant ist, möchte ich Ihnen an zwei weiteren Punkten verdeutlichen. Erstens geht es in dieser Situation nicht um das übliche »Trittbrettfahrerproblem«, bei dem nicht-kooperativ Handelnde die Kooperation kurzfristig außer Kraft setzen, indem sie deren Vorteile nutzen, ohne die Kosten auf sich zu nehmen – *aus amoralischem, auf den eigenen Vorteil bedachtem Eigeninteresse*. Wir sind ja von der Annahme ausgegangen, dass sowohl Kooperatoren und Nicht-Kooperatoren von moralischen Gesichtspunkten ausgehen. Das Arschloch ist motiviert von seinem Anspruchsdenken. Daher ist das Problem des Arschloch-Kapitalismus kein Problem amoralischer Selbstsucht, sondern eine Frage moralischer Werte.

Zweitens ist der Werteverfall in eine nicht-kooperative Gesellschaft nicht irreversibel, zumindest im Prinzip. Die Kooperation wird zwar für einige Zeit nachlassen, doch es gibt Hoffnung, dass sie sich eines Tages wieder einstellt. Vielleicht sinken die Kosten der Kooperation, vielleicht steigt der Vorteil, den alle aus kooperativem Handeln ziehen. In diesem Fall können wir damit rechnen, dass sich ein neuer kooperativer Zyklus ausbildet und uns zurück ins kooperative Gleichgewicht bringt.

Das ist Grund zur Hoffnung, aber auch Grund zur ewigen kooperativen Wachsamkeit. Denn »Arschloch-Mutationen« können auch in späteren Stadien auftreten und innerhalb der mathematischen Grenzen für ein Hin- und Herpendeln zwischen einem kooperativen und nicht-kooperativen Gleichgewicht sorgen – mit periodisch steigendem Arschloch-Einfluss. Kurz gesagt: Das Arschloch-Management höret nimmer auf.

Danksagung

Dieses Buch wurde von Surfern inspiriert, vor allem von den Arschloch-Surfern, die unweigerlich und mit bemerkenswerter Ähnlichkeit (wenn auch mit gewissen regionalen Unterschieden) an allen guten Surfplätzen der Welt auftauchen. Obwohl unser globaler Stamm kaum etwas Besonderes ist (mein anderer Stamm, die Akademikerzunft, weist ebenso zahlreiche Arschlöcher auf), verdanke ich den übrigen Stammesmitgliedern der Surfergemeinde so einiges in puncto Irritation und intellektuelle Stimulation.

Meine grundlegende Definition des Arschlochs habe ich zuallererst am Strand formuliert, wobei mir vier Freunde vom Manchester University Surf Club geholfen haben (von denen keiner der Arschlochpopulation angehört). Sie waren im Sommer 2008 bei mir zu Besuch: Rich Claughton, Danielle Bjelic, Lucy Thompson und Tim Quick. Während meines Fellowship-Jahres 2009/2010 am Center for Advanced Studies in the Behavioral Sciences (CASBS) an der Universität Stanford trugen zahlreiche interdisziplinäre Plaudereien beim Mittagessen dazu bei, die Theorie weiter zu verfeinern. Eine schriftliche Kurzversion der Theorie entstand dort während einer kurzen Pause von meiner gewöhnlichen Forschungstätigkeit (über Fairness in der globalisierten Wirtschaft, die im Übrigen zum Buch heranwuchs: *Fairness in Practice: a Social Contract for a Global Economy*, New York 2012). Der kluge Rat und die Unterstützung von Donald Lamm führten dann zur Ausarbeitung dieser Kurzversion. Ohne Don wäre das Buch nie entstanden, und ich hätte mit meinen Ideen nur weiter Dampf abgelassen. Auch Melissa Chinchillo, die zusammen mit Don das Projekt unter ihre Fittiche nahm und den Kontakt zu Gerry Howards herstellte, bin ich zu Dank verpflichtet. Gerry war in jeder Hinsicht (und besonders in meiner) sicher der beste Lektor, den dieses Projekt hätte haben können.

Dieses Buch ist das Produkt vieler Geister und zahlloser spannender Gespräche. Für den regelmäßigen Austausch und die Ermutigung möchte ich mich im Besonderen bedanken bei: Taylor Blodgett, Marshall Cohen, Margaret Gilbert, Sunny Karnani und David Tannenbaum. Für die Diskussion realer Figuren aus dem öffentlichen Leben und aus der Historie danke ich Fiona Hill und Nicholas Jolley. Von Cristiana Sogno stammt der Tipp, den Brief an das Arschloch unter die Ägide von Horaz zu stellen. Kerstin Maas und Graeme Bird halfen, englische und deutsche Paradebeispiele zu finden. Jean-Paul Carvalho und Jennifer Herrera danke ich für ihre Hilfe beim Anhang zur Spieltheorie. Besonderer Dank gilt den Studierenden des Graduiertenkollegs der Universität Irvine, die an der Arschloch-Diskussionsgruppe in der Anteater Tavern teilnahmen: Andreas Christiansen, Michael Duncan, Matthew Dworkin, Justin Harvey, Violet McKeon, Daniel Pilchman, Valentina Ricci, Justin Thomsen und Amanda Trefethen. Für ihre klugen Hinweise danke ich: Secil Artan, Xavier Cornillie, John Dent, Josep Dowd, Ed Feuer, Luca Ferrero, Mark Fiocco, Samuel Freeman, Steve Finlay, Al Franklin, Julia Fremon, Brad Frohling, Nathan Fulton, Mike Granieri, Sean Greenberg, Phil Goodrich, Liz Harman, Nicole Hassoun, Pamela Hieronymi, Kristen Huerth, Nadeem Hussain, Linda Jack, Alex, Alin, Elizabeth und Wendy James, Thijis Janssen, Mark Johnson, Melissa Johnson, A. J. Julius, Ken Keen, Erin Kelly, Bonnie Kent, Louise Kleszyk, Rahul Kumar, Doug Lavin, Brian Leiter, Alissa Maitino, Dan Oberto, Alexi Patsaouras, Cynthia Pilch, Jesse und Elaine Pike, David Plunkett, Mike Powe, Jacob Ross, Bob Scott, Ankita Raturi, Andy Reath, Holly Richardson, Vanessa Rollier, Chris Sanita, Debra Satz, T. M. Scanlon, Lucy Scanlon, Ricky Schaffer, Tamar Schapiro, Brian Skyrms, Kelly Slater, David W. Smith, Larry Solum, Dan Speak, Eric Schwitzgebel, David Sussman, Julie Tannenbaum, Paul Tannenbaum, Peter und Sally Tannenbaum, R. Jay Wallace, Leif Wenar, Douglas Woodward, Gideon Yaffee, den Kollegen von meinem Fellowship-Aufenthalt am CASBS und den Hörern der weiterführenden Vorlesung zum Thema am CASBS der Universität Stanford. Ich entschuldige mich hiermit bei jedem, den ich zu erwähnen vergessen habe. Das Buch ist besser geworden, weil wir uns unterhalten haben. Und schließlich danke ich Peet's Coffee am University Center in Irvine, Kalifornien, wo ich im Herbst 2011 den Großteil des Buches niederschrieb.

Ich teile die Skepsis gegenüber der »Pop-Philosophie«, die viele akademische Philosophen an den Tag legen. Daher habe ich mich zunächst unwohl gefühlt, die üblichen professionellen Standards zu lockern (mancher würde vielleicht sogar sagen »aufzugeben«), um stattdessen solch einen Schwabenstreich hinzulegen. Das Risiko des Regelverstoßes, der »minderen« Arbeit, des (wenn auch nur kurzfristigen) Aufschiebens wichtiger Projekte schien mir nur deshalb tragbar, weil ich die Hoffnung hegte, damit einen anderen Beitrag zu leisten: ein Buch, das all die lustigen Gespräche enthält, die ich darüber geführt habe; das all jenen hilft, die mit Arschlöchern zu kämpfen haben; das anhand eines nur allzu menschlichen Themas einen knappen Einblick in philosophische Denkweisen erlaubt; das klassische philosophische Themen auf neue Art behandelt. Ich danke den vielen Menschen, die mich dazu ermutigt haben. Doch ich danke auch jenen, die mich davor gewarnt haben. Immerhin befanden sie es der Mühe wert, sich um mich zu sorgen.